FACULTÉ DE DROIT DE TOULOUSE

DE NAUTICO FŒNORE

EN DROIT ROMAIN

DES ASSURANCES SUR LA VIE

EN DROIT FRANÇAIS

THÈSE POUR LE DOCTORAT

PRÉSENTÉE PAR

EDMOND VERDIER-HAVART

FOIX

IMPRIMERIE TYPOGRAPHIQUE BARTHE

1879

FACULTÉ DE DROIT DE TOULOUSE

DE NAUTICO FŒNORE

EN DROIT ROMAIN

DES ASSURANCES SUR LA VIE

EN DROIT FRANÇAIS

THÈSE POUR LE DOCTORAT

PRÉSENTÉE PAR

EDMOND VERDIER-HAVART

FOIX

IMPRIMERIE TYPOGRAPHIQUE BARTHE

1879

A TOUS LES MIENS

FACULTÉ DE DROIT DE TOULOUSE

MM. Dufour ✳, Doyen, Professeur de Droit Commercial.

Molinier ✳, Professeur de Droit Criminel.

Bressoles ✳, Professeur de Code Civil.

Massol ✳, Professeur de Droit Romain (Pandectes).

Ginouilhac, Professeur de Droit Français étudié dans ses origines féodales et coutumières.

Huc, Professeur de Code Civil.

Poubelle, Professeur de Code Civil, en congé.

Rozy, Professeur de Droit Administratif.

Bonfils, Professeur de Procédure Civile.

Arnault, Professeur d'Economie Politique.

Deloume, Professeur de Droit Romain.

Humbert, Professeur honoraire.

Laurens, Agrégé, chargé du cours de Droit des Gens.

Paget, Agrégé, chargé d'un cours de Droit Romain.

Campistron, Agrégé, chargé d'un cours de Code Civil.

Bressolles, Agrégé.

Vidal, Agrégé.

Wallon, délégué dans les fonctions d'Agrégé.

—

M. Moussu, Secrétaire Agent Comptable.

Président de la Thèse, M. Huc.

Suffragants
{
MM. Dufour.
Massol.
Arnault.
Jos. Bressolles.
Wallon.
}

La Faculté n'entend approuver ni désapprouver les opinions particulières du candidat.

DROIT ROMAIN

DE NAUTICO FŒNORE

I

Le *Nauticum fœnus* n'existait pas dans l'ancien droit Romain ; il n'en est pas question dans la loi des XII Tables. C'est qu'en effet ce contrat répond à des besoins particuliers et à un certain état de civilisation que Rome ne connut qu'après une assez longue période de son histoire.

Depuis longtemps déjà certaines nations, habitant le littoral de la Méditerranée, notamment les Phéniciens, les Grecs, les Rhodiens, les Carthaginois appréciaient le commerce, s'y livraient ardemment sur terre et sur mer, se faisaient remarquer par la hardiesse de leurs voyages maritimes et s'enrichissaient par les échanges incessants de leurs produits. Les relations commerciales nombreuses qui s'étaient créées entre ces différents peuples avaient nécessité l'établissement de lois et d'usages destinés à fixer, autant que possible, les droits et les obligations qui naissaient des conventions, et à prévenir les difficultés qui ne pouvaient manquer de s'élever entre armateurs, matelots et négociants.

Les Romains cependant, exclusivement préoccupés de guerres et de conquêtes, restaient indifférents à ce mouvement; ils n'avaient point de marine, connaissaient à peine le commerce, et ne se livraient à aucune industrie. Tout négoce leur semblait indigne d'un homme libre, et bon tout au plus pour les esclaves. L'agriculture, la guerre et, plus tard, le gouvernement des provinces furent pendant longtemps la source exclusive des grandes fortunes.

Il arriva pourtant un moment où il ne fut plus possible de conquérir sans traverser les mers. Dès ce jour, Rome eut une marine. Elle eut alors des relations avec les Carthaginois, qu'elle vainquit et soumit à ses lois; puis elle dirigea ses efforts vers l'Orient, entra en communication avec les Grecs et les Rhodiens, et, trouvant profitable de transformer la Méditerranée en un grand lac sillonné par les navires des peuples assujettis à ses lois, elle encouragea au négoce toutes les nations voisines et alliées. Mais bientôt les richesses accumulées dans les pays conquis lui donnèrent l'amour du luxe. Dès lors, ce ne fut pas l'Etat seul qui eut une marine. Les particuliers eux-mêmes se firent armateurs, s'adonnèrent aux opérations commerciales et y trouvèrent un rapide moyen d'accroître leur fortune. Seulement, comme aucune partie de leur droit n'avait trait au commerce et à la navigation, les Romains adoptèrent les institutions qui régissaient en ces matières les peuples qu'ils avaient vaincus. Cela n'a rien d'étonnant d'ailleurs : l'uniformité est de l'essence du droit maritime, et il est naturel qu'il

tende à se former une législation internationale pour
régler des rapports internationaux.

C'est alors qu'on vit apparaître le *nauticum fœnus* ou
prêt à la grosse aventure, que le droit Romain emprunta,
avec presque toutes ses règles, aux législations grecque
et rhodienne. Ce genre de placement des capitaux, depuis longtemps usité dans la pratique du commerce grec
et qui rendait à celui-ci de si grands services en lui
procurant les fonds nécessaires, fut bientôt en honneur
chez les Romains, qui y trouvèrent un moyen commode
de faire fructifier leurs richesses et une source abon-
dante de revenus. Dès lors, les jurisconsultes s'en
occupent dans leurs écrits, les Empereurs le règlemen-
tent dans leurs constitutions, et nombre de gens font
profession de prêter de l'argent aux maîtres de navires
ou à des négociants s'occupant spécialement du commerce
maritime. (Nov. 106).

Il ne faudrait pas croire cependant que les préjugés
contre le négoce se soient jamais complétement effacés.
A toutes les époques de l'histoire de Rome, on trouve
des traces non douteuses de leur existence et de leur
force (1). Même au temps où le commerce maritime eut
pris tout son essor, il était rare qu'un citoyen Romain
dirigeât lui-même ses navires et les opérations auxquelles
il les employait; le plus souvent un esclave était chargé
de ce soin. Les expressions les plus blessantes sont
employées pour caractériser la conduite des citoyens
Romains qui ne craignaient pas de déroger en commerçant,
et nous trouvons au Code un texte tiré d'une constitution de Constantin où l'état de marchande en boutique

---

(1) Cicéron raconte que, pendant qu'il était gouverneur de la
Cilicie, un certain Scriptus lui demanda une préfecture : *Negavi
me cuiquam negotianti dare*, lui répond-il.

est assimilé aux professions les plus infâmes. *(Placet maculam subire infamiœ*, L. 1. C. L. V. T. 27).

II

DÉFINITION ET NATURE DU NAUTICUM FŒNUS (1).

« Le contrat maritime, nous dit Pothier, ou par lequel on prête à la grosse aventure, est celui par lequel on prête à un individu une somme, sous la condition qu'en cas de perte pendant le trajet de la somme ou des marchandises qui en auront été achetées, elles auront péri pour le prêteur, qui dans ce cas n'aura rien à réclamer. »

Modestin, au Digeste, nous donne une autre définition. Il y a prêt trajectice, selon lui, lorsque l'argent prêté est destiné à traverser les mers ; si l'argent est consommé sur place, il n'y a pas prêt trajectice. La condition essentielle, le trait caractéristique du *nauticum fœnus* résiderait donc dans ce fait, d'après le jurisconsulte romain, que l'argent prêté est exposé aux risques d'une navigation. Cela est-il exact, et Pothier a-t-il eu tort, en définissant à son tour le contrat que nous étudions, de négliger ce côté de la question pour insister, au contraire, sur un autre point de vue ? nullement. Peu importerait, en effet, que l'argent prêté traversât la mer, si cette traversée avait lieu aux risques de l'emprunteur, et que ce dernier dût rendre la somme quelle que fût d'ailleurs l'issue de la navigation ; l'opération n'en

_____

(1) Le capital prêté est plus spécialement appelé *trajectitia pecunia*, et c'est plutôt pour les intérêts qu'il doit produire qu'est réservée l'expression de *nauticum fœnus*. Ces mots sont cependant souvent employés pour désigner le capital même prêté au débiteur. (L. 3 C. de Nautico fœnore, 4. 33.)

demeurerait pas moins un prêt ordinaire. Ce qui établit la différence capitale entre ce dernier et le prêt
maritime, ce qui fait la raison d'être de celui-ci et
justifie les dérogations si graves qu'il apporte au droit
commun, c'est que l'argent prêté voyage aux risques
du prêteur au lieu de voyager, comme à l'ordinaire,
aux risques de l'emprunteur. Le jurisconsulte romain
a donc, dès l'abord, incomplètement défini le *nauticum
fœnus*, et il ne revient à la notion exacte de ce contrat
que lorsqu'il s'agit pour lui de rattacher au cas général
un cas particulier un peu différent.

Il vient de dire, en effet, que l'argent prêté doit traverser les mers et ne pas être consommé sur place.
Pourtant, ajoute-t-il, si on achète avec cet argent des
marchandises destinées à être transportées au-delà des
mers, n'y aura-t-il pas tout de même un prêt trajectice?
sans doute, répond-il ; mais à une condition, c'est que
les marchandises voyagent aux risques du prêteur des
deniers. Ainsi, il y a une sorte de subrogation réelle
des marchandises à l'argent qui a servi à les acheter ;
il faut traiter les unes comme on traiterait l'autre.
Donc le caractère distinctif du *nauticum fœnus* réside
dans ce fait que l'argent ou les marchandises voyagent
aux risques du créancier. Si l'expédition maritime échoue
par suite d'une fortune de mer, le prêteur n'a rien à
réclamer à l'emprunteur.

Mais à quel contrat se rattachera le *nauticum fœnus*?
Dirons-nous qu'il constitue un contrat de louage ou de
société ? Soutiendrons-nous, avec Cujas, qu'il y a là une
opération à double face, comprenant un *mutuum* et un
contrat innommé, ou, avec M. de Savigny, que l'opération,
une et indivisible, ne peut être qu'un contra tinnommé ?

ou bien enfin faudra-t-il voir, avec Voët, dans le *nauti-cum fœnus* un *mutuum* d'une espèce particulière ?

Nous écarterons tout d'abord l'assimilation du *nauticum fœnus* avec le contrat de louage ou de société. Il y a entre ces diverses conventions des différences fondamentales. Sans doute l'argent est livré pour qu'on s'en serve pendant un certain temps, et moyennant un prix fixé à l'avance ; mais l'objet du contrat de louage est un corps certain qui doit être restitué à l'époque déterminée par la convention ; l'objet du contrat maritime est essentiellement fongible ; l'argent est livré pour être consommé et ne doit être restitué que par équivalent. D'un autre côté, la société a pour but et pour effet de rendre communes aux différents associés les chances de perte et de gain, sauf les cas de fraude ou de faute personnelle. Ici, au contraire, en ce qui concerne l'objet du contrat, c'est-à-dire la somme prêtée, les chances de perte, les risques, loin d'être communs, incombent exclusivement à l'une des parties, tandis que les chances de lucre ne regardent que l'emprunteur. Donc, nous ne pouvons admettre l'analogie prétendue entre le *nauticum fœnus* et le louage ou la société.

Voyons maintenant ce qu'il faut penser de la distinction proposée par Cujas, ou du système plus absolu de M. de Savigny. Le *mutuum* étant, dit Cujas, un contrat *re*, le prêteur ne peut pas devenir créancier d'une somme supérieure à celle qu'il a comptée réellement ; le *mutuum* est gratuit. Il convient donc de distinguer dans le *nauticum fœnus* deux opérations, l'une qui porte sur l'argent réellement prêté et qui doit être rendu par équivalent, l'autre qui a pour objet la somme due en sus du capital. La première constitue un *mutuum* qui se forme *datione pecuniæ;* la seconde, que Cujas désigne sous le nom de *fæneratitia stipulatio*, rentre dans la classe des contrats innommés. Ce système a le tort de décomposer un fait juridique parfaitement indivisible dans l'esprit des parties ; aussi M. de Savigny le repousse-t-il, et, refusant aussi de voir dans le *nauticum fœnus* un *mutuum*, il le range au nombre des contrats innommés *do ut des*. La remise d'une somme et la garantie des risques qu'elle court sont échangées contre la promesse d'une somme supérieure.

Mais, à notre avis, cette opinion ne saurait être admise ; car les contrats innommés créent des obligations réciproques à la charge de chacune des parties ; l'échange notamment, qui est le type des contrats innommés *do ut des*, n'est autre chose que la convention par laquelle les deux parties s'engagent à se transférer réciproquement la propriété d'une chose comme équivalent d'une autre ; chaque contractant doit donc garantie à l'autre (ff. 1 § 1 et 2 *de Rerum Permutatione*). En un mot, le contrat innommé est synallagmatique. Le *nauticum fœnus*, au contraire, est unilatéral ; l'emprunteur seul est obligé conditionnellement à payer la somme promise.

Pous nous, le *nauticum fœnus* est avant tout un prêt, un *mutuum*. Les expressions maintes fois employées dans les textes suffiraient à justifier que telle était aussi la pensée des jurisconsultes romains. Nous lisons dans un fragment de Paul qui forme la loi 6 de notre titre : « *Fœnerator pecuniam usuris maritimis mutuam dando.....* » Scævola, dans la loi 122 § 1 *de verb. oblig.* s'exprime ainsi : « *Callimachus mutuam pecuniam nauticam accepit.....* » Enfin, le titre de *nau-*

tico fœnore, au Code , emprunte à une constitution de Dioclétien et Maximien sa loi 4 ainsi conçue : *Trajectitia quidem pecunia periculo creditoris mutuo datur...*»

Quels sont d'ailleurs les éléments essentiels du *mutuum?* Ils sont au nombre de trois : 1° une aliénation faite par le prêteur ; 2° une obligation contractée par l'emprunteur ; 3° cette obligation a pour objet des choses fongibles. Ces trois éléments, nous les retrouvons dans le *nauticum fœnus*, à côté sans doute de règles particulières qui en modifient sensiblement la nature, mais qui n'empêchent pas le fond d'être le même. Nous appliquerons donc au *nauticum fœnus* toutes les règles du *mutuum* auxquelles il n'est pas formellement dérogé, et notamment celles qui concernent la capacité des personnes.

Mais le *mutuum* est un contrat parfaitement commutatif ; ce que reçoit le *tradens* n'est que le juste équivalent, la valeur même qu'il a donnée. En second lieu, si le *tradens* veut que l'*accipiens* lui paye quelque chose *ultra sortem*, un intérêt, il est obligé , au moins en général, (1) d'avoir recours à une stipulation. Enfin, le taux de cet intérêt a toujours été soigneusement limité par la loi. Sur ces divers points, le *nauticum fœnus* se sépare du *mutuum*, et notre étude du premier sera bien près d'être complète quand nous aurons examiné avec quelques détails les différences qui existent entre ces deux contrats.

(1) Nous disons : *en général.* Car quelques exceptions à cette règle ont été peu à peu introduites. Lorsqu'un prêt était fait par une ville (L. 30 D. de Usuris), ou par un *argentarius* (Nov. 136 ch. IV) , ou par le fisc (L. 43 de Usuris), une stipulation n'était pas nécessaire pour faire courir les intérêts. Un simple pacte suffisait encore pour les prêts de denrées (ll. 12 et 23 C. de Usuris).

III

DES RISQUES MARITIMES

Il est de l'essence du *mutuum* avons-nous dit, que le *tradens* transfère la propriété d'une certaine quantité de choses fongibles à l'*accipiens* lequel s'oblige à les remplacer par un équivalent de même nature. Il suit de là que l'*accipiens*, devenu propriétaire, supporte tous les risques ; la perte des choses qu'il vient de recevoir ne saurait le dispenser du remboursement. Il en est autrement dans le *nauticum fœnus*.

« *Substantia fœnoris nautici in eo consistit*, dit Voët dans son commentaire des Pandectes, *quod pecunia credita non debitoris, seu mutuarii, ut vulgo, sed creditoris, seu mutuantis periculo sit.* » Les risques sont à la charge du prêteur lequel, par compensation, a droit à des avantages exceptionnels. Tout dépend de l'arrivée heureuse ou de la perte du vaisseau qui porte les marchandises achetées avec l'argent prêté ou cet argent lui-même ; l'opération sera bonne pour le prêteur dans le premier cas, mauvaise dans le second. Il y a donc quelque chose d'aléatoire dans le contrat. Il ne faut pas oublier cependant que le véritable objet de la convention est un prêt. Au moment où les parties contractent elles ont pour but principal, non pas de stipuler sur *l'alea* dans l'espoir réciproque d'obtenir un bénéfice, mais de recourir à un prêt particulier d'une utilité incontestable. Chacune d'elles a un intérêt sérieux à la formation du contrat. Le prêteur y voit un moyen de retirer de ses capitaux un intérêt considérable ; l'emprunteur y trouve une ressource grâce à laquelle il peut étendre ses entreprises commerciales.

Le prêt trajectice suppose donc toujours une clause accessoire et expresse qui mette les risques à la charge du créancier ; car cette dérogation au droit commun ne se présume pas. Il se peut qu'un prêt soit fait à l'occasion d'une opération de commerce maritime, qu'il prenne même dans les textes le nom de *trajectitia pecunia* parce que l'argent est destiné à traverser la mer (L. 4 *de Naut. fœn.*); tout cela est indifférent. On n'accorde aux parties le bénéfice des règles particulières au prêt à la grosse que si la convention met expressément les risques à la charge du prêteur (L. 4 C. de Naut. fœn.)

Ainsi, le contrat n'est définitivement formé en tant que *nauticun fœnus*, il n'acquiert son caractère distinct qu'au moment où le risque commence. Le *mutuum*, au contraire, est parfait par la simple tradition. Or, le risque commence ordinairement pour le créancier du jour où le navire quitte le port, et cesse à partir de l'instant où ce même navire arrive à destination.

Telle était, en principe, la durée des risques. Mais ces règles n'étaient point absolues, et les parties pouvaient y déroger à leur gré ; aussi fallait-il avant tout consulter les termes du contrat. Les parties stipulaient habituellement que l'entreprise commerciale, à l'occasion de laquelle le prêt avait lieu, s'effectuerait dans un temps déterminé. Le point de départ de ce délai établissait le moment où les risques passaient à la charge du prêteur. A son expiration, le droit commun reprenait son empire, et l'emprunteur redevenait responsable de l'argent prêté (L. 122 § 4 Dig. de verborum obligationibus). On stipulait encore que les risques seraient à la charge du créancier à partir seulement ou jusqu'à l'arrivée d'une condition ou d'un terme. (L. 4 C. de Naut. fœn.) D'autres fois enfin le créancier ne prenait à sa charge que le risque du voyage à l'aller, et non ceux du retour (L. 3 C. Naut. fœn.).

Quels étaient les risques qui incombaient ainsi au créancier? c'étaient les risques maritimes, les risques de la navigation. Si l'emprunteur s'exposait à une confiscation, pour fait de contrebande par exemple, le prêteur n'en supportait pas les conséquences, car la perte n'était pas arrivée par fortune de mer (l. 3 C.). La décision devait être la même toutes les fois qu'il y avait faute ou dol du débiteur, lorsque, par exemple, le perte provenait de la vétusté ou du mauvais état du vaisseau, ou bien de ce que le *magister navis* s'était écarté de la route convenue, ou encore lorsque le débiteur n'avait pas tenu l'engagement pris par lui de ne pas voyager à certaines époques pendant lesquelles la navigation présentait des dangers exceptionnels. La loi 122 *de verb. oblig.* suppose l'existence d'une pareille clause. L'emprunteur qui doit transporter des marchandises de Beryte à Brindes et de Brindes à Beryte a promis de quitter Brindes avant les Ides de septembre et de terminer le voyage dans un délai maximum de deux cents jours ; faute de quoi, le créancier pourra exiger son argent à Brindes avant la fin du voyage. L'emprunteur ne se conforme pas à la convention ; le vaisseau fait naufrage, et le jurisconsulte décide que le débiteur n'est pas libéré. Sa faute affranchit le prêteur des risques et lui permet de réclamer l'argent trajectice même après que le navire a péri.

Tel est au moins le sens général de la loi 122. Mais le texte qui nous est parvenu donne lieu à quelques difficultés d'interprétation. Nous remarquerons tout d'abord que ce texte, placé au titre des obligations verbales, paraît traiter principalement une question de mandat;

en effet, il suppose que l'esclave du créancier, embarqué pour toucher l'argent trajectice et le rapporter à Rome, a consenti à la violation de la convention primitive, et le jurisconsulte décide que ce consentement, donné en dehors des pouvoirs conférés à l'esclave, n'engage pas le maître.

Mais comment la convention a-t-elle été violée ? Il a été stipulé : *Quum Callimachus Brentesium pervenisset, inde intra Idus septembres, quœ tunc proximœ futurœ essent, aliis mercibus emptis et in navem missis, ipse in Suriam proficiscatur per navigium...* à défaut de quoi le paiement devait avoir lieu à Brindes même entre les mains de l'esclave. Qu'arrive-t-il ? *Quum ante Idus suprascriptas secundum conventionem mercibus in navem impositis... enavigavit.* Il semble que l'on est resté dans les termes de la convention. Pourtant : *Quœsitum est, nave submersa, quum secundum cautionem Callimachus merces perferendas in navem misisset eo tempore quo jam pecuniam Brentesio reddere deberet...* On a mis en avant plusieurs moyens d'expliquer cette apparente contradiction. Deux corrections ont été proposées, l'une qui consiste à lire : *Quum non ante Idus...* (Alciat, Doneau, Pothier, Emerigon), l'autre à remplacer *in navem misisset* par *in nave mansisset*, de telle sorte que les marchandises auraient été chargées et la navigation aurait commencé dans le délai fixé, mais trop tard pour arriver à Beryte en temps utile (Duarem).

Cette explication est assez naturelle, mais nous pensons qu'il n'est pas nécessaire de corriger le texte pour y arriver. Deux conditions sont, en effet, acceptées par l'emprunteur ; 1° charger le vaisseau et naviguer avant

les Ides de septembre ; 2ᵉ terminer le voyage dans deux
cents jours. On peut donc supposer que le navire a été
chargé et est sorti du port avant les Ides de septembre
(*secundum conventionem*), mais trop tard évidemment
pour être arrivé avant l'expiration des deux cents jours,
ou même avant les Ides de septembre, si on interprète
la convention dans ce sens que toute la navigation devait avoir lieu avant cette époque. Tel est l'avis de
Cujas : « *Paria sunt*, dit-il, *post Idus navem solvere
ac tum solvere, quum jam intra statuta tempora navis
Berytum pervenire non potest.* »

IV

DES INTÉRÊTS MARITIMES.

Sous ce titre, nous avons à examiner les deux autres
différences signalées entre le *mutuum* et le prêt trajectice ; elles découlent naturellement de celle que nous
venons d'indiquer. En effet, de ce que, dans le *nauticum fœnus*, le prêteur supporte des risques exceptionnels que le droit commun ne met pas à sa charge
il résulte qu'il doit trouver une plus grande facilité à
retirer de son argent un intérêt plus élevé. Sans cette
compensation, il ne traiterait pas sur de pareilles bases :
« *Nautica pecunia*, dit Cujas, *cujus conditiones eœ sunt
ut hujus pecuniœ usurœ debeantur ex pacto, ut gra-
vissimœ usurœ debeantur, ut creditor usque ad certum
tempus, vel ad certam conditionem, vel ad certum locum,
vel ut omne itionis et reditionis periculum sustineat.* »

Donc, deux points à élucider : 1° Comment le prêt
est-il rendu productif d'intérêts ? 2° Quel est le taux
de ces intérêts ?

A. — COMMENT LE PRÊT MARITIME EST-IL RENDU
PRODUCTIF D'INTÉRÊTS ?

Le *nauticum fœnus* est, comme le *mutuum*, un contrat *re*. Si donc le droit commun lui était applicable, une stipulation serait seule capable de rendre l'enprunteur débiteur d'une somme plus forte que celle qu'il a reçue ; un pacte, même ajouté *in continenti*, serait absolument impuissant à donner une action au prêteur. Il était en effet de principe que l'obligation née du *mutuum* consistait à rendre uniquement ce qui avait été reçu : « Si je te donne 10, afin que tu me doives 20, dit Paul (L. 17 *de Pactis*), l'obligation ne se forme pas au delà de 10 ; *re enim non potest contrahi nisi quatenus datum sit.* » Ulpien exprime la même idée dans la loi 11 *de Rebus creditis*. Il est vrai que la somme restituée n'était pas toujours égale à la somme remise ; par exemple, si j'ai donné 10 afin qu'on me rende neuf. Mais, dans ce cas, si l'obligation ne se formait que pour 9, c'est que la tradition pour le surplus était considérée comme faite *donationis causâ*.

Comment donc arrivera-t-on à faire produire un intérêt à l'argent livré à titre de *mutuum* ? Sera-ce par une simple clause ajoutée au contrat principal, par l'effet d'un pacte ? Ce moyen serait insuffisant. Nous lisons, pourtant, dans un fragment de Gaïus (L. 48 *de pactis*): « *In traditionibus rerum quodcumque pactum sit, id valere manifestum est* ». Il résulte de ce texte que le pacte est obligatoire lorsqu'il accompagne une aliénation par tradition et on est généralement d'accord pour admettre que ce qui s'appliquait à la tradition était également applicable à la *mancipatio* et à *l'in jure cessio*.

Il est certain qu'il est assez difficile, le *mutuum* impliquant une tradition, de mettre ce texte d'accord avec une
foule d'autres qui tous indiquent avec précision que le
pacte n'a aucune portée : « *Nullius est momenti* »,
dit Paul. Peut-être faut-il admettre avec Cujas et Vinnius
que le texte de Gaïus se rapporte aux contrats innommés
do ut des, dont l'action était assimilée aux actions de
bonne foi. Et alors on rentrerait dans la règle d'après
laquelle les pactes ajoutés *incontinenti* à un contrat
de bonne foi font partie intégrante de ce contrat, s'i-
dentifient avec lui, et ont la même force obligatoire.

Remarquons au reste que le prêt d'argent seul est
toujours resté soumis à toute la rigueur du principe
précédemment énoncé. Quant au *mutuum* ayant pour
objet des denrées, il fut soustrait à son application, et
nous trouvons au Code, deux constitutions, l'une de
l'empereur Alexandre, l'autre de l'empereur Philippe,
qui décident que dans cette hypothèse l'intérêt est dû
ex nudo pacto. Cette différence serait une conséquence
de l'incertitude sur la valeur de ces denrées, le juge
ayant dans la *condictio triticaria* une très-grande latitude pour fixer le montant de la *condemnatio*. Cette
raison n'en serait plus une sous Justinien, puisque la
procédure formulaire a disparu, et il vaut mieux penser
qu'on regardait le *mutuum* d'une somme d'argent comme
peu digne d'être encouragé.

Quoi qu'il en soit, la règle était certaine. Les intérêts
d'un prêt d'argent n'étaient pas dûs, s'ils n'avaient pas
fait l'objet d'une stipulation : *Pecuniæ creditæ usuras
nisi in stipulationem deductas non deberi* (L. 24 *Præsc.
Verb.*) Mais le *nauticum fœnus*, par une faveur toute
spéciale dont nous avons fait suffisamment comprendre

les motifs, échappait à la règle générale, et un pacte
ajouté *incontinenti* suffisait pour faire produire au capital des intérêts dont nous aurons bientôt à déterminer
le *quantum*. Le pacte avait ici les effets d'une stipulation : *quemadmodum per stipulationem* (L. 7 *Naut.
fœnus*).

Si l'on veut bien se rappeler que le *nauticum fœnus*
comme toutes les institutions du droit maritime, appar-
tenait plutôt au droit international qu'au droit particulier d'un peuple, il paraîtra tout naturel qu'il fût
affranchi d'une règle et d'une forme essentiellement
romaines.

B. DU TAUX DE L'INTÉRÊT.

A l'origine, la législation romaine n'apportait aucune
restriction à la liberté des conventions en ce qui concerne l'intérêt, et toute latitude était laissée aux parties
pour fixer à leur gré le loyer de l'argent, comme le
loyer d'un champ ou d'une maison. Or, le peuple romain était divisé en deux classes rivales et ennemies.
Au sommet de l'échelle, les patriciens, auxquels appar-
tenaient les honneurs et la fortune ; au-dessous, déshérités
de tous ces avantages, les plébéiens. Ces derniers, tenus
de l'impôt du sang et obligés de s'équiper à leurs
frais pour les guerres incessantes qui marquèrent les
premiers siècles de l'histoire romaine, ne pouvaient se
procurer le moyen de subvenir à ces dépenses, et de
faire vivre leur famille pendant leur séjour à l'armée,
qu'en empruntant aux conditions fort dures que leur
imposaient les patriciens. Et comme, à cette époque,
la personne même répondait de la sûreté de la créance,

comme le créancier pouvait saisir le débiteur insolvable, le mettre, lui et sa famille, au nombre de ses esclaves, et même le tuer, s'il n'y avait aucun profit à en tirer, il résultait de cette situation des souffrances intolérables pour la partie la plus nombreuse de la population romaine, et, par conséquent, l'ardent désir de les faire cesser.

La lutte fut longue entre les plébéiens et les patriciens. Le premier avantage sérieux obtenu par les premiers fut la création, en 493 avant Jésus-Christ, d'une magistrature plébéienne, le tribunat. Désormais le peuple eut des chefs qui imprimèrent à ses efforts une unité d'action jusqu'alors absente. Les tribuns demandèrent et obtinrent l'envoi en Grèce de délégués avec le mandat d'étudier les lois de Sparte, d'Athènes, et des autres peuples les plus civilisés. A leur retour, dix Commissaires *(decemviri)* furent chargés de rédiger un code de lois, dont les dispositions, soumises à la sanction du peuple, formèrent le premier recueil des lois Romaines, demeuré célèbre sous le nom de loi des XII Tables.

La Loi des XII Tables s'est-elle occupée du taux de l'intérêt? Montesquieu (Esprit des lois) estime que non, et attribue, d'après un passage de Tite-Live, à une loi, proposée par les tribuns Duellius et Menenius, en 398 de Rome, la première limitation de l'*usura*. Ce qui tendrait à corroborer cette manière de voir, c'est que rien, dans ce qui nous reste de la loi des XII Tables, n'a trait aux intérêts de l'argent. Mais personne n'ignore que le texte parvenu jusqu'à nous présente de nombreuses lacunes ; or, deux auteurs très dignes de foi nous affirment qu'il contenait une disposition concernant

2

le taux de l'intérêt : « Nos pères, dit Caton *(de Re Rustica)*, ont écrit *dans la loi* que le voleur rende le double, et l'usurier le quadruple. » La *loi* par excellence c'est la loi des XII Tables. Tacite est plus affirmatif et plus explicite ; « *Primo*, dit-il *(Annales ch. VI) duodecim tabulis sanctum ne quis unciario fœnore amplius exerceret, quum antea ex libidine locupletum agitaretur.* » Si une loi Duellia, postérieure à la loi des XII Tables, a édicté de son côté l'*unciarium fœnus*, on peut admettre qu'elle a simplement rappelé ou remis en vigueur une disposition déjà contenue dans l'œuvre des décemvirs, mais qui tendait à tomber dans l'oubli.

Que fallait-il entendre par l'*unciarium fœnus ?* Sur ce point la controverse est vive, et la question est encore loin d'être élucidée. Parcourons rapidement les différents systèmes qui ont été proposés.

Chez les Romains, l'*as*, valant douze *onces*, constituait l'unité monétaire et désignait aussi toutes les quantités divisibles, par exemple, l'ensemble d'une succession. Dans notre matière, l'as était le capital prêté, l'*unciarium fœnus*, l'intérêt d'une once du capital ; et, comme l'intérêt se calculait et se payait par mois, l'*unciarum fœnus* se trouvait égal à une once ou un douzième du capital par mois ou douze douzièmes par an. Il suffit, pour détruire cette opinion, de remarquer qu'il serait véritablement dérisoire de prétendre restreindre l'usure, alors qu'on autoriserait un intérêt de cent pour cent.

D'après Saumaise, l'*unciarium fœnus* équivaudrait à un pour cent l'an. L'as, ou les fractions de l'as, étaient toujours l'intérêt du capital pendant l'année ; quant au capital lui-même, il se divisait en cent parties égales.

L'as valait douze de ces parties ; par conséquent l'intérêt d'un as était égal à douze pour cent l'an. Le *Deunx*, ou un as moins une once , correspondait au onze pour cent; le *Semis*, ou la moitié d'un as, ou six onces, au six pour cent; l'*unciarium fœnus*, ou intérêt d'une once ne représentait donc que un pour cent par an. Cette manière de diviser le capital en cent parties égales aurait été importée de Grèce, où la mine, unité monétaire, se composait de cent drachmes. Mais pouvons-nous admettre que le produit de l'argent fût si faible à une époque où les métaux précieux étaient si rares, et qu'il ait suivi une marche ascendante à mesure que la richesse et le numéraire augmentaient ? Devons-nous croire enfin que le paiement d'un aussi infime intérêt n'ait, dans maintes circonstances, laissé aux emprunteurs que la révolte comme suprême ressource pour échapper à la ruine?

Dans une troisième opinion, accréditée en Allemagne par Niebuhr et adoptée en France par ·Troplong, l'as correspondait, comme dans le premier système, au capital prêté considéré comme unité , et les onces aux douzièmes de ce capital. L'*unciarium fœnus* serait alors l'intérêt d'un douzième du capital par an ; ce qui équivaudrait à 8 et 1/3 pour cent, si on suppose que l'année Romaine se composait de dix mois, et à 10 pour cent , si, au contraire, on pense qu'à l'époque de la loi des XII Tables l'année de douze mois avait remplacé celle de dix mois. Mais il est encore bien difficile d'admettre qu'un intérêt de huit ou de dix pour cent, loin de diminuer, soit devenu par la suite la *centesima usura* de douze pour cent.

Pour nous, l'as représente l'intérêt de l'année. Chaque

mois, le prêteur percevait 1/12 de cette unité, soit une once, d'où le nom d'*unciarium fœnus*. Et, comme à l'époque de la loi des XII Tables, les coutumes grecques avaient déjà été introduites par les décemvirs, il n'y a rien d'étonnant à ce qu'on eût divisé le capital en cent parties égales, pour composer l'intérêt annuel d'un certain nombre de ces parties. Mais, dit-on, lorsque les textes parlent de l'*usura triens*, de l'*usura semis*, tout le monde reconnait qu'ils font allusion au tiers, à la moitié de la *centesima usura*, c'est-à-dire à 4 ou à 6 pour cent par an; dès lors, l'*unciaria usura* correspond à l'intérêt d'un an et non d'un mois C. Cp. l. 47 § 4 *de Adm. tut.*). Voici notre réponse : *Semis* signifie un demi, c'est-à-dire aussi bien un demi-as qu'une demi-once, c'est-à-dire aussi bien un demi 0/0 par mois que 6 0/0 par an ; *quadrans*, 3 0/0, est également soit le quart de l'as par an, soit le quart de l'once par mois, *triens* signifie soit le tiers de l'as par an, soit le tiers de l'once par mois, ce qui donne toujours 4 0/0. Pourquoi *unciarium fœnus* ne serait-il pas employé pour une once par mois ou 12 0/0 par an ?

Dans ce système, l'*unciarium fœnus* des XII Tables et la *centesima usura* du temps de Ciceron (1) ont la même valeur. Cette assimilation n'a rien qui doive surprendre ; car les jurisconsultes Romains disent indifféremment *centesima* ou *legitima usura*. Or, cette épithète de *legitima* était ordinairement réservée aux institutions venant de la loi des XII Tables : *legitima hereditas*, *legitima tutela*...Dira-t-on que *legitima* peut s'appliquer

(1) « *Quum ego in edicto tralatitio, centesimas me observaturum, haberem..* », dit Cicéron à Atticus. Il résulte de la suite de cette lettre que le même taux avait été sanctionné à Rome par un sénatusconsulte. Celui-ci ne faisait évidemment que rappeler une disposition contenue dans une loi antérieure.

à une institution émanée d'une autre *lex* ? Nous y consentons. Mais encore faudrait-il nommer cette loi.

Aucune de ces règles restrictives du taux de l'intérêt ne s'appliquait au *nauticum fœnus*. Dans ce contrat, l'intérêt maritime devait représenter deux choses : 1° le loyer de l'argent ; 2° le prix des risques courus par le créancier. Le temps, qui est l'élément principal à considérer dans le prêt ordinaire, n'arrivait ici qu'en seconde ligne ; c'était l'évaluation des risques qui devenait surtout importante. Or, les parties étaient seules à même de les estimer en parfaite connaissance de cause. Nul autre que le prêteur ne pouvait calculer si le bénéfice qu'on lui proposait en cas d'heureuse arrivée du navire constituerait une conpensation suffisante des chances de perte auxquelles il s'exposait ; et l'emprunteur, de son côté, était seul apte à juger si les profits espérés de l'opération devaient être de nature à l'indemniser des frais exceptionnels de son emprunt. Aussi, à l'époque des jurisconsultes, le taux du *nauticum fœnus* était-il illimité ; les parties le déterminaient avec une entière liberté. Dans la plupart des cas, l'intérêt était d'une somme fixe plus ou moins considérable, selon que le navire devait voyager dans un lieu ou dans un autre; on comprend, en effet, qu'il ne fût pas indifférent, au point de vue de la gravité des risques, que la navigation dût s'effectuer dans tel ou tel parage; les côtes d'un pays sont facilement abordables, et celles de la contrée limitrophe ne le sont pas ; les ports d'un littoral présentent des abris sûrs qui manquent aux rivages voisins; enfin les tempêtes et les pirates sont plus à craindre dans certaines mers que dans d'autres. Mais l'intérêt pouvait aussi être stipulé à tant par mois, ou même par jour.

Justinien, au Code, modifia toute la législation relative aux intérêts. Les personnes illustres ne purent plus retirer de leur argent que le tiers de la *centesima usura* ou le 4 0/0 ; les citoyens ordinaires furent taxés à la moitié de la *centesima usura*, c'est-à-dire au 6 0/0; aux commerçants il fut permis de stipuler *usque ad bessem centesimæ*, c'est-à-dire le 8 0/0. Enfin, l'intérêt maritime lui-même fut soumis à un *maximum*, et ne put plus dépasser la *centesima usura*, soit le 12 0/0. Et comme la partie de la loi 26 qui a trait à la *trajectitia pecunia* n'indique aucune dérogation aux règles générales, nous sommes forcés de conclure que l'intérêt maritime ne put dépasser le 12 0/0 par an, et non pour le voyage (Arg. Nov. 106) ; le temps redevint donc dans le *nauticum fœnus* comme dans le prêt ordinaire l'élément principal à considérer; mais, tandis que l'intérêt vulgaire était exigible par douzièmes, le premier jour des Calendes de chaque mois, l'autre, au contraire, ne pouvait être réclamé qu'après le voyage, avec le capital ; c'était alors seulement qu'on savait si la condition était accomplie.

Bien qu'il puisse paraître extraordinaire que l'intérêt fût fixé, non d'après le degré de solvabilité de l'emprunteur, mais d'après la qualité du prêteur, il est cependant probable que l'abaissement du taux de l'intérêt dans les prêts ordinaires constituait une disposition excellente, l'usure étant, sous le Bas Empire, un lourd et pesant fardeau pour les débiteurs. Mais, en ce qui concerne le prêt maritime, la limitation résultant de la loi 26 est plus difficile à justifier ; car il pouvait arriver que le 12 0/0 n'offrît pas une rémunération suffisante du risque couru. Aussi a-t-on prétendu que cette loi 26 se référait seulement au prêt trajectice imparfait dans lequel l'argent ne voyageait pas aux risques du créancier, le véritable *nauticum fœnus* restant soumis aux anciennes règles. Mais cette distinction qui ne repose sur aucun texte, contredite de plus par les termes généraux de la loi 26, nous parait purement arbitraire. Nous devons donc admettre que le taux maximum du *nauticum fœnus* fut bien, à partir de la promulgation du Livre IV du Code, le 12 0/0 par an.

Cette législation était trop dure, trop peu compatible avec les nécessités du ¦commerce maritime° pour pouvoir être acceptée sans difficulté, et être exécutée dans toute sa rigueur. En fait, on l'éludait presque toujours ; les négociants avaient besoin d'argent et étaient les premiers intéressés à l'inobservation de dispositions prohibitives dont l'effet était d'éloigner les capitaux nécessaires au commerce ; aussi s'établit-il une foule d'usages commerciaux (*machinationes creditorum*), destinés à soustraire le prêt à la grosse aux sévérités du Code de Justinien. La plupart consistaient à stipuler un intérêt rentrant dans les termes de la loi, dix, huit pour cent, mais payable pour la durée du voyage, et non par an. (Nov. 106). Justinien eut beau multiplier les précautions, décider qu'aucune action ne serait accordée pour ce qui excèderait le taux légal, qu'il était interdit d'augmenter l'intérêt en retenant une partie du capital prêté, qu'on imputerait sur le capital les intérêts excessifs payés par le débiteur, rien n'y fit. L'Empereur reconnut même si bien l'inutilité de ses efforts contre la liberté de l'intérêt maritime, qu'il abrogea sur ce point la loi 26 par la Novelle 106. Mais cette nouvelle législation dura peu, La Novelle 110 rétablit ce qu'avait abrogé la

Novelle 106, et les emprunteurs à la grosse continuèrent
à s'entendre avec les prêteurs pour éluder les dispositions prohibitives de la loi 26.

C. APPENDICE.

Nous trouvons dans le titre *de Nautico fœnore* une
loi 7, ainsi conçue :

« Pr. *Periculi pretium est, et si conditione quamvis pœnali non existente, recepturus sis quod dederis,
et insuper aliquid præter pecuniam, si modo in aleæ
speciem non cadat : veluti ea, ex quibus conditiones
nasci solent ut si manumittas, si non illud facias, si
non convaluero et cœtera. Nec dubitabis, si piscatori
erogaturo in apparatum plurimum pecuniæ dederim,
ut, si cepisset, redderet, et athletæ, undè se exhiberet
exerceretque, ut, si vicisset, redderet »*.

» § 1. *In his autem omnibus, et pactum sine sti-
pulatione ad augendam obligationem prodest* ».

Cette loi est certainement fort obscure et a donné lieu
à bien des commentaires. Les uns ont essayé de l'expliquer telle quelle ; d'autres ont introduit dans le texte
certaines corrections qu'ils jugeaient indispensables.
Mais tous en ont tiré la conclusion suivante : Dans
certains contrats qui présentent un caractère aléatoire,
le prêteur reçoit quelque chose en sus de ce qu'il a
livré ; c'est le prix du risque. Un pacte suffit alors,
comme dans le *nauticum fœnus* pour augmenter l'obligation. Le *nauticum fœnus* jouit de deux avantages
inapplicables au *mutuum* ordinaire : 1° une stipulation
n'est pas nécessaire pour faire courir les intérêts ; 2°
Le taux de cet intérêt est plus élevé. Pourquoi ces fa-

veurs spéciales ? Parce que le prêteur court des risques
exceptionnels ; l'emprunteur paye ces risques. La même
raison doit faire appliquer les mêmes règles à tous les
prêts dans lesquels l'intérêt représente, outre le loyer
de l'argent, le *periculi pretium*.

Voyons comment on arrive à lire cette théorie dans
notre loi 7. Doneau et Pardessus prétendent expliquer
le *Prœmium* tel qu'il est conçu au Digeste. Mais on
regarde en général la conservation intégrale dans le texte
des trois membres de phrase : *et si conditione quamvis
pœnali non existente,... si modo in aleœ speciem non
cadat...,* et *ex quibus conditiones nasci solent...*
comme rendant à peu près impossible une interprétation rationnelle, et concordant soit avec les principes ordinaires du droit, soit avec le langage juridique , soit
enfin avec les matières spéciales au milieu desquelles
est placée la loi 7 et auxquelles elle se rattache.

« *Et si conditione quamvis pœnali non existente* »,
dit le texte. Mais peut-on admettre que quelque chose
soit dû lorsque la condition fait défaut ? ou bien doit-
on comprendre avec Doneau que les mots *non existente*
veulent dire *non exprimée mais sous entenduc ?* Ce
serait une singulière façon d'exprimer sa pensée que
d'employer la négative pour arriver à une affirmation.
Lisons au contraire : « *et si conditione quamvis non
pœnali existente* », et cette simple transposition de mots
rend le sens très facile à saisir. Le prix du risque est
dû lorsque la condition est réalisée, bien que cette
condition n'affecte pas la forme d'une clause pénale.

« *Si modo,* dit encore le texte, *in aleœ speciem non
cadat.* » D'après cela, le *periculi pretium* ne serait
exigible que si le contrat ne présentait rien d'aléatoire.

Choisir pour énoncer une pareille idée le titre du *nau-ticum fœnus* paraitra certainemet bizarre à tout le monde, et on trouvera naturel de lire : *in aliam speciem,* c'est-à dire, pourvu que le contrat ne dégénère pas en une opération toute différente telle que celles dont suit l'énumération.

Enfin on ne dit pas dans les textes *nascitur* en parlant d'une *conditio ;* mais on le dit très-bien d'une *condictio,* et le Digeste présente plusieurs fragments où le mot *conditio* est mis pour *condictio.*

Voici donc quel serait le sens de la loi : Lorsque la condition, même non pénale, est réalisée, on peut comme prix du risque réclamer quelque chose en sus de l'argent prêté, pourvu toutefois que le contrat ne dégénère pas en une de ces opérations qui donnent ordinairement naissance a une *condictio (ob rem dati,* contrats innommés *do ut des, do ut facias),* par exemple, si tu affranchis, si tu ne fais pas cela, si je me rétablis..... Aucun doute n'est possible si on a donné de l'argent à un pêcheur sur le point de relever ses filets, pour qu'il soit rendu si la pêche est fructueuse, ou à un athlète pour s'équiper et s'exercer avec la promesse qu'il restituera l'argent s'il est vainqueur. Dans tous ces contrats un pacte suffit pour augmenter l'obligation.

Cujas, dans ses observations sur les Pandectes (ch. XXVIII), se contente de remplacer *conditiones* par *condictiones,* et lit dans la loi : *Periculi pretium...* la théorie suivante : Les avantages accordés au prêt à la grosse doivent être attribués sans difficulté et par identité de motifs au prêt ordinaire toutes les fois que le créancier prend les risques à sa charge ; aucun doute n'est possible dans les exemples du pêcheur et de l'athlète, tout

à fait semblables à celui du *nauticum fœnus.* On pouvait
au contraire discuter pour ces contrats *ex quibus condictiones nasci solent.* C'est à ces contrats que s'appliquent les mots : *conditione quamvis pœnali non existente* : je t'ai donné de l'argent *ut manumittas; si non
manumittas* tu dois me rendre cet argent avec intérêts;
il y a là un contrat innommé *do ut facias*; j'ai une
condictio causa data causa non secuta si la condition,
qui affecte la forme d'une clause pénale, n'est pas remplie,
et je puis obtenir mon capital, plus les intérêts, en vertu
d'un simple pacte. Le doute pouvait s'élever dans cette
hypothèse, dit Cujas, parce qu'on ne voit pas bien d'abord
quel est le *periculum;* car le risque parait principalement résulter d'une condition casuelle et non d'une
condition dépendant de la volonté du débiteur. Mais, pour
qu'une *condictio* soit donnée, il ne faut pas que l'opération *in aleœ speciem cadat,* c'est à dire, dégénère en un
jeu, un pari, parce qu'elle est alors illicite et ne peut
engendrer aucune action (*de Aleatoribus.* — l. 19 § 4
de Probat.).

V

DE LA CLAUSE PÉNALE.

Lorsque le capital prêté, augmenté du profit maritime
devenait exigible par l'heureuse arrivée du vaisseau,
ou par l'expiration du terme fixé par les parties, il
importait au créancier de ne pas éprouver de retard
dans le remboursement de ce qui lui était dû (1) ; aussi

(1) En principe, le débiteur devait payer aussitôt que la condition
était accomplie. Pourtant l'usage s'était établi de lui accorder un
certain délai pour lui donner le temps, soit de faire un emprunt
soit de vendre les marchandises transportées. Justinien, dans la
Novelle 106, fixa ce délai à 30 jours. Mais nous savons que la
Novelle 110 abrogea la Novelle 106, et que cette dernière doit être
considérée *quasi nunquam scripta esset.*

avait-on imaginé d'ajouter au *nauticum fœnus* une clause pénale dont l'effet était de faire courir les intérêts à partir du jour où, le risque maritime ayant cessé, le prêteur à la grosse devrait être traité ainsi qu'un prêteur ordinaire.

Comme plus ample précaution, le créancier avait coutume d'embarquer sur le navire un esclave, dont la mission consistait à recevoir le payement au lieu où il devenait exigible si le créancier lui-même ne devait pas s'y trouver, à mettre le débiteur en demeure, enfin à surveiller la conduite du *magister navis* et à empêcher, par sa présence, les pertes simulées ou les naufrages volontaires. Le maître se trouvait ainsi privé des services de son esclave ; mais, pour tout le temps où couraient les risques, cet élément avait dû être pris en considération dans la fixation de l'intérêt maritime. Restait pour le créancier à trouver la compensation des *operœ servi* pendant le retard apporté par le débiteur à se libérer.

Pour arriver à ce résultat, comme aussi pour faire produire des intérêts au capital augmenté du *nauticumfœnus*, la mise en demeure du débiteur serait demeurée inefficace (1). Il fallait donc prévoir ces éventualités dans le contrat, et y insérer une clause expresse. Un pacte pouvait-il suffire ? Evidemment non. Car, au moment de la clause pénale encourue, le prêteur ne supportait plus les risques ; on rentrait donc dans le droit commun et une stipulation était de toute nécessité pour augmenter l'obligation : « *Trajectitiœ pecuniœ nomine*

---

(1) La *mora* ne fait pas courir les intérêts dans les contrats de droit strict ; la *litis contestatio* elle-même était insuffisante. Il fallait la *condemnatio*, non-exécutée dans le délai de 4 mois et suivie d'*interpellatio* à l'expiration de ce délai.

si ad diem soluta non esset, pœna, uti adsolet, ob operas ejus, qui eam pecuniam peteret, in stipulationem erat deducta. »

Si on se bornait à la lecture de ce texte et de la loi 4 § 1 de *naut. fœn.*, on serait tenté de croire que les Romains considéraient uniquement la *pœna* comme l'équivalent des services de l'esclave. Il n'est pas douteux néanmoins qu'elle représentât aussi, et surtout, le préjudice résultant du retard ; elle n'avait pas d'autre but lorsque le prêteur, devant se trouver au lieu du paiement, négligeait d'embarquer un esclave sur le navire. Les lois 8 et 9 de notre titre parlent d'ailleurs de la *pœna* en termes généraux ; enfin la loi 4 elle-même nous fournira tout à l'heure un argument irréfutable.

Les intérêts moratoires, dûs en vertu de la clause pénale, ne représentaient plus le prix d'un risque, comme l'intérêt maritime, mais seulement le loyer de l'argent dont le créancier était privé depuis la réalisation de la condition. La *centesima usura* ne devait donc pas être dépassée. C'est ce que nous enseignent les textes, notamment la loi 4 *de naut. fœn.* qui contient les règles suivantes : 1° La somme stipulée, soit comme compensation des *operæ amissæ*, soit comme réparation du préjudice né du retard, n'ira pas au-delà de la *centesima usura* (*ad finem centesimæ*). Ainsi, la valeur de la *pœna* n'était pas celle des services de l'esclave ; ce qui n'aurait pas manqué d'avoir lieu si la *pœna*, au lieu de représenter tout le dommage résultant du retard n'avait dû compenser que la perte des *operæ servi* ; 2° Ce qui manquera à l'une de ces stipulations pour égaler la *centesima usura* sera considéré comme ajouté par l'autre : « *Post eum diem (periculi)*, dit Cujas , *non nisi centesimam in menses singulos stipulabatur (creditor), quæ legitima erat usura ; vel si leviorem quod huic stipulationi usurariæ deerat pœnali supplebatur..»*

3° Le double du capital ne sera jamais dépassé. Les intérêts moratoires cesseront donc de courir dès que l'accumulation de ce qui est dû pour les *operæ servi* et pour chaque jour de retard aura produit une somme égale au capital (1).

Quel était ce capital ? Pothier, se fondant sur ce que l'anatocisme *(versura)* était défendu, veut que ce fût le capital prêté. Nous pensons au contraire qu'il s'agit ici du capital primitif augmenté de l'intérêt maritime. Tel est l'avis de Cujas : « *Quamdiu vero periculum est creditoris, infinitæ usuræ, id est, etiam supra centesimam vel supra duplum ex pacto debentur. Tanti est susceptio periculi.* » C'est, en un mot, toute la somme exigible au moment de la *mora* qui va produire les intérêts moratoires. Et cette décision ne viole pas la prohibition de l'anatocisme, étant donné le caractère particulier de l'intérêt maritime, qui est plutôt le prix d'un risque qu'un véritable intérêt.

A partir de quel moment, et à quelle condition la clause pénale était-elle encourue ? Fallait-il une interpellation adressée au débiteur ? Les lois 2 et 9 de notre titre sembleraient bien concluantes pour l'affirmative ; car elles règlent les procédés à employer pour suppléer à l'interpellation lorsqu'elle n'avait pas pu

---

(1) Ce n'était que l'application d'un principe général. On évitait ainsi la ruine des débiteurs par l'accumulation des intérêts. Cette raison justifiait la règle posée dans la loi 10 C. *de Usuris,* d'après laquelle les intérêts acquittés n'entrent pas dans le calcul du double. Il est donc regrettable que, dans les lois 29 et 30 du même titre, Justinien ait introduit une règle nouvelle, libérant complètement le débiteur, dès qu'il avait, au moyen de paiements partiels d'intérêt, payé le double du capital.

être effectuée , par exemple parce que le débiteur ne s'était pas trouvé au lieu où l'argent était devenu exigible et n'avait pas laissé de représentant. Dans ce cas, l'esclave du prêteur devait porter le fait à la connaissance de plusieurs témoins *(testatione complecti)* , et cette constatation équivalait à une mise en demeure.

Mais d'autres fragments du Digeste donnent une solution toute différente. Papinien (l. 9 § 1 *de l suris*) décide d'une manière générale que la stipulation d'intérêts doit recevoir son exécution sans interpellation ; et Africain (l. 23 *de Obl. et act.*), s'occupant spécialement de la *pœna* en matière de prêt trajectice, déclare qu'elle est encourue sans sommation ; autrement il suffirait que le créancier fût hors d'état d'interpeller, pour que la clause pénale demeurât lettre morte *(ejus quoque temporis, quo interpellatus non esset, pœnam peti posse; amplius etiam si omnino interpellatus non esset).*

Il est assez difficile d'expliquer des divergences aussi graves, si ce n'est par cette considération que Pomponius et Labéon étaient Proculeiens tandis que Papinien et Africain faisaient partie de l'école Sabinienne. Pour les premiers, la présence de la clause pénale n'empêchait pas l'obligation d'être pure et simple, et la peine n'était pas encourue tant que l'exécution de l'obligation principale, le paiement, restait possible. Les autres considéraient que l'obligation principale devait être exécutée dans un temps donné, et qu'une fois le moment passé, la condition mise à l'exigibilité de l'obligation accessoire étant réalisée , il y avait droit acquis à l'exécution de cette dernière. Cette controverse , dont on retrouve la trace dans les quatre fragments précités , fut tranchée par Justinien. La loi 12 au Code *(de contr. et com.*

stip.) décide, en effet, que le débiteur essaierait vainement de se soustraire à l'exécution de la *pœna*, sous prétexte que personne ne l'a mis en demeure : « *Sciat minime se posse debitor ad evitandam pœnam adjicere, quod nullus eum admonuit.* »

Une dernière observation. Il est évident que la *pœna* n'était pas encourue si le défaut de paiement était imputable au créancier : « *Servius ait, pecuniœ trajectitiœ pœnam peti non posse, si per creditorem stetisset, quo minus eam intra certum tempus prœstitutum accipiat.*» *(l. 8 de Naut. fœn.).*

VI

GARANTIES DU PRÊTEUR A LA GROSSE.

Le prêteur à la grosse peut, comme tout autre créancier, exiger des garanties personnelles et réelles. Des sûretés personnelles nous ne dirons rien, imitant en cela les jurisconsultes Romains, qui ne parlent pas de la fidéjussion appliquée au *nauticum fœnus*, sans doute parce qu'elle n'offrait, dans ce cas spécial, rien de particulier, et qu'il suffisait de s'en référer aux règles ordinaires. Les textes nous donnent, au contraire, différents exemples de gages et d'hypothèques, concédés en garantie d'un prêt maritime.

Le premier mode usité à Rome pour conférer une sûreté réelle consista dans la constitution d'un droit de propriété ; ce fut l'*aliénation fiduciaire* ; par le contrat de fiducie le créancier s'engageait à retransférer la propriété au débiteur dès le jour où il serait désintéressé. Un pareil système était trop compliqué pour s'adapter facilement à des opérations commerciales ; il présentait d'ailleurs deux graves inconvénients. En premier lieu, le débiteur était privé de l'usage de sa chose, puisque le créancier en recevait la possession en même temps que la propriété. On trouvait, il est vrai, un remède à cette situation dans un pacte de précaire ou un contrat de location, qui offraient un double avantage : le débiteur était mis à même d'user de sa chose, et l'*usureceptio fiduciæ* devenait impossible. D'un autre côté, un même objet ne pouvait, quelle que fût sa valeur, garantir qu'une seule dette. Ce second inconvénient était commun à la fiducie et au *pignus*.

Dans ce dernier cas, la possession seule était donnée au créancier. Celui-ci avait le droit de la retenir jusqu'à parfait paiement ; mais, s'il venait à la perdre, il n'avait aucun moyen de la recouvrer. Les interdits possessoires ne furent créés que plus tard. Le débiteur, conservant la propriété, pouvait la transférer à un tiers, en face duquel le gagiste demeurait désarmé. Enfin l'objet était inutilisé puisque le débiteur ne le possédait plus, s'il n'y avait eu un pacte de précaire ou d'un contrat de louage, et qu'il était défendu au créancier d'en faire usage, sans s'être assuré du consentement du propriétaire, à peine d'être réputé voleur.

Le Préteur Servius chercha le premier, vers la fin de la République, à concilier l'intérêt des deux parties par un nouveau procédé qui, tout en conservant la propriété et la possession au débiteur, faisait acquérir au créancier un droit réel. Un cas particulier, le louage des biens ruraux, en reçut la première application. Par l'effet d'une simple convention, le fermier constituait au profit du propriétaire un droit réel sur ses meubles et les fruits de la chose louée, en garantie des obligations résultant du bail ; au moyen de l'action Servienne, le bailleur avait le droit de poursuivre contre tout détenteur les objets affectés à sa sûreté, pour les faire vendre et se payer sur le prix.

En raison de l'utilité qu'offrait un pareil système, l'action Servienne fut généralisée et devint l'action quasi-Servienne ou hypothécaire. La fiducie disparut peu à peu. Quant au *pignus*, il se confondit presque avec l'hypothèque et Marcien, au Digeste ; a pu dire : « *Inter pignus et hypothecam tantum nominis sonus differt.* »

Ce fut surtout à la constitution d'hypothèque , dès qu'on la connut, que les prêteurs à la grosse durent demander la garantie de leurs créances ; non pas que la concession d'un *pignus*, ou même une aliénation fiduciaire, n'eussent dans certains cas leur utilité ; mais l'hypothèque se prêtait d'une manière trop complète aux exigences du commerce maritime pour qu'elle ne fût pas accueillie avec une grande faveur, et généralement préférée. Elle permettait, en effet, d'affecter à la sûreté de la dette, non seulement des objets restant dans les magasins de l'emprunteur ou transportés sur mer et payés avec l'argent prêté, mais encore des marchandises chargées sur d'autres vaisseaux, dont le voyage n'était pas aux risques du créancier hypothécaire, et achetées avec d'autres fonds que les siens. Si le prêt trajectice avait été consenti pour l'aller et le retour, rien ne faisait obstacle à ce que la cargaison fût librement vendue au lieu d'arrivée, sans que le créancier perdît son gage ; Les marchandises achetées au loin et embarquées à destination du port d'origine se trouvaient, en quelque sorte, subrogées aux anciennes, et répondaient comme elles du remboursement à l'échéance : « *Sub pignori-*

bus et hypothecis mercibus a Beruto comparatis et Brentesium perferendis , et quas Brentesio empturus esset et per navem Beruto invecturus... »

La convention d'hypothèque, comme tout contrat accessoire, supposait l'existence d'un contrat principal valable ; pourtant il n'était pas indispensable que l'obligation garantie fût civile : « *Res hypothecæ*, dit Marcien, *dari posse sciendum est pro quacumque obligatione... vel pro civili obligatione vel honoraria vel tantum naturali...* » Nous en concluons que dans un *nauticum fœnus* imparfait, à raison de ce que les risques maritimes restaient à la charge de l'emprunteur, les intérêts promis par simple pacte étaient garantis par l'hypothèque, jusqu'à concurrence de la *centesima usura* : « *... Si tamen pignus et in eas obligatum fuit, quamdiu quid ex his (usuris) debetur, pigneratitia cessabit...* »

L'obligation principale pouvait être pure et simple, à terme, ce qui n'empêchait pas l'existence immédiate du *pignus*, ou enfin conditionnelle. Dans ce dernier cas, l'hypothèque ne prenait naissance qu'à l'arrivée de la condition, l'accessoire étant lié au principal ; mais la condition accomplie, pourvu qu'elle ne fût pas potestative, retroagissait au jour du contrat, et c'était à cette date que l'hypothèque prenait son rang.

Lorsque l'hypothèque n'avait pas été affectée spécialement et expressément, soit à la créance principale, soit à tel ou tel de ses accessoires, elle garantissait : 1° la créance principale avec les intérêts produits aux termes de la convention, dans l'espèce, le capital prêté augmenté du profit maritime ; 2° la peine conventionelle fixée par les parties au moment où l'obligation avait été consentie, c'est-à-dire, dans le cas d'un *nauticum fœnus*, la somme représentative des services de l'esclave et du préjudice résultant du retard ; 3° enfin les frais lorsque la négligence du débiteur forçait le créancier à en faire : « *L. Titius mutuam pecuniam dedit sub usuris, acceptis pignoribus ; eidemque debitori Mœvius sub iisdem pignoribus pecuniam dedit. Quœro : an Titius non tantum dedit sortis et earum usurarum nomine, quœ accesserunt, antequam Mœvius crederet, sed etiam earum quœ postea accesserunt potior esset ? Respondit, L. Titium in omne, quod ei debetur, potiorem esse.* » Mais l'hypothèque qui garantirait une obligation réprouvée par la loi serait nulle ; tel serait le sort de l'hypothèque consentie pour des intérêts usuraires, ou pour assurer le paiement d'une *pœna* dépassant la *centesima usura* : « *Nec pignora vel hypothecœ titulo majoris usurœ tenebuntur.* »

Quand le même objet avait été hypothéqué à un seul créancier, aucune difficulté ne s'élevait. Si le prêt n'était pas remboursé à l'échéance avec ses accessoires, le créancier faisait vendre après avoir dénoncé au débiteur qu'il eût à payer *(notam facere debet)*, à moins qu'il ne fût convenu que l'échéance du terme suffirait. Le créancier se payait sur le produit de la vente, et, s'il n'était pas complètement désintéressé, il lui restait une action personnelle pour le surplus de sa créance. Il pouvait arriver que le débiteur, resté propriétaire, vendît à des tiers les objets hypothéqués ; c'est alors que l'action quasi-Servienne et l'interdit Salvien étaient utiles au créancier pour exercer son *droit de suite*, et mettre le détenteur dans l'alternative de payer la dette ou de laisser vendre la chose.

Supposons maintenant que les mêmes objets aient été

hypothèqués à plusieurs créanciers ; si la constitution de l'hypothèque date pour chacun d'eux de la même époque, on applique la règle donnée par le jurisconsulte Paul : « *Si pluribus res simul pignori datur, æqualis omnium causa est* », et que Pothier présente sous la forme suivante : *qui concurrunt tempore concurrunt jure*. Chaque créancier vient donc au marc le franc, s'il n'y a pas de quoi les désintéresser tous intégralement *pro quantitate debiti pignus habeant obligatum*).

La plupart du temps, au contraire, les hypothèques qui grévaient les biens du débiteur avaient été constituées à des dates différentes ; un autre principe réglait alors la situation respective des divers créanciers, principe ainsi formulé par Antonin : « *Sicut prior es tempore, ita potior es jure.* » Rien n'est plus juste ; dès là que les créanciers ne peuvent pas tous être désintéressés, la préférence appartient incontestablement aux plus anciens ; car c'est à leur préjudice que les contrats ultérieurs ont été conclus. Le créancier titulaire de l'hypothèque la plus ancienne primait donc les autres, quelle que fût d'ailleurs la date de la créance elle-même.

Cette règle souffrait exception toutes les fois que, en raison de la nature de la créance et de la faveur dont le législateur la jugeait digne, l'hypothèque ultérieure était privilégiée ; ce cas se produisait très-fréquemment en matière de *nauticum fœnus*. Le créancier dont l'argent sert à conserver ou à mettre une valeur dans le patrimoine du débiteur fait évidemment l'affaire de tous ; sans lui, la sûreté commune serait diminuée d'autant. Il est donc parfaitement naturel et équitable qu'il soit le premier payé. Or il arrivait souvent qu'on prêtait de l'argent pour réparer ou conserver un navire déjà hypothéqué, ou pour acheter la nourriture de matelots sans lesquels le navire n'achèverait pas heureusement sa traversée, ou pour sauver les marchandises, ou enfin pour payer le nolis. Dans ces différents cas, le créancier hypothécaire postérieur passait le premier : « *Interdum posterior potior est priori*, dit Ulpien, *ut puta, si in rem istam conservandam impensum est quod sequens credidit.* » L'art. 2102 C. Civ. a consacré cette règle toute d'équité et de bon sens.

L'hypothèque, droit accessoire, ne peut exister qu'à la condition de reposer sur un droit principal ; toute cause d'extinction de l'obligation entraine donc par elle-même l'extinction du *pignus*. Par conséquent, si le navire périt pendant la traversée, le prêteur perd en même temps sa créance et tous les droits accessoires qui lui avaient été concédés, soit sur les marchandises contenues dans le vaisseau perdu, soit même sur celles qui étaient restées en magasin ou transportées sur d'autres navires. Mais si, après la réalisation de la condition par l'heureuse arrivée du vaisseau, les marchandises périssent autrement que par fortune de mer, si elles sont vendues à un prix tel que le montant intégral de la créance ne soit pas atteint, ou bien encore si le vaisseau et les marchandises sont engloutis pendant la traversée, mais à une époque et dans des conditions telles que le risque maritime ne doive plus incomber au prêteur, la créance principale n'est pas éteinte. Alors apparaît l'utilité d'une hypothèque supplémentaire portant sur les objets encore en magasin, ou transportés sur d'autres navires.

Reste une question à examiner : Le prêteur à la grosse, indépendamment des sûretés conventionnelles dont nous venons de parler, pouvait-il invoquer une garantie créée directement par la loi ? Certains textes parlent de l'existence d'un *privilegium*. Les voici : « *Qui in navem extruendam vel instruendam crediderit , vel etiam emendam, privilegium habet,* » dit Paul, et Marcien s'exprime à peu près dans les mêmes termes : « *Quod quis navis fabricandæ, vel emendæ, vel armandæ, vel instruendæ causa, vel quoquomodo crediderit, vel ob navem venditam petat, habet privilegium post fiscum.* » Rien ne prouve, tout d'abord, que ces textes concernent spécialement le *nauticum fœnus* ; ils se bornent à supposer un emprunt ordinaire, destiné à l'armement, à la réparation, ou à l'achat d'un vaisseau, et, conformément au principe général, ils accordent un rang de préférence à celui dont les deniers ont créé ou conservé une valeur, gage commun de tous les créanciers.

Mais il pouvait se faire, et il devait souvent arriver, que le prêt effectué dans les conditions précédentes revêtit la forme d'un prêt trajectice ; c'est ce qui avait lieu si le créancier n'avait droit au remboursement de ses avances, d'après les termes de la convention, qu'en cas d'heureuse arrivée du navire. C'était bien alors à un prêt trajectice que s'appliquait le *privilegium*. Encore peut-on douter que ce dernier dût garantir l'excédant du capital remboursable sur le capital prêté, puisque cet excédant était en dehors de la valeur réellement mise ou conservée dans le patrimoine du débiteur.

Ceci dit, revenons à nos textes. Donc, créancier pur et simple ou créancier conditionnel, le prêteur de deniers destinés à l'achat ou à la réparation d'un navire avait un privilège. Quelle en était la nature ? Etait-ce un simple privilège ? Etait-ce au contraire, une hypothèque privilégiée ?

Pour saisir l'intérêt de la question, il faut ne pas
perdre de vue que le privilège du droit Romain,
très-différent des privilèges consacrés par nos codes,
n'était autre chose qu'un droit de préférence, résultant
soit de la nature de la créance, soit de la faveur qui
s'attachait à la personne, ne faisant pas sortir le créancier qui en était nanti de la classe à laquelle il ap-
.partenait, lui donnant le pas sur les créanciers à
hypothèque, si sa créance était hypothécaire, lui conférant
seulement la priorité sur les créanciers chirographaires
s'il n'avait pas eu le soin de stipuler une garantie particulière. L'action réelle, née de l'hypothèque, faisait
obtenir au créancier la préférence sur les privilèges attachés à des actions purement personnelles : « *Eos qui
acceperunt pignora, quum in rem actionem habeant,
privilegiis omnibus, quæ personalibus actionibus com-
petunt, præferri constat.* » Or, les textes précités ne
parlent que d'un *privilegium* ; donc le préteur de deniers pour l'achat ou la réparation d'un vaisseau, s'il
ne s'était pas réservé dans la convention un droit d'hypothèque, ne primait que les créanciers chirographaires,
   On a cependant contesté cette solution et invoqué
contre elle l'autorité du raisonnement suivant. L'hypothèque privilégiée, accordée à celui qui a prêté de l'argent pour la reconstruction d'un édifice, appartient aussi
à celui qui, sur l'ordre du propriétaire, a avancé des
fonds à l'entrepreneur. Voilà donc une hypothèque privilégiée tacite qui a précisément pour fondement l'augmentation de valeur donnée au patrimoine du débiteur.
Par identité de motifs, la même hypothèque privilégiée
doit appartenir à celui qui a fourni les espèces nécessaires
à l'achat ou à la réparation d'un vaisseau. Cet argument

n'est rien moins que décisif ; car , d'un côté , il est
très-douteux que le mot *pignus* ait, dans le texte qui
contient la décision précédente , la signification qu'on
lui attribue. Plusieurs lois, en effet, ne parlent que d'un
privilegium accordé dans l'hypothèse prévue , notamment le fragment 24 § 1 *de reb. cred.*, qui reproduit
en termes un peu différents la règle dont nous discu-
tons le sens : « *Creditor qui ob restitutionem œdifi-
ciorum crediderit, in pecunia quæ credita erit, privilegium exigendi habebit.* » C'est donc par erreur que
le mot *pignus* aurait été employé.

D'un autre côté, on comprendrait que, par exception,
une hypothèque privilégiée fût accordée pour la reconstruction d'une maison, alors qu'un simple privilége serait
en général le lot de tous ceux qui conservent ou aug-
ment la consistance du gage commun. L'analogie n'est
pas parfaite entre les différents cas ; et il suffirait de
se rappeler l'extrême faveur dont jouissaient à Rome
la reconstruction et la conservation des édifices , pour
trouver très-explicable que les lois eussent accordé dans
cette hypothèse des avantages extraordinaires. La loi
des XII Tables ne refusait-elle pas l'action *ad exhiben-
dum* au propriétaire de matériaux employés de bonne
foi à la construction d'une maison , et cela *ne urbis
adspectus deformaretur ?*

Un autre argument contre notre système est tiré de
la combinaison de la loi 34 (*de reb. auct. jud.*) *in
fine :* « *Habet privilegium post fiscum,* » avec le passage suivant des sentences de Paul ; « *Privilegium
fisci est, inter omnes creditores primum locum tenere.* »

Le rapprochement serait sans réplique, s'il était
préalablement démontré que le fisc avait toujours une

hypothèque privilégiée. Or, rien n'est plus douteux. Les lois qu'on nous oppose donnent au fisc un *privilegium* ; or, le sens de ce mot, en droit Romain, était parfaitement déterminé. Le fisc avait un rang de préférence sur les créanciers de la même classe que lui ; s'il n'avait pas d'hypothèque, il ne primait que les créanciers chirographaires ; « *Et repeto*, dit Ulpien, *fiscum quoque in his casibus, in quibus hypothecam non habet, et cæteros privilegiarios exemplum creditorum sequi oportere. Hæc omnia, in his creditoribus, qui hypothecas non habent, conservanda sunt.* » La loi 8 *qui pot.* est très explicite dans le même sens : « *Si pignus specialiter respublica acceperit, dicendum est præferri eam fisco debere, si postea fisco debitor obligatus est : quia et privati præferuntur.* »

Le désaccord qui existe entre les commentateurs s'explique très-bien par ce fait que le fisc a eu d'abord un privilège, et, plus tard, pour certaines créances, une hypothèque privilégiée. Or, le texte de Paul a été écrit à une époque où le fisc n'avait qu'un simple privilège. Cela est d'autant plus probable qu'Ulpien, écrivant après Paul, énonce bien clairement que le fisc, lorsqu'il n'avait pas une hypothèque, était dans la même condique tous les autres créanciers privilégiés.

VII.

ACTIONS ACCORDÉES AU PRÊTEUR A LA GROSSE.

Après avoir fixé le nombre et la nature des diverses obligations auxquelles l'emprunteur à la grosse se trouve soumis, il convient de rechercher quels sont les moyens dont dispose le créancier pour en obtenir l'exécution, et de déterminer les actions à l'aide desquelles il fera reconnaître et sanctionner ses droits. Les textes sont muets sur ce point. Mais la solution de cette difficulté, intimement liée à des questions déjà élucidées, est contenue implicitement dans nos observations sur la nature du contrat maritime et de la clause pénale qui l'accompagne ordinairement.

Si le *nauticum fœnus* est un *mutuum*, l'action qu'il faut donner au créancier est évidemment une *condictio*, action de droit strict : *condictio certi* pour le capital, et pour le profit maritime, s'il est d'une somme fixe ; *condictio incerti* pour ce dernier, s'il est calculé à tant par an, par mois ou par jour. Quant à l'obligation résultant de la clause pénale, elle prend sa source dans une stipulation ajoutée au contrat principal ; elle donne donc aussi naissance à la *condictio incerti*.

Ce système, au moins en ce qui concerne la première obligation, n'est pas universellement admis. Parmi les commentateurs, en effet, aucun de ceux pour lesquels le *nauticum fœnus* constitue une société, un louage, ou doit être rangé au nombre des contrats innommés, ne saurait admettre que l'action à accorder au créancier ait été une *condictio*. Il n'est pas nécessaire de revenir ici sur une controverse déjà exposée ; nous nous bornerons seulement à faire valoir quelques considérations nouvelles, tendant à établir que l'action *prœscriptis verbis* donnée dans les contrats innommés, n'était pas applicable à notre hypothèque, et que la *condictio*, action de droit strict, action des contrats unilatéraux, trouvait seule ici sa place.

L'action *prœscriptis verbis* était donnée chaque fois qu'on se trouvait en présence d'un *negotium novum*.

Dans toutes les occasions où des relations juridiques, des rapports d'obligation naissaient entre deux individus dans des conditions telles que le fait générateur ne se rattachait à aucun contrat connu et prévu par les lois, le magistrat ne pouvant choisir sur l'*album* une action spéciale, racontait en tête de la formule dans la *demonstratio*, les circonstances d'où résultait l'engagement *(prœscripta verba)* : « *Quum deficiant* , dit Celsus *vulgaria atque usitata actionum nomina, prœscriptis verbis agendum est.* » Ce cas devait se présenter fréquemment ; car, dit Ulpien : « *Natura rerum conditum est ut plura sint negotia quam vocabula.* » Il n'y avait pas alors de meilleur procédé, dit de son côté Cujas, que d'agir *sine nomine secundum quod conventione prœscriptum est, narrata conventione, narrato facto.*

Cette théorie ne fut pas admise de prime abord par tous les jurisconsultes. Lorsque la loi civile n'avait pas donné de sanction expresse à une convention , mais que l'une des parties l'avait exécutée, il semblait équitable à tous que l'autre fût également contrainte de le faire ; mais, tandis que les uns poursuivaient ce but en assimilant cette convention au contrat civil qui offrait avec elle le plus d'analogie , les autres proposaient une formule générale. Les premiers, disciples de l'école Sabinienne, accordaient l'action *ex empto* aux co-échangistes, et en étendaient l'application à toute convention en vertu de laquelle on accomplissait, comme premier acte , une translation de propriété *(do ut des, facio ut facias)* ; l'action de dol était réservée aux autres cas. Les Proculeiens, au contraire, dont le chef était Labéon, imaginèrent une action commune à toutes les hypothéses, l'action *prœscriptis verbis*. Labéon vivait et écrivait sous Auguste ; or, plus de deux cents ans auparavant, Caton l'ancien, Plutarque nous l'apprend, recommandait à son fils le *nauticum fœnus* comme un moyen de faire fructifier sa fortune. Si le *nauticum fœnus* a existé deux siècles avant l'action *prœscriptis verbis*, il est clair qu'il était sanctionné par une autre action, qui ne pouvait être que la *condictio*.

Une autre raison, plus décisive encore, nous détermine à écarter l'action *prœscriptis verbis*. Elle est tirée d'un fragment d'Ulpien, qui comprend le prêt trajectice au nombre des conventions pouvant donner lieu à l'action *de eo quod certo loco*. Voici l'hypothèse prévue : Il arrivait fréquemment que le débiteur, par hasard ou de propos délibéré, ne se trouvait pas au lieu désigné pour le paiement ; le *fœnerator* avait alors le droit de l'actionner à son domicile actuel. Mais, pour éviter de succomber par l'effet de la *plus petitio loco*, il devait modifier l'*intentio* de la formule, qui devenait *incerta*. Au lieu de mentionner un chiffre déterminé l'*intentio* portait : *quidquid ob eam rem dare facere oportet* ; cette rédaction nouvelle permettait au juge d'apprécier l'intérêt de chacune des parties à l'observation stricte du contrat, et d'en faire état pour fixer le montant de la condamnation. De plus, l'action devenait arbitraire, c'est-à-dire, que le défendeur était placé dans l'alternative ou de promettre et de garantir le paiement au lieu convenu, ou de subir une condamnation immédiate.

Mais toute action n'était pas susceptible de recevoir cette modification de la formule ; tel était le cas pour les actions de bonne foi. Le juge avait alors de plein droit un certain pouvoir d'appréciation, au moyen du-

quel il tenait compte de l'intérêt de chacune des parties
à l'exécution exacte de la convention. Aussi la *plus
petitio* n'était-elle pas possible dans ces actions. Ulpien,
en supposant que le prêteur à la grosse avait parfois
besoin de l'action *de eo quod certo loco*, a donc implicitement établi que l'action du *nauticum fœnus*
ne pouvait pas être une action de bonne foi. La loi 7
de eo quod est conçue dans le même sens : « *In bonœ
fidei judiciis, etiam si in contrahendo convenit, ut
certo loco quid prœstetur, ex empto.., vel depositi
actio competit, non arbitraria actio...* »

Or, quelle était la nature de l'action *prœscriptis
verbis* ? « *Bonœ fidei sunt hœ*, dit Justinien aux Institutes : *ex empto... prœscriptis verbis quœ de œstimato
proponitur et ea quœ ex permutatione competit....* »
Quant aux autres cas d'application de l'action *prœscriptis verbis*, il n'en est pas question. Ceux qui voient
dans le *nauticum fœnus* un contrat innommé s'emparent
de ce passage, et, considérant l'énumération des Institutes comme limitative, décident que l'action *prœscriptis
verbis* était de bonne foi dans l'échange et le contrat
estimatoire, *stricti juris* dans toutes les autres conventions, parmi lesquelles se plaçait le *nauticum fœnus*.
L'action *de eo quod certo loco* trouvait donc ici sa place.
La loi 19 *de Precario* vient étayer cette théorie :
« *Quum quid precario rogatum est, non solum interdicto uti possumus, sed et incerti condictione, id est
prœscriptis verbis.* » Donc l'action *prœscriptis verbis*,
accordée au concédant à précaire était une *condictio*,
action de droit strict, et, par conséquent, sauf les deux
cas mentionnés aux Institutes, l'action *prœscriptis verbis*
n'était pas une action de bonne foi.

Cependant on ne voit pas pourquoi l'action *præscriptis verbis*, de bonne foi lorsqu'elle sanctionnait une convention se rapprochant de la vente, aurait été de droit strict dans des contrats analogues au mandat ou au louage. Cette considération suffirait à elle seule pour ôter au texte précité une grande partie de son importance. Il y a plus. Le même titre contient un fragment d'Ulpien ainsi conçu : « *Quum quid precario rogatum est, non solum interdicto uti possumus sed etiam præscriptis verbis actione, quæ ex bona fide oritur.* » N'est-il pas impossible d'admettre que Justinien se soit approprié deux décisions aussi contradictoires ? Il paraît dès lors évident qu'une faute s'est glissée dans le manuscrit qui nous a été conservé, et qu'une correction est nécessaire pour rétablir l'harmonie entre les deux lois. Or, le texte d'Ulpien ne s'y prête pas ; tandis qu'une légère modification dans le texte de Julien suffit pour amener une concordance parfaite. Il n'y a qu'à lire *incerti actione* à la place d'*incerti condictione* Ajoutons qu'Ulpien semble avoir tout simplement reproduit la règle posée par Julien, qui écrivait avant lui.

D'autres autorités confirment cette manière de voir. Nous lisons dans les sentences de Paul : « *Et civilis actio hujus rei* (le précaire), *sicut commodati, competit.* » L'action née du précaire est comparée à celle du commodat, qui était de bonne foi.

Ce n'est pas tout. Ulpien, cherchant à dégager la part de responsabilité qui pèse sur le défendeur à l'action *præscriptis verbis*, en cas de perte de la chose due s'exprime ainsi : « *Si rem cui inspiciendam dedi, sive ipsius causa, sive utriusque, et dolum et culpam mihi præstandam esse dico propter utilitatem, periculum non.*

*Si vero mei dumtaxat causa datum est, dolum solum :
Quia prope depositum hoc accedit.* » Sans distinguer
la *negligentia* du *factum*, la faute *in omittendo* de la
faute *in committendo*, le jurisconsulte décide que le débiteur ne sera tenu qu'à raison du dol si le créancier a agi
dans son intérêt propre ; qu'il sera tenu, au ·contraire
du dol et de la faute (évidemment *culpa levis*, car la
culpa lata était assimilée au dol), si la convention est
à l'avantage des deux parties. Cette théorie des fautes
ne s'appliquait qu'aux contrats de bonne foi, ainsi que
le prouve le texte suivant : « *Si servum stipulatus
fuero, et nulla mora intercedente servus decesserit, si
quidem occidit eum promissor, expeditum est. Sin
autem negligat infirmum, an teneri debeat promissor ?... an culpa quod ad stipulationem attinet in
faciendo accipienda sit, non in non faciendo ? Quod
magis probandum est ; quia qui dari promisit, ad
dandum, non faciendum tenetur.* » Ainsi, dans
l'exécution d'une stipulation, type des contrats de
droit strict, la *negligentia* du débiteur échappe à la
critique du créancier. Au contraire, dans les contrats
de bonne foi, il n'y a pas à se préoccuper de savoir
si la faute est *in omittendo* ou *in committendo* ; mais
il faut rechercher à l'avantage de qui est intervenue la
convention : «..... *Sicut in contractibus fidei bonæ
servatur ut si quidem utriusque contrahentium com-
modum versetur, etiam culpa : sin unius solius, dolus
malus tantummodo præstetur.* » Le dépôt volontaire,
par exemple, est tout à l'avantage du déposant, le dé-
positaire n'est donc tenu que de son dol, à moins qu'il
ne se soit offert au contrat ; la même règle est suivie
dans le cas d'application de l'action *præscriptis verbis*
prévu par Ulpien *quia prope depositum hoc accedit.*

Dès lors, il n'y a pas de doute à avoir : l'action *præscriptis verbis* était toujours une action de bonne foi ; elle ne pouvait donc pas convenir au *nauticum fœnus* puisqu'elle n'avait jamais à se transformer en action de *de eo quod certo loco*.

La *condictio* accordée au *fœnerator* subissait parfois une autre transformation. Les citoyens romains, propriétaires de navires, en prenaient rarement le commandement ; le plus souvent, ils le confiaient à un délégué, chargé en même temps de diriger les opérations qu'il leur répugnait de faire eux-mêmes. Le *magister navis* avait alors tout pouvoir pour consentir, à la place de son maître, les actes nécessaires au négoce ou à la navigation, et pour emprunter, pendant la traversée, soit à titre de *mutuum*, soit à titre de *nauticum fœnus*, les fonds nécessaires à la réparation du vaisseau et à la nourriture des matelots : « *Si ad usum ejus rei, in quam præpositus est, fuerit mutuatus, dandam actionem,* » dit Ulpien.

Toutefois cette faculté aurait eu grande chance de demeurer illusoire, si l'on s'en fût tenu a la rigueur du droit civil. Qu'était, en effet, le *magister navis ?* Ordinairement un esclave, ou un fils de famille *in potestate*, n'offrant pas de prise. Le maître, le père pouvaient, il est vrai, être actionnés, mais seulement jusqu'à concurrence du profit retiré par eux, ou de la valeur du pécule. Quelquefois le préposé était un homme libre ; mais, seul obligé vis à vis des tiers, il ne présentait habituellement aucune surface ; d'ailleurs la convention intervenait en cours de voyage, loin du port d'origine où des renseignements auraient pû être pris sur le crédit de l'emprunteur : « *Interdum locus, tempus non patitur*

4

plenius deliberandi consilium. » Donc, absence complète de garantie rendant presque impossible toute relation d'affaires avec le représentant de *l'exercitor.*

Le droit prétorien rémédiait à cet inconvénient, en permettant de diriger contre le maître lui-même l'action résultant du contrat, quel qu'il fût. *L'actio ex empto*, *l'actio locati*, la *condictio* devenaient *l'actio exercitoria*, si le créancier, en vertu d'un contrat conclu avec le *magister navis*, mettait en cause l'*exercitor*. Ainsi le *fœnerator* pouvait agir à son choix, soit contre le mandant, soit contre le mandataire, lorsque celui-ci était un homme libre, mais jamais contre tous les deux. Et si tout ou partie de la dette était payé par l'un, peu importait que ce fût par le *magister* ou par *l'exercitor* ; ce paiement profitait à l'autre.

L'étude du *nauticum fœnus* en droit romain est terminée. Mais nous croyons intéressant de dire, avant de finir, comment cette institution a donné naissance à une autre, qui existe à côté de la première dans nos Codes, et que l'on appelle l'assurance maritime.

L'Eglise, plus sévère que la législation civile qui se contentait en général de limiter le taux de l'intérêt, prohiba l'intérêt lui-même, d'abord pour les ecclésiastiques, puis pour les laïques : « *Mutuum date nihil sperantes*, » disait-elle. Pour assurer l'observation de cette règle, elle proscrivait toute espèce de profit tiré du commerce de l'argent, et prenait des précautions infinies pour empêcher que l'on ne parvint à éluder ses ordres ; elle allait jusqu'à déclarer que la seule espérance de recevoir un don en sus du capital rend le prêteur blâmable et l'oblige moralement à restitution.

Ces défenses si générales atteignaient-elles le *nauticum fœnus?* On a voulu trouver une réponse catégorique à cette question dans le passage suivant tiré d'une Décrétale du pape Grégoire IX, parue au XIII⁰ siècle : « *Naviganti vel eunti ad nundinas, certam mutuans pecuniæ quantitatem, quod suscipit in se periculum, recepturus aliquid ultra sortem, usurarius est censendus.* » Mais voyons la suite : « *Ille quoque, qui dat decem solidos, ut alio tempore todidem sibi grani..... mensuræ reddantur : quæ licet tum plus valeant, utrum plus vel minus solutionis tempore fuerint valituræ, verisimiliter dubitatur : non debet ex hoc usurarius reputari. Ratione hujus dubii etiam excusatur qui... »* Ces expressions ne tendraient-elles pas à faire supposer qu'une erreur s'est glissée dans la première phrase, et qu'une négation devait accompagner les mots : *usurarius est censendus?* Il semble bien, le mot *quoque* l'indique ainsi que le mot *etiam*, que la *ratio dubii*, le *periculum* existait dans les différentes hypothèses prévues, et permettait au créancier de recevoir, sans encourir les sévérités de l'Eglise, *aliquid ultra sortem.* La même idée parait se retrouver dans quelques autres passages, notamment lorsqu'il est dit que le créancier d'un prix de vente commet un péché s'il exagère ce prix à raison du terme, à moins qu'il n'y ait incertitude sur la valeur future de la chose. Il est donc permis de conserver quelques doutes sur les intentions de Grégoire IX touchant le prêt à la grosse.

Mais les prêteurs ne se bornaient probablement pas à stipuler le *periculi pretium* et faisaient encore entrer en ligne de compte le laps de temps. La prohibition de l'Eglise s'appliquait alors sans conteste ; on condamnait les hommes *vendentes tempus quod dominus voluit cunctis esse commune*.

Quoi qu'il en soit, nombre de personnes cherchaient un expédient pour se mettre complétement en règle avec la religion, sans pour cela sacrifier les intérêts de la terre. Voici ce qu'on imagina : « A force de réfléchir à la nature du contrat, nous dit Santerna, on découvrit deux conventions parfaitement distinctes, l'une ayant pour objet un prêt d'argent, l'autre le risque maritime. »

Dès lors, pourvu que la première convention fût faite comme le voulait l'Eglise, *merâ caritate*, les exigences religieuses étaient satisfaites, et l'on pouvait donner tel prix que l'on voulait du risque maritime; puis on fit de la *susceptio periculi* un contrat tout à fait à part et parfaitement licite au point de vue du droit canon.

L'assurance maritime était créée.

DROIT FRANÇAIS

ASSURANCES SUR LA VIE

PREMIÈRE PARTIE

HISTORIQUE ET LÉGALITÉ

Les opérations dans lesquelles le calcul des proba-bilités sur la durée de la vie humaine entre comme élément obligé, et qui sont présentées au public sous la dénomination commune d'assurances sur la vie sont fort nombreuses et très variées. Les tontines, les rentes viagères différées ou immédiates, les assurances de ca-pitaux différés, les assurances en cas de mort, les assu-rances de survie, les assurances mixtes, les assurances temporaires sont les principales combinaisons, que les grandes Compagnies modifient et complètent les unes par les autres, en les variant à l'infini.

Nous prenons comme sujet de ce travail, les assuran-ces en cas de mort, et, plus particulièrement, l'assurance en cas de décès pour la vie entière, par laquelle l'as-sureur s'engage à payer, lors du décès de l'assuré, un capital déterminé, à ses héritiers ou à un tiers nomina-tivement désigné.

CHAPITRE I

HISTORIQUE

L'idée de se prémunir contre les coups du sort au moyen de l'association est assez ancienne. En Angleterre, dès le VIIme siècle, nous voyons se fonder dans quelques villes, à Exeter notamment, de véritables sociétés de secours mutuel contre les risques de l'incendie ou des lointains voyages. Les statuts de l'association de Ste-Catherine, formée à Coventry sous Edouard III, disaient : « Si un membre vient à souffrir du feu, de l'eau, du « vol ou d'autres calamités, l'association aura à lui prêter « une somme d'argent sans intérêts. S'il devient malade « ou infirme par suite de vieillesse, la société dont il « fait partie devra l'assister suivant sa condition. Ceux « des membres qui viennent à décéder sans laisser de « quoi subvenir aux dépenses de leur famille doivent « être ensevelis aux frais de la société. »

Dans l'ancienne Scandinavie et en Germanie, ceux qui se réunissaient aux époques solennelles pour sacrifier ensemble, terminaient la cérémonie par un festin religieux. La réunion de ceux qui offraient en commun le sacrifice s'appelait *minne* (amitié) ou *ghilde* (banquet à frais communs) ; ce dernier mot signifiait aussi association, confrérie, parce que tous les co-sacrifiants promettaient par serment de se défendre et de s'entr'aider réciproquement. Cette promesse de secours et d'appui comprenait tous les périls, tous les accidents de la vie ; il y avait assurance mutuelle contre les voies de fait ou les injures, contre l'incendie ou le naufrage, et aussi contre les poursuites légales encourues pour des crimes et des délits.

« Si un convive est tué par un non-convive, disait
« la constitution de la Ghilde du roi Eric de Danemarck
« au XIIe siècle, et si des convives sont présents, qu'ils
« le vengent s'ils peuvent,... si les biens de quelques
« frères sont confisqués.... tous les frères lui viendront
« en aide de cinq deniers... si quelque frère, fait prison-
« nier, perd sa liberté, il recevra de chacun des convives
« trois deniers pour sa rançon... s'il a souffert du
« naufrage pour ses biens il recevra trois deniers de
« chacun de ses frères... Le convive dont la maison
« aura brûlé, recevra trois deniers de chacun de ses
« frères... »

Les obligations résultant de ces statuts étaient très-
sévèrement sanctionnés ; celui qui y manquait était désigné sous le nom de *nithing*, homme de rien ; il était
chassé de la confrérie.

Ces sortes d'associations, de la Germanie se répandirent en France, et, dès le temps de Charlemage, y furent nombreuses, surtout au Nord de la Loire. Mais, à
côté de leur caractère de réunions conviviales et de
sociétés de secours mutuel, elles ne tardèrent pas à prendre par la force même des choses, dans ces temps
troublés, le caractère de conspirations politiques ; aussi
chercha-t-on à les détruire. Charlemagne, dans ses Ca-
pitulaires, les prohiba.

Mentionnons encore en France, à Lille, la loi de l'*Amitié*
d'après laquelle : « Si quelqu'un a sa maison brûlée, ou
« si, tombé en captivité, il paie pour sa rançon la plus
« grande partie de son avoir, chacun de ses amis don-
« nera un écu en secours à l'opprimé. »

De là, à la constitution de véritables compagnies
d'assurance, mutuelles ou à prime, il n'y avait pas loin ;

aussi le mouvement ne tarda-t-il pas à s'accomplir. Il commença par les assurances maritimes. Imaginées en Italie comme moyen d'éviter le conflit entre les nécessités commerciales et les sévérités de l'église, elles furent introduites dans notre pays en 1556 et s'y développèrent sans difficulté. Il n'en fut pas de même des assurances sur la vie, qui n'apparurent au début dans notre droit que pour être l'objet d'une prohibition, formulée en ces termes par le Guidon de la mer, et, plus tard, par l'ordonnance de 1681 : « Défendons de faire aucune assurance sur la vie des personnes. »

Les Anglais comprirent plus vite les avantages de l'assurance sur la vie, et dès l'année 1706 une charte de la reine Anne autorisa la création de l'*Amicable Society*, sous la protection de l'évêque d'Oxfort, Thomas Allen. La seule condition pour être admis dans cette association était de n'avoir pas dépassé 46 ans ; le nombre des membres était fixé à un maximun de deux mille ; chacun d'eux payait une cotisation identique , quel que fût son âge. Une fois par an, on répartissait la somme des cotisations entre les héritiers des *Amis* décédés. Cette organisation rudimentaire différait essentiellement, on le voit, du fonctionnement des compagnies actuelles avec leur fond de garantie, leurs réserves, leur participation aux bénéfices et surtout leurs tarifs soigneusement élaborés. Car le vice principal du système de l'*Amicable Society* résidait évidemment dans l'uniformité de son tarif ; le risque de mort pour un homme de quarante-cinq ans étant bien plus considérable, toutes choses égales, que pour un homme de vingt ans, il était défectueux et injuste de ne pas faire payer au premier une prime plus forte qu'au second. Toutefois, malgré les graves imperfections de ses statuts, l'*Amicable Society* donna d'assez bons résultats pour encourager de nouveaux essais ; ils furent secondés par les travaux du docteur Halley qui dressa les premières tables de mortalité et fournit ainsi des éléments précieux pour le calcul des tarifs (1). En 1720 deux nouvelles compagnies furent créées, le *Royal Exchange* et la *London Assurance Company.*

En 1763, une association, fondée sur les principes de la mutualité, fut autorisée et prit le nom d'*Equitable Society* ; les bénéfices réalisés étaient distribués aux assurés par périodes décennales ; cette société a si bien prospéré qu'elle existe aujourd'hui encore avec un développement considérable, et un capital accumulé de trois cents millions. N'oublions pas d'ailleurs que les opérations permises à toutes ces sociétés n'avaient rien de commun avec les paris sur la vie humaine ; ces derniers étaient rigoureusement interdits, et, de peur que la prohibition ne fût négligée ou perdue de vue, le lé-

---

(1) Quinze siècles avant cette époque, Ulpien avait dressé, pour le calcul de la quarte Falcidie, une table de probabilité sur la durée de la vie humaine dont les données ne s'écartent pas sensiblement des tables actuellement en usage: La voici :

« Depuis le premier âge jusqu'à la vingtième année la somme des « aliments doit être calculée sur une durée de trente ans, et c'est « cette somme qui devra entrer dans l'évaluation de la Falcidie ; — « de vingt à vingt-cinq ans on comptera sur une durée de vingt-huit « ans ; — de vingt-cinq à trente, sur une durée de vingt-cinq ; — de « trente à trente-cinq ans, sur une durée de vingt-deux ; — de tren- « té-cinq à quarante, sur une durée de vingt ans;—de quarante à cin- « quante, sur un nombre d'années égal à celui qui manque au béné- « ficiaire pour atteindre soixante ans, en supprimant un an ; — de « cinquante à cinquante-cinq, sur neuf ans ; — de cinquante-cinq à « soixante, sur sept ans ; — à partir de soixante ans, quel que soit « l'âge du bénéficiaire, sur cinq ans. Ulpien ajoute que tel est le « mode légal de calcul et qu'il doit être appliqué à l'usufruit. La cou- « tume s'est pourtant introduite de calculer sur une durée constante « de trente ans depuis le premier âge jusqu'à trente ans, et à partir « de trente ans, sur un nombre d'années égal à celui qui manque au « bénéficiaire pour atteindre soixante ans ; l'évaluation ne dépasse « donc jamais trente ans. »

gislateur prenait soin de la renouveler de temps à autre, témoin l'ordonnance rendue par Georges III en 1774. L'Angleterre compte aujourd'hui plus de deux cents compagnies d'assurances sur la vie.

A partir de 1732 les assurances sur la vie se répandirent en Europe; mais nulle part elles ne firent les mêmes progrès qu'en Angleterre. La France ne pouvait pas rester absolument étrangère à cet effort. Deux arrêts du Conseil du Roi, l'un du 3 novembre 1787, l'autre du 27 juillet 1788, autorisèrent deux compagnies d'assurance contre l'incendie à étendre leurs opérations aux assurances sur la vie; la première de ces compagnies devait avoir un capital de garantie de quatre millions, l'autre de huit millions; un privilège exclusif de quinze années leur était accordé. Ce premier essai était-il destiné à réussir, et l'assurance sur la vie aurait-elle reçu chez nous l'essor puissant qu'elle avait su prendre en Angleterre? Nul ne le sait; car, peu après la Révolution éclata, bouleversa de fond en comble la vieille société, et en changea les bases.

Les Compagnies d'assurances sur la vie avaient des titres nombreux à la réprobation des hommes nouveaux; elles constituaient un privilège et la loi du 11 juin 1791 les avait abolis; elles étaient des associations financières et les spéculations hasardeuses, l'agiotate effréné, depuis la banque Law jusqu'à la caisse Lafarge, avaient jeté sur elles une grande défaveur; enfin elles réussissaient en Angleterre, alors que tout ce qui venait d'outre-Manche était détesté en France. Aussi furent-elles proscrites par la loi du 8 octobre 1793.

L'impulsion à peine communiquée à la France se trouva donc arrêtée, et il ne fut plus question de l'assurance

sur la vie jusqu'en 1819. A cette époque, consulté sur
le point de savoir si on devait autoriser une compagnie
à faire cette espèce d'opération, le Conseil d'Etat émit
un avis favorable, à la suite duquel fut rendue, le 22
décembre 1819, une ordonnance approuvant l'assurance
sur la vie au même titre que tout autre contrat aléatoire.
Encore le progrès fut-il bien lent, et pendant longtemps
la Compagnie Royale d'assurances n'eut pas de concur-
rents. Peu à peu cependant le mouvement s'est ac-
centué; de nombreuses compagnies se sont créées, des
capitaux considérables ont été payés aux intéressés, et
l'on peut dire que l'assurance sur la vie est aujourd'hui
sortie victorieuse de la lutte; sa place est faite, et considérable. Dix-sept compagnies sont établies en France;
elles ont 100,000 contrats en cours, répondant à une
valeur de un milliard. Encore faudrait-il tenir compte
des quelques compagnies étrangères qui ont établi chez
nous des succursales, et dont quelques-unes, telles que
le *Gresham*, font dans notre pays d'importantes opérations. (1)

CHAPITRE II

LÉGALITÉ ET MORALITÉ DES ASSURANCES SUR LA VIE

Beaucoup de bons esprits ont été frappés de ce fait
que l'assurance sur la vie a été prohibée dans la plupart des législations des XVIe et XVIIe siècles. C'est ainsi
que les ordonnances d'Amsterdam en 1598, de Rotterdam
en 1604, de Middelbourg, en 1600, le Code Suédois en

(1) En Amérique le total des capitaux que les Compagnies se sont
engagées à payer, s'élève à 15 milliards; en Angleterre à 8 milliards
et en Allemagne à 2 milliards.

1666, la coutume d'Anvers décident tous que l'on ne peut user de l'assurance sur la vie, ni d'aucune invention semblable ; le Guidon de la mer, la Rote de Gênes, l'ordonnance de Barcelonne, l'ordonnance de 1681, contenaient la même prohibition.

Nos lois ne renferment pas de disposition qui défende formellement les assurances sur la vie; mais aucune ne les autorise et ne les règlemente. Les ennemis de cette institution n'ont pas manqué de faire remarquer que ce silence implique l'interdiction ; d'autant que l'article 1964 range au nombre des contrats aléatoires permis le contrat d'assurance maritime seulement, et ne dit rien de l'assurance sur la vie. La discussion qui eut lieu au Tribunat lors de la rédaction du Titre de la Vente ne serait pas moins significative; car l'orateur du gouvernement, M. Portalis, s'y expliqua très-nettement sur l'immoralité des législations qui autorisaient les spéculations sur la vie humaine et la comprenaient parmi les choses qui sont dans le commerce. Enfin, il est vrai que dans l'art. 334 C. Com., on n'a pas ajouté, comme dans l'Ordonnance de 1681 : « Défendons de faire aucune assurance sur la vie des personnes. » Mais, ici encore, des explications fournies par le rapporteur M. Corvetto, ressortirait l'intention de respecter l'esprit de l'Ordonnance. L'article 334 suffirait du reste pour faire rejeter l'assurance en cas de décès; car il serait impossible de comprendre la vie humaine dans l'énumération qu'il donne des objets pouvant servir de base à une assurance.

Ainsi, l'assurance sur la vie serait contraire à nos lois positives. Elle ne le serait pas moins à la loi naturelle, à la saine morale et à l'intérêt bien entendu

de la société : « Dans tous les temps, dit Boulay-Paty,
« les âmes honnêtes se sont soulevées d'indignation contre
« toute disposition de loi qui permettrait de faire des
« assurances sur la vie des hommes. L'homme libre
« est hors de prix, disent les lois Romaines ; et ce
« principe sacré et humain a été respecté par la légis-
« lation nautique du moyen-âge. » Merlin, obéissant aux
mêmes préoccupations, écrivait : « En permettant le
« contrat d'assurance relativement à la liberté, l'ordon-
« nance en a défendu l'usage au sujet de la vie des
« personnes. La raison en est qu'une telle convention
« est contraire aux bonnes mœurs et pourrait donner
« lieu à quantité d'abus et de tromperies. » Emerigon
avait dit de son côté : « La vie de l'homme n'est pas
« un objet de commerce, et il est odieux que sa mort
« devienne la matière d'une spéculation mercantile : *Nefas*
est ejusmodi casus expectare. » La vie humaine, étant
chose inappréciable et sacrée, en faire un objet de
spéculation est immoral et odieux. De plus, une pareille
opération n'est pas sans danger pour la sécurité publique;
il est toujours périlleux pour l'homme d'être placé entre
son intérêt et son devoir : « Ne m'induis *point en ten-*
tation, » dit le chrétien dans l'oraison dominicale. La
cupidité inspire parfois des crimes et on a pu dire de
l'assurance sur la vie que c'est une combinaison *plena*
periculosissimi eventus.

Qu'y a-t-il de vrai dans toutes ces considérations ?
Cette question en appelle une autre : l'assurance sur la
vie constitue-t-elle une véritable assurance ? Quel est le
risque contre lequel elle peut nous garantir ? Quelle est
la valeur à conserver ou à remplacer ?

Qui dit assurance dit *garantie d'un risque.* L'homme,

absolument impuissant à supprimer les causes acciden-
telles qui le menacent sans cesse, arrive pourtant à en
pallier les effets, à les annihiler en les divisant. Un
propriétaire veut transporter sa fortune de Brest à New-
York; il la confie à un navire; si ce navire vient à périr,
voilà un homme ruiné. Que cent personnes se réunissent
pour supporter en commun cette chance de perte, la
ruine n'est plus à craindre pour aucune d'elles; mais
elles devront peut-être supporter un léger sacrifice, ce
qui sera le denier du hasard, le prix du risque. Leur
nombre augmente-t-il? La probabilité pour chacun de
payer une part à la fatalité devient plus grande, pendant que cette part se fait plus faible en proportion.
L'assurance a précisément pour but de remplacer une
perte considérable, mais incertaine, par un sacrifice
certain, mais insignifiant. Peu importe qu'il s'agisse d'un
risque de mer, d'incendie, de grêle ou de mort.

Le risque contre lequel l'assurance en cas de décès
doit nous protéger, c'est la *mort prématurée.* La mort
n'est pas un accident comme l'incendie, le naufrage;
ceux-ci peuvent ne pas se produire; on a vu des édifices subsister des milliers d'années et ne jamais être
atteints par le feu; la mer se montre parfois clémente
à un navire et lui permet de venir au port se dissoudre
sous l'influence du temps et de l'incurie. La mort, au
contraire, n'épargne aucun être vivant. Ce qui est l'accident, ce qui, par conséquent, constitue le risque, c'est
la *mort prématurée.* Si la vie de l'homme, uniformément
déterminée quant à sa durée, lui laissait constamment
les moyens de connaître le temps qu'il a le loisir de
consacrer à la constitution de sa fortune et de celle de
ses enfants, il n'y aurait plus de risque, partant plus

d'assurance possible. Mais c'est justement le contraire qui arrive ; la mort est toujours suspendue sur nos têtes ; à chaque instant elle peut brusquement arrêter le cours de l'existence la plus brillante, et, de même que les anciens cherchaient vainement à arracher à une Pythonisse en délire la connaissance anticipée des arrêts du destin, de même aujourd'hui nous sommes impuissants à découvrir par avance les décrets de la providence ; nous ne pouvons que nous incliner devant eux.

Et maintenant, recherchant la valeur qu'il faut garantir du risque de mort prématurée, est-il exact de répéter après le jurisconsulte Romain, après les commentateurs de l'ordonnance de 1681 : *Liberum corpus æstimationem non recipit* ? La vie de l'homme est hors de prix, dit-on ; oui, si on se place au point de vue moral, ou en regard des sentiments d'affection ; la mort du chef de la famille est à cet égard une perte irréparable. Non, si on envisage les avantages pécuniaires qui étaient attachés à son existence ; la vie est un capital dont l'importance est plus ou moins grande suivant que l'homme est seulement capable de demander à un labeur mécanique sa vie et celle de sa famille, ou que le libre développement de son talent ou de son génie doit le conduire, lui et les siens, à une rapide fortune.

L'assurance sur la vie est donc une véritable assurance, elle procure la *garantie d'un risque* : « L'assu- « rance sur la vie (Dalloz) est une convention qui ga- « rantit les individus du préjudice que leur décès peut « occasionner à leur famille. » Mais cette formule n'est pas spéciale à celle des combinaisons d'assurance sur la vie qui fait plus directement l'objet de notre étude ; elle s'applique surtout très bien à l'assurance tem-

poraire, laquelle offre la plus grande analogie avec
l'assurance maritime ou contre l'incendie. Il est bon,
par conséquent, de mettre en lumière un point de vue
tout à fait particulier à l'assurance en cas de décès
pour la vie entière et à l'assurance mixte.

La création d'un capital au moyen d'un revenu exige
deux choses : l'épargne ou mise en réserve d'une portion du revenu, — en second lieu, le temps, qui permet
l'accumulation des sommes ainsi prélevées. L'homme,
s'il vit seul, peut se contenter de revenus viagers, et
les absorber complètement à mesure qu'il les perçoit.
Si, au contraire, il a femme et enfants, l'épargne s'impose à lui, non-seulement comme un acte de sagesse,
mais encore comme un devoir ; c'est peu de procurer
aux êtres qui lui sont chers le pain de chaque jour,
l'aisance actuelle ou même l'opulence ; il faut songer
à l'avenir, au jour où la maladie entraînera l'impuis-
sance, au moment où la mort réclamera sa proie. Le
père de famille vraiment soucieux de sa responsabilité
met donc de côté une partie de ses rentes, il accumule
année par année ses épargnes. Mais qu'arrivera-t-il s'il
meurt dans un an ? s'il meurt demain ? Quel sera l'effet
de ses bonnes et sages intentions ? On le voit, l'épargne
seule est insuffisante, parce que son efficacité est subordonnée au laps de temps. Que l'homme ait recours à
l'assurance sur la vie, et cet élément disparaît. Plus
de risque de mort prématurée : le capital nécessaire
sera créé, quoi qu'il advienne.

Est-il besoin, après ces explications, d'insister sur la
haute moralité du contrat d'assurance sur la vie ?
n'est-il pas évident que le père de famille qui se dé-
pouille d'une partie de ses revenus, et se prive de quelques-unes des jouissances qu'il pourrait se procurer,

pour assurer le sort des êtres qui lui sont chers, fait une œuvre de dévouement et d'abnégation? quelle différence avec l'opération essentiellement égoïste qu'on appelle constitution de rente viagère ou aliénation à fonds perdu! Et cependant a-t-on jamais songé à prohiber ce contrat? Il serait aisé enfin de faire ressortir l'intérêt économique et social qui s'attache au développement de l'assurance sur la vie. L'assurance en cas de décès favorise la formation du capital; elle aide à la création d'un levier puissant qui devient une cause de travail et de prospérité; en prévenant la ruine d'une famille elle écarte la *malesuada fames*; elle diminue le nombre de ces déclassés qui déclament tous les jours contre la société, parcequ'ils n'ont pas su s'y faire place.

Pouvons-nous maintenant admettre que l'assurance en cas de décès, telle que nous venons de la dépeindre, parfaitement conforme aux principes du droit naturel, soit contraire au droit positif, et qu'elle soit l'objet réel des prohibitions que nous trouvons dans les lois et les commentaires des XVe, XVIe et XVIIe siècles? (1) Nous ne le pensons pas, et notre idée nous semble d'une démonstration facile. Comment l'Ordonnance de 1681 aurait-elle pu interdire un contrat qui n'existait pas à cette époque? Ce que l'on connaissait, ce dont

(1) Tel est l'avis de Toullier, étudiant les conditions de validité des contrats. Ce jurisconsulte admet que, d'après le droit positif, la vie de l'homme ne peut servir d'objet ou de cause à une convention. Mais il reconnait que le droit naturel n'est pour rien dans la prohibition. « On ne voit rien, dit-il, de contraire à la morale ni au droit naturel dans une convention par laquelle je m'oblige à vous payer une somme de.... pour la perte que vous éprouverez si telle personne mourait avant tel temps. »

5

on avait pu apprécier les inconvénients et les dangers
sans compensation , c'était le pari , la gageure sur la
vie humaine. A une certaine époque, en effet, l'amour
de la spéculation s'était tellement emparé des esprits
qu'on demandait au hasard les éléments d'une fortune
rapide , acquise sans travail. Le statut de Gênes, de
1588, nous donne des exemples des gageures qui étaient
alors en usage, et leur énumération suffit pour rendre
certaine la nécessité de leur prohibition. On pariait
sur la vie du pape, de l'empereur, des rois , des ducs,
des évêques et de toutes les personnes élevées en di-
gnité ; sur le changement d'un seigneur ; sur l'acquisition
ou la perte d'un état , d'un royaume , d'une province ,
d'un duché, d'une cité, d'un territoire ; sur la bonne ou
la mauvaise issue d'une campagne terrestre ou navale,
d'un siège ou d'une attaque ; sur la réussite d'un
mariage ; sur l'heureux accouchement d'une femme ;
sur le sort d'un navire ; sur l'arrivée d'une peste ou
d'une guerre ; sur l'élection d'un duc ou d'un magistrat,
d'une république..... On comprend que de pareilles
opérations fussent considérées comme très nuisibles ,
très dangereuses, et, partant, fussent proscrites. En des
temps troublés comme ceux que traversait alors l'Europe et notamment l'Italie, l'assassinat, la trahison , les
intrigues offraient trop de facilités pour qu'un intéressé
ne fut pas fortement tenté de les mettre en œuvre , et
de diriger le hasard à son profit.

Ces spéculations n'avaient rien de commun avec ce
que nous appelons l'assurance sur la vie ; cette dernière reste donc en dehors de la défense édictée. Mais
à ce moment la distinction n'était pas faite encore, et
les auteurs qui, comme Santerna et Straccha, la pres-

sentaient et déclaraient valables l'assurance sur la vie,
ne parvenaient pas à la dégager. L'ordonnance de 1681
reproduisit les prescriptions du statut de Gênes et du
Guidon de la mer sous une forme plus laconique et
plus générale ; doit-on considérer qu'elle eut en vue la
véritable assurance sur la vie ? Emérigon nous fournit
la preuve du contraire :

« A Naples, à Florence, en Angleterre, dit-il, et en
« divers autres endroits, il est permis de faire des
« assurances sur la vie des personnes. Mais *ces sor-*
« *tes d'assurances ne sont pas des assurances propre-*
« *ment dites;* ce sont de véritables gageures. *Ces*
« *gageures improprement appelées assurances* sont
« prohibées en Hollande et en plusieurs autres pays.
« Depuis longtemps elles avaient été prohibées en Fran-
« ce dans le Guidon de la mer. Cette prohibition a
« été renouvelée par l'Ordonnance sur la marine. »

Ainsi, il faut soigneusement distinguer l'assurance,
contrat d'indemnité, des paris et des gageures. Dans
ces dernières combinaisons, on ne voit pas de valeur
à protéger contre un risque, on n'aperçoit pas de dommage à réparer. Les parties cherchent, à réaliser un
gain, ce qui est contraire à toute notion d'assurance,
et subordonnent la réalisation de leurs espérances à
un événement qui n'a en lui-même aucun intérêt pour
elles, qu'elles choisissent en s'abandonnant à l'arbitraire
et à la bizarrerie de leur esprit (1). Ce sont ces sortes
d'opérations, ces jeux de hasard reposant sur la durée
de la vie humaine que les législateurs des XVIe et XVIIe

_____

(1) Cette distinction est nettement développée dans Troplong au
Titre des Contrats Aléatoires ; mais en même temps l'éminent auteur tombe dans la confusion qu'il recommande d'éviter. Voulant
donner un exemple de gageure digne de prohibition, il reproduit
l'hypothèse indiquée par Pothier dans son traité des assurances:

siècles ont eu en vue dans leurs prohibitions, et non l'assurance telle que nous la comprenons (1).

La même théorie est exacte, à notre avis, pour le Code Civil et le Code de Commerce. Ces Codes sont absolument muets en ce qui concerne les assurances sur la vie; or, tout ce qui n'est pas défendu soit en vertu d'une disposition expresse, soit comme contraire aux principes généraux qui recommandent le respect des bonnes mœurs et de l'ordre public, est permis. L'assurance sur la vie ne rentre pas dans la première catégorie, d'après ce que nous venons de dire ; elle ne peut pas non plus, nous l'avons démontré, être comprise dans la seconde. Peut-on davantage la considérer comme dangereuse pour l'ordre public, pour la sécurité? Dira-t-on qu'elle crée un intérêt à la mort? nous ferons remarquer tout d'abord que cette raison n'en serait pas une. Toutes les institutions humaines, à côté des avantages qu'elles peuvent présenter, ont leurs

Titius envoie son fils en Amérique, et il convient avec une compagnie d'assurances qu'il lui paiera une prime de tant, à condition que si ce fils vient à périr dans la traversée, la compagnie payera à lui Titius, une somme de 10,000 francs pour l'indemniser de cette perte. Et Troplong ajoute : « Or il est évident qu'un tel contrat est contre l'honnêteté ; de plus, on ne saurait le qualifier sérieusement de contrat d'assurance, car le contrat d'assurance a pour but de procurer la valeur de la chose assurée, et ici ce que l'on assure c'est la vie d'un homme qui n'est pas susceptible d'estimation. Qu'y a-t-il donc là dedans ? Une gageure, moyennant laquelle l'un parie que le voyageur n'arrivera pas, et paie tant s'il arrive, tandis que l'autre parie qu'il arrivera et paie tant s'il n'arrive pas. » N'en déplaise au savant jurisconsulte, il a tort de déclarer utile et honnête l'assurance sur la vie, de la regarder comme un contrat d'indemnité, si c'est pour admettre, quelques pages plus loin, que la vie de l'homme n'est pas susceptible d'estimation et rappeler encore la fameuse maxime : *Liberum corpus...* N'approuve-t-il pas l'assurance faite par un créancier sur la vie de son débiteur ? ne cite-t-il pas comme exemple, d'après Marshall, l'assurance contractée par le carossier de Pitt? et ne voit-il pas que Titius ne fait pas autre chose qu'assurer sa créance alimentaire ?

(1) Telle est aussi la conclusion qu'inspire à M. Alauzet l'examen des diverses lois de cette époque ; mais il ne la maintient pas en ce qui concerne nos codes actuels.

inconvénients. Faut-il supprimer l'assurance maritime, parce qu'elle a engendré la baraterie de patron ? L'assurance contre l'incendie, parce qu'elle inspire parfois un incendie volontaire ? la transmission des biens entre parents parce qu'il s'est trouvé des parricides poussés par la cupidité ? Mais laissons cela. Quand un homme souscrit une assurance sur la vie, où se trouve le *votum mortis* dont on voudrait faire état ? est-ce chez l'assuré ? non certainement ; tout homme a quelque chose du bûcheron de Lafontaine ; et d'ailleurs, nous le verrons, le suicide est une cause de déchéance de la police. Est-ce chez l'assureur dont l'intérêt est de toucher la prime pendant le plus grand nombre d'années possible ?

Il y a, il est vrai, le bénéficiaire du contrat; mais, outre que la plupart du temps il ne connaîtra pas la libéralité stipulée en sa faveur, il ne faut pas oublier que l'assurance sur la vie est un contrat d'indemnité; celui qui en bénéficie ne doit pas , en principe , réaliser un gain ; car le contractant n'a voulu qu'une chose , lui éviter le préjudice résultant de son propre décès. Au surplus, nous l'avons dit, l'héritier présomptif profitera de la mort de son auteur ; le débiteur d'une rente viagère ne voit pas sans quelque lassitude, pour ne rien dire de plus, les jours du crédi-rentier se prolonger, surtout si la rente viagère a été constituée à titre onéreux; enfin il tarde toujours au nu-propriétaire de jouir par lui-même des produits de sa chose grevée d'un usufruit. Pourtant les successions, les testaments, la rente viagère, l'usufruit, ne sont pas encore effacés de nos lois et ne sont pas près de l'être.

Mais, dit-on, si le texte des Codes ne s'explique pas sur ce point, les rédacteurs ont eu à deux reprises l'occasion de manifester hautement leurs idées. Portalis, lors de la discussion du titre de la vente, s'exprima ainsi : « Nous savons des pays où les idées de la saine mo-« rale ont été tellement obscurcies et étouffées par un « vil esprit de commerce, qu'on y autorise les assurances « sur la vie de l'homme ; mais en France, de pareilles « conventions ont toujours été prohibés parce qu'elles sont « vicieuses par elles-mêmes. » M. Corvetto, dans son exposé de l'article 334 du Code de commerce, est non moins explicite, et ses paroles démontrent qu'en effaçant de l'article 10 de l'Ordonnance de 1681, pour en faire l'article 334, les mots suivants : « Défendons de faire aucune assurance sur la vie des personnes , » les rédacteurs n'ont pas voulu supprimer la prohibition elle-même. A cela, la réponse est facile. Si grande que soit l'autorité du rapporteur, sa parole ne peut cependant pas prévaloir contre le texte même de la loi. Or le fait vrai est celui-ci : le législateur de 1807 a intro-duit dans le Code de commerce l'Ordonnance de 1681, mais en retranchant la disposition prohibitive de l'article 10 ; quant au législateur de 1804, il n'a nulle part défendu l'assurance sur la vie, alors qu'il n'avait pas manqué de se prononcer expressément contre certaines conventions impliquant le *votum mortis*, témoins les articles 1130 et 1600 relatifs aux traités sur successions non ouvertes. L'argument *a contrario*, tiré de ce que l'article 1964 ne prévoit que l'assurance maritime, n'a pas plus de valeur ; car il atteindrait aussi bien les assu-rances contre l'incendie et contre la grêle, dont jamais personne cependant n'a contesté la légalité. On sentait bien que législateur n'avait dû se préoccuper que de l'assurance maritime qui, lors de la rédaction des Codes, était la seule connue en France. On peut admettre d'ailleurs que les rapporteurs, Portalis et Corvetto, ayant trouvé dans les lois antérieures, et notamment dans l'Ordonnance de la marine, l'interdiction qu'ils proposaient, l'avaient prise telle quelle, et ayant trait aux mêmes opérations ; dans ce cas, exprimée ou non, elle aurait une portée exactement pareille à celle que lui donnait la législation antérieure.

Au surplus, supposons qu'égarés par leurs préjugés, par un examen trop superficiel de la question, ou encore par le sentiment d'orgueil national qui faisait repousser de parti pris à cette époque, tout ce qui était en honneur de l'autre côté de la Manche, MM. Portalis, Corvetto et d'autres aient voulu envelopper dans la même proscription le pari, la gageure et l'assurance ; est-il certain que la majorité du Corps législatif et du Tribunat les ait suivis dans cette voie ? Il est permis d'en douter. Le silence gardé par la lettre de la loi donnait, en effet, complète satisfaction à ceux qui avaient pu étudier le fonctionnement de l'assurance sur la vie en Angleterre et se rendre compte de la différence que nous avons signalée entre l'assurance véritable et la gageure. Le pari sur la vie humaine devait être prohibé comme inutile, immoral et dangereux ; or l'article 1965 suffisait pour qu'il en fût ainsi. Mais l'assurance, contrat d'indemnité, n'était pas un jeu, ne rentrait pas dans les termes de l'article 1965 et par conséquent restait permise.

En résumé, au point de vue du droit naturel, des principes de la morale, de l'utilité sociale, il n'y a aucun motif de réprouver l'assurance sur la vie. Quant au droit positif, il ne s'est pas occupé d'elle ; mais le jeu, le pari sur l'existence humaine devaient être et ont toujours été proscrits. Ce sont évidemment ces idées qui ont inspiré au Conseil d'Etat l'avis du 28 mai 1818 à la suite duquel fut rendue l'ordonnance du 22 décembre 1819 autorisant la compagnie générale d'assurances ; il y est dit que le contrat d'assurance est certainement plus moral et plus favorable que le contrat de rente viagère. Les mêmes motifs ont déterminé la cour de Limoges à rendre le 1ʳᵉ décembre 1836 un arrêt proclamant la parfaite légalité des assurances sur la vie.

Il est intervenu depuis lors plusieurs lois qui consacrent implicitement la légalité de l'assurance sur la vie. C'est ainsi que la loi du 5 juin 1850 sur le timbre des effets de commerce offre, dans son article 37, aux compagnies d'assurances sur la vie la faculté de l'abonnement. La loi du 24 juillet 1867 maintient pour les sociétés anonymes d'assurance sur la vie la nécessité de l'autorisation du gouvernement. La loi du 11 juillet 1868 s'occupe des petites assurances en cas de décès. Enfin d'autres lois fiscales n'ont pas négligé de frapper l'assurance sur la vie, notamment celle du 21 juin 1875. La jurisprudence, elle aussi, a été amenée à s'occuper de notre contrat, et de nombreux arrêts ont été rendus, résolvant des difficultés auxquelles il avait donné lieu.

Il semble donc que la discussion à laquelle nous nous sommes livré soit inutile. Cependant, à part l'importance historique qu'elle présente, il faut reconnaître qu'elle conserve un intérêt de controverse, puisque les attaques dirigées contre l'assurance n'ont pas pris fin.

L'assurance sur la vie doit lutter encore aujourd'hui contre un certain nombre de préjugés , d'obstacles et d'ennemis. Les femmes en général répugnent à cette opération, et plus d'une a empêché un mari , un père d'y avoir recours ; répulsion de sentiment plutôt que de raisonnement, mais d'autant moins facile à combattre (1). Pour quelques uns, l'assurance sur la vie constitue un manque de confiance en Dieu , et volontiers ils s'écrieraient :

Aux petits des oiseaux il donne la pâture !

Ce qui ne les empêche pas de placer un paratonnerre sur leur habitation ; d'épargner chaque année sur leur revenu pour l'avenir, peut-être même d'assurer leur maison contre l'incendie et leurs récoltes contre la grêle. Aide-toi, le ciel t'aidera, dit le proverbe ; et ceux qui l'ont répété n'ont jamais cru manquer de respect envers la providence ; le fatalisme ne fait pas partie de la religion chrétienne.

Il faut compter au nombre des obstacles au développement de l'assurance sur la vie le luxe qui empêche l'épargne ; l'insouciance naturelle aux hommes qui leur fait repousser un contrat *où il n'est question que de leur mort;* la concurrence effrénée que se font les compagnies entre elles par leurs agents. Ceux-ci ne reculent pas toujours devant une critique, plus ou moins justifiée, destinée à ébranler le crédit de telle ou telle compagnie rivale, ou devant des promesses exagérées dont la non réalisation amène le désappointement ; d'où naissent la méfiance envers les compagnies et leurs représentants, le discrédit sur l'institution elle-même

Enfin l'assurance sur la vie n'est pas encore l'objet

(1) L'assurance porte malheur, avons-nous entendu dire. Est-il besoin de répondre que s'il en était ainsi, les compagnies seraient les premières à abandonner l'assurance-vie.

d'une législation spéciale ; il suit de là que tous les résultats acquis par l'interprétation des juges ou des auteurs peuvent être remis en question. Il importe donc qu'une loi vienne proclamer la légalité de l'assurance sur la vie, en déterminer les caractères ainsi que les conditions de validité, et résoudre un certain nombre de difficultés qui divisent les auteurs et la jurisprudence.

SECONDE PARTIE
LE CONTRAT

CHAPITRE Ier
DÉFINITION. — ANALYSE.

Pothier a défini le contrat d'assurance en général : « Un contrat par lequel un des contractants se charge du risque, des cas fortuits auxquels la chose est exposée et s'oblige envers l'autre contractant de l'indemniser de la perte que lui causeraient ces cas fortuits, s'ils arrivaient, moyennant une somme que l'autre contractant lui donne ou s'oblige à lui donner pour le prix des risques dont il se charge. »

Il résulte des explications que nous avons précédemment données que l'assurance sur la vie constitue une véritable assurance dans laquelle le *risque* est la mort prématurée, la *chose soumise au risque*, est la valeur pécuniaire représentée par la vie de l'homme. Partant de ces prémisses, nous avons approuvé la définition de Dalloz : « L'assurance sur la vie est une convention qui garantit les individus des préjudices que leur décès peut occasionner à leurs créanciers ou à leur famille, » bien qu'elle ne soit pas à l'abri de toute critique ; car, si elle dégage le but constant et le résultat ordinaire de la convention, elle ne dit rien des moyens mis en jeu pour y conduire.

Nous pourrions adopter, ainsi qu'on le fait souvent, la rédaction de Pothier, en nous bornant aux modifications nécessitées par la différence dans la nature du risque. Mais cette différence n'est pas seule; il y en a d'autres très-sérieuses, bien qu'on n'ait pas toujours voulu les voir.

Le contrat d'assurance est, en général, un contrat d'indemnité : l'assurance en cas de décès a aussi ce caractère, mais pas toujours au même degré. A l'instant où la convention se forme, il faut que le but poursuivi soit la réparation d'un préjudice éventuel ; sans cela il y aurait une gageure, un pari sur la vie humaine et non une assurance ; cette distinction nous est connue. Mais au moment où le contrat reçoit son exécution, lorsque le capital est payé, il n'en est pas toujours de même. Sans doute, la fin du contrat sera conforme au but en vue duquel on l'a souscrit si le sinistre se réalise, c'est-à-dire, s'il y a mort prématurée. Mais si au contraire le risque n'est pas suivi d'effet, si l'accident fait défaut, ou si le décès de l'assuré n'arrive qu'après une existence d'une durée normale , qui a permis à ce dernier de tirer de son travail tout son effet utile, il est clair qu'il n'y a plus de préjudice pécuniaire à réparer. Et cependant la somme stipulée n'en est pas moins payée aux ayants-droits ; ils la recueillent alors, non plus comme indemnité, mais comme capital produit par l'accumulation des épargnes ; le capital se serait formé dans la caisse de l'assuré lui-même aussi bien que dans celle de l'assureur, et le bénéficiaire aurait pu le recueillir *ab intestat* ou par testament, comme aussi à titre de donation entre vifs. Il y a là une conséquence du double caractère que nous avons déjà signalé dans l'assurance sur la vie ; en même temps qu'une indemnité éventuelle, l'assuré prépare la constitution d'un capital au moyen de l'épargne. Ce second caractère manque aux assurances ordinaires ; aussi, lorsque le risque est passé, l'assureur n'a-t-il rien à payer ; il reste définitivement propriétaire des sommes versées entre ses mains.

Nous pouvons encore formuler cette différence entre l'assurance sur la vie et l'assurance ordinaire en considérant la mort, à quelque époque qu'elle arrive, comme constituant le sinistre à redouter, et en disant que ce sinistre doit nécessairement survenir, tandis que cette fatalité n'existe pas pour l'incendie ou le naufrage... Il résulte de là, quel que soit celui des deux points de vue auquel on se place, qu'on peut constater dans l'assurance sur la vie, à côté d'un véritable contrat d'assurance, une série de *prêts* avec remboursement certain à une échéance incertaine.

La définition de l'assurance sur la vie que l'on rencontre le plus fréquemment est la suivante : « L'assurance pour la vie entière en cas de décès est une convention par laquelle l'assureur s'engage à verser un capital déterminé entre les mains des ayants-droits de l'assuré à la mort de ce dernier et quelle que soit l'époque de cette mort, moyennant une prime unique ou annuelle que l'assuré paye ou s'oblige à payer pendant toute sa vie. »

Sauf un point que nous examinerons tout à l'heure, nous pouvons accepter cette définition et la prendre comme base pour étudier la nature juridique du contrat d'assurance en cas de décès.

Quatre caractères sont hors de toute discussion. Nous avons devant nous un contrat consensuel, de bonne foi, à titre onéreux, innomé :

1° Consensuel, c'est-à-dire naissant du seul consentement des parties, sans que l'on ait besoin de recourir à une formule ou à un écrit. Il est vrai qu'on rédige toujours une police ; mais elle sert *ad probationem, ad tollendas fraudes*; elle n'est pas exigée *ad solemnitatem*. On sait, en effet, que sous l'empire de nos lois, contrairement à ce qui se passait à Rome, le droit commun, en matière de contrat, c'est l'absence de formalités essentielles.

2° De bonne foi. Il faut encore voir là l'application d'un principe général, consacré par les articles 1156-1164 du code civil. « *In illo contractu requiritur bona fides non dolus, non fraus, sed solum œquitas,* » dit Casaregis, en parlant du contrat d'assurance maritime. Cette maxime est vraie de tout contrat d'assurance ; pour qu'il en fût autrement il faudrait qu'une disposition législative particulière eût soustrait notre contrat à l'application des règles communes. Cette disposition n'existe pas dans nos codes ; et cela se comprend sans peine ; la base du contrat est la confiance réciproque des parties ; l'assuré croit à la sincérité des engagements pris par l'assureur ; l'assureur pour se former une opinion sur le risque à courir, doit s'en remettre, au moins en partie, aux déclarations de l'assuré. Si ces déclarations sont fausses, s'il y a eu des réticences, la déchéance du contrat pourra s'en suivre.

3° A titre onéreux. Aucune pensée de libéralité n'inspire en effet les deux parties con'ractantes ; chacune d'elles fournit un équivalent de ce qu'elle stipule. L'assuré a un droit certain exigible à une époque incertaine; il se soustrait à un risque en le mettant à la charge de l'assureur. Celui-ci, en retour des engagements qu'il a pris, reçoit des primes calculées de façon à ce qu'il puisse toujours gagner sur l'ensemble de ses opérations, lorsqu'il ne gagne pas sur l'opération particulière qu'on envisage.

4° Innomé. On a souvent essayé de faire rentrer le contrat d'assurance dans la classe des contrats nommés. Pothier y a vu une vente ; l'assuré achetait la décharge des risques auxquels il était exposé ; d'autres ont vu une société entre l'assureur et l'assuré ; d'autres encore, un louage. On l'a rattaché aussi au contrat de mandat, et il est certain qu'en matière d'assurance sur la vie on serait tenté de s'en tenir là, malgré les articles 1986 et 2003. Enfin, quelques auteurs s'obstinent encore à le considérer comme un cautionnement, l'assureur se rendant caution de l'assuré. Ces rapprochements ont quelque chose d'exact ; mais c'est justement à cause de cela que le contrat d'assurance en général, et l'assurance en cas de décès en particulier doivent faire leur place à part. C'est Emérigon qui est arrivé le premier à cette conclusion parfaitement exacte. L'article 1107 du code civil montre que le législateur a admis la possibilité de ces contrats non classés ; outre l'art. 1107 qui leur impose les régles générales sur les conventions, nous trouvons l'art. 1134 fort important dans notre matière et dont la jurisprudence ne s'est pas toujours suffisamment inspirée. Nous aurons plus tard à insister sur ce point.

Nous arrivons maintenant à deux questions plus délicates et qui donnent lieu à quelques difficultés. Notre contrat doit-il être rangé au nombre des contrats *aléatoires?* faut-il le classer parmi les conventions *synallagmatiques?*

1° Est-il aléatoire? — L'affirmative semblerait devoir être à l'abri de toute discussion ; car le code civil lui-même range l'assurance parmi les conventions aléatoires. Il est vrai que dans l'article 1964 il n'est fait allusion qu'aux assurances maritimes; mais il n'y a aucune raison de ne pas leur assimiler, à ce point de vue, les assurances terrestres, et par conséquent l'assurance sur la vie. Cependant quelques auteurs ont formulé une opinion diamétralement opposée : « L'assurance, dit, M. Eugène Reboul, étant précisément « tout le contraire du jeu, il faut être assuré ou jouer, il « n'y a pas d'autre alternative. Oui, je le répète, tant que « vous n'êtes pas assurés, vous jouez. Vous jouez malgré « gré vous avec les fléaux, c'est-à-dire, avec le feu, avec « la mer, avec la grêle, avec la mort. Et quel est l'enjeu ? « L'enjeu, c'est toujours une bonne partie de votre fortune, « tune, quelquefois votre fortune entière, votre repos, « votre honneur, l'avenir et l'honneur de vos enfants. « voilà l'enjeu...

« Le hasard se mêle à toutes les affaires de ce monde « il a sa part à toutes nos entreprises, car toute entreprise « prise comporte des risques, et « dans l'ordre économique, « nomique, dit Cournet, il n'y a pas de spéculation qui « ne participe plus ou moins à la nature du marché « aléatoire. Dans toutes sortes d'affaires commerciales, « les chances s'achètent et se vendent sans cesse. » Affranchir « chir une spéculation, une entreprise des conditions « aléatoires qui y sont inhérantes, c'est s'assurer ; rester « dans les conditions aléatoires, c'est jouer. » (1)

L'assurance est donc tout l'opposé du jeu, elle en est le contraire, comme la vérité est le contraire de l'erreur. Ce n'est pas là une opposition de mots, c'est une opposition d'idées ; il y a entre le jeu et l'assurance une différence absolue, non pas comme du blanc au

---

(1) Assurance sur la vie, par Eugène Reboul.

noir , car il y a d'autres. couleurs , mais comme du
jour à la nuit ; l'assurance dissipe l'aléa comme la lu-
mière.dissipe les ténèbres ; leurs natures s'excluent mutuellement : si l'une est positive , l'autre est négative ;
si l'une est bonne , l'autre est mauvaise , et , en
général , tout ce qu'on peut dire du jeu, on peut l'affirmer en sens contraire de l'assurance... L'assurance n'est
autre chose que l'application aux affaires humaines de
la *règle des parties*, par laquelle on détermine le sort des
joueurs qui veulent se séparer avant que le hasard ait
décidé entre eux, et disposé du fonds commun formé par
les mises. Pour que l'équité soit strictement observée,
chacun d'eux doit prendre sur l'enjeu une part proportionnelle aux chances qui l'auraient fait gagner. Ici, les
deux joueurs sont l'homme et le fléau ; l'enjeu commun,
c'est, avons-nous dit, tout ce qui n'est pas assuré. Quand
l'assurance intervient, l'homme se retire du jeu en y laissant la mise du fléau augmentée d'un léger bénéfice ; c'est
la prime d'assurance... Voilà pour l'assuré ; de sa part
le contrat d'assurance est absolument dégagé d'*alea;* il ne
lui offre aucune chance de gain et de perte subordonnée à
la réalisation d'un événement incertain : « Je sais que je
dois mourir, mais je ne sais pas à quelle époque ; je puis
ne pas mourir jeune, et avoir, par conséquent, le loisir
d'établir mes enfants ; en quelque sorte, je joue une partie
avec la destinée ; j'ai la chance de perdre, c'est-à-dire de
mourir trop tôt, mais j'ai aussi la chance de gagner, c'est-
à-dire de vivre longtemps. Voilà le jeu. Or, en m'assurant,
je cesse de jouer, je renonce à cette chance que j'ai de ne
pas mourir promptement, et je consens à un sacrifice ,
léger mais certain, en échange d'un risque très-considé-
rable, mais incertain. Le joueur est donc celui qui ne

s'assure pas, puisque c'est lui qui compte sur la chance. »(1)

C'en serait assez pour ceux qui adoptent la définition du contrat aléatoire par l'art. 1104 ; mais pour ceux qui admettent avec l'art. 1964 que la chance de gain ou de perte peut n'être pas réciproque, il fallait aller plus loin et démontrer que l'assureur lui-même n'est soumis à aucun *alea*. Aussi ajoute-t-on : « Il (l'assuré) quitte la partie ; l'assureur la reprend et *joue à coup sûr* contre le fléau. » L'homme joue à coup sûr contre le fléau ; il met le hasard en *coupe réglée*, et réalise sur lui des bénéfices qu'il est possible de calculer à l'avance. Cette proposition n'est pas nouvelle pour nous ; l'assurance doit annihiler le mal, avons-nous dit, en le divisant à l'infini. Les compagnies actuelles, opérant sur un très grand nombre de contrats, servies par des tarifs admirablement étudiés, non seulement n'ont rien à redouter des accidents qu'elles prennent à leur charge, mais encore y trouvent la source de gains considérables. Il est donc permis de dégager des considérations précédentes la conclusion que : « L'assurance n'est pas une convention aléatoire ; c'est une convention *anti-aléatoire*. »

Nous laisserons-nous entraîner par ces raisons ? Sans doute, au point de vue économique, l'assurance est une opération anti-aléatoire, puisqu'elle a précisément pour but et pour résultat de supprimer l'influence du hasard. Mais ici nous apprécions juridiquement un contrat qui intervient entre deux personnes déterminées, et nous n'avons pas à nous préoccuper d'autres contrats faits dans les mêmes conditions par d'autres personnes ; il faut examiner si, au moment de la stipulation, celle-ci présente une incertitude sur le gain ou la perte qui en

(1) La vérité en matière d'assurance sur la vie, par Clément Duvernois.

pourra découler ; s'il dépend d'un événement, dont la réalisation est douteuse, que l'affaire en elle-même et isolée, soit bonne pour l'un des contractants et mauvaise pour l'autre ; enfin, s'il a été fait état des chances à courir. Celui qui s'assure cesse de jouer, nous le voulons ; mais celui qui interrompt une partie entamée fait évidemment une opération aléatoire, fort sage certainement, puisqu'elle procure la sécurité, mais à l'occasion de laquelle il dira, si le côté sur lequel il pariait vient à gagner : J'aurais mieux fait de continuer. C'est là l'histoire de tout marché à forfait.

Dans l'assurance en cas de décès, la compagnie promet le paiement d'une somme qui sera sûrement exigible un jour ou l'autre ; l'échéance seule est incertaine ; il faut donc que la compagnie s'arrange pour constituer le capital stipulé au moyen des versements de l'assuré. Pour cela, elle établit le tarif de ses primes d'après les tables de mortalité, et, si elle l'applique à un grand nombre de contrats, elle parvient forcément au but désiré ; bien plus, elle est sûre de gagner, parce que ses tarifs lui sont favorables. Il n'est pas moins certain que dans ses rapports particuliers avec un assuré, la compagnie perd, fait une mauvaise opération, si elle est obligée de payer un capital qu'elle n'a pas eu le temps de former, l'assuré n'atteignant pas l'âge probable que lui assigne la table de mortalité. Elle subit un déficit, comblé, il est vrai, par l'excédant de recette effectué sur un autre client plus favorisé de la nature ; mais le caractère juridique d'un contrat doit s'apprécier en considérant ce contrat isolément. L'assureur fait donc une opération aléatoire ; pour lui, il y a chance de perte ou de gain suivant qu'un événement incertain, la mort prématurée de l'assuré, arrivera ou non. Cela suffit pour que l'assurance sur la vie doive être considérée comme un contrat aléatoire. Quant à l'assuré, il est évident que, s'il meurt avant d'avoir fourni à la Compagnie un ensemble de sommes suffisant pour constituer le capital à payer , il recevra par ses ayants droits plus qu'il n'aura donné ; il gagnera. L'affaire aura été mauvaise pour lui dans l'hypothèse contraire.

Nous résumerons notre manière d'envisager la question dans cette formule, qui peut paraître contradictoire, mais que nous croyons exacte : L'assurance sur la vie est une *opération anti-aléatoire*, puisqu'elle a pour but et pour résultat de remplacer, au profit de l'assuré , une incertitude par une certitude, sans que l'assureur puisse éprouver de préjudice par l'arrivée de l'accident prévu. Mais le contrat, considéré isolément et abstraction faite de ses causes médiates, constitue, aux yeux de la loi, un contrat aléatoire, parce qu'il dépend d'un événement incertain, et qu'on ignore à l'avantage de quelle partie il se résoudra. Si l'armateur savait que son vaisseau ne périra pas, il ne s'assurerait pas et gagnerait la prime qu'il verse dans la caisse de la compagnie ; il a donc fait une mauvaise affaire, au sens juridique du mot, si son vaisseau gagne heureusement le port, puisqu'il a sacrifié une somme qui serait aujourd'hui dans son patrimoine. Le raisonnement inverse rend compte de la situation de l'assureur. Cela n'empêche pas que l'assuré n'ait été fort sage d'en user ainsi, et que l'assureur ne fasse fortune malgré les accidents.

Celui qui, ayant contracté une assurance sur la vie, dépasse l'existence probable, laisserait dans son patrimoine un capital plus considérable que le capital stipulé, s'il avait profité lui-même des intérêts de ses épargnes annuelles, au lieu de les verser dans la caisse de la compagnie. Si, au contraire, il ne vit pas longtemps, c'est la compagnie qui paye plus qu'elle n'a reçu. Il a donc dépendu d'un événement incertain que le contrat soit devenu une source de gain pour l'une ou l'autre partie.

2° Passons à notre seconde question. Le contrat d'assurance est de sa nature synallagmatique ; cela n'est pas douteux. L'assureur, en effet, s'engage conditionnellement à payer la valeur des choses assurées, et il est déterminé à se lier de la sorte par la promesse d'une prime périodique qui lui est faite par l'assuré ; de son côté, ce dernier ne se soumet à l'obligation de verser chaque année une certaine somme dans la caisse de l'assureur que pour obtenir une action éventuelle en indemnité. Ainsi, chacune des parties contracte une obligation, qui est précisément la cause de l'obligation réciproque prise envers elle. Le contrat rentre donc dans les termes de l'art. 1102 C. Civ. ; il est synallagmatique.

Ces observations s'appliquent sans difficulté à l'assurance maritime, et aux assurances terrestres contre l'incendie, contre la grêle, l'épizootie.... Faut-il ajouter: à l'assurance en cas de décès ? Non, à notre avis; et voici pourquoi.

L'art. 3 de la police relative à cette dernière catégorie d'assurances contient une clause remarquable , clause qui n'existe pas pour les assurances ordinaires et qui suffit, à nos yeux, pour modifier profondément la nature juridique du contrat : « Le paiement des primes, y est-il dit, est toujours facultatif. » (1) Qu'est-ce à dire? sinon que l'assuré est libre, à chaque échéance, de ne pas continuer le versement des primes et que son obligation est affectée d'une véritable condition *si voluero*.

Voilà, certes, une différence capitale entre l'assurance sur la vie et les assurances ordinaires. Recherchons-en les motifs, en prenant pour terme de comparaison l'assurance contre l'incendie : dans' cette dernière, l'obligation de la compagnie est conditionnelle ; si la maison ne brûle pas, les primes payées qui restent à l'assuleur constituent pour lui un gain définitif et sans autre déduction que celle des frais d'administration. Or, on peut affirmer, en consultant les statistiques, que sur mille maisons, neuf cent quatre-vingt-dix périssent tout autrement que par le feu ; encore faut-il envisager une très longue période pour trouver les dix maisons incendiées. Il résulte de là que les compagnies contre l'incendie ont pu établir des tarifs relativement très faibles, et qu'on assure des valeurs considérables pour des sommes minimes, presque négligeables dans le budget d'un père de famille. Toute autre est la situation en ce qui concerne les assurances sur la vie. L'obligation de l'assureur, en supposant que l'assuré entretienne le contrat, n'est pas conditionnelle, elle est à terme ; le capital stipulé sera payé à une échéance indéterminée, mais fatale, et, somme toute, peu éloignée.

Les tarifs seront donc calculés de telle sorte que l'accumulation des primes pendant la vie moyenne de l'assuré constitue le capital à payer, plus le bénéfice de

_____

(1) Modèle de la compagnie d'assurances générales ; les termes seuls, ou l'ordre des articles, sont différents dans la rédaction adoptée par d'autres compagnies.

l'assureur ; la prime sera forcément considérable ; c'est ainsi que pour un assuré de trente-sept ans, il faut que la prime soit égale à trois pour cent du capital. On comprend que si l'assuré pouvait être contraint chaque année à un pareil versement, il reculerait dans presque tous les cas devant un engagement aussi lourd ; il craindrait, non sans quelque raison, de n'être pas toujours en mesure de le tenir exactement, ou de le voir se changer pour lui, dans l'avenir, en une cause de gêne et même de ruine.

Voilà pourquoi les compagnies ont inséré dans le contrat cette clause : « Le paiement des primes est toujours facultatif », laissant à l'assuré le soin de décider, chaque année, s'il doit ou non entretenir sa police ; elles n'ont rien à voir dans ses affaires, aucune justification à exiger. Peu importe que sa fortune soit actuellement assez importante pour lui permettre de faire face au paiement de la prime. Le contractant ne veut pas continuer l'assurance, cela suffit ; il ne peut être contraint par les voies de droit ; aucune action n'est ouverte contre lui (1).

Or, en droit, il est absolument contradictoire qu'une personne s'impose une obligation en réservant sa liberté ;

(1) Quelques jurisconsultes essayent d'échapper à ce résultat et d'assimiler à ce point de vue l'assurance sur la vie aux autres assurances. D'après eux, l'art. 3 de la police n'a pas la portée que nous lui attribuons : « La compagnie, dit M. Vibert, a une action et peut poursuivre le paiement des primes par les voies judiciaires ; que si elle ne le fait pas, c'est qu'elle trouve un avantage à racheter le contrat à bas prix...» « En admettant, dit M. Dalloz, qu'en matière d'assurance sur la vie, l'assuré puisse toujours résilier le contrat, il n'est pas moins certain que l'assuré doit la prime jusqu'au jour où il a clairement manifesté l'intention de le résilier, et le simple défaut de paiement dans le délai fixé par le contrat ne saurait être considéré comme une manifestation non équivoque de sa volonté à cet égard. » Tout cela est pure fantaisie. La clause : « Le paiement des primes est toujours facultatif... » est parfaitement claire et il est surprenant qu'on ait pris plaisir à en obscurcir le sens. Elle n'a pas trait à une question de résiliation du contrat, mais bien à une condition d'existence ; cela ne saurait être douteux quand on lit dans le même article 3 :» La police n'a d'existence et d'effet qu'après le paiement de la première prime... », et lorsqu'on sait que chaque prime se paie d'avance.

le *vinculum juris* lie le contractant, le soumet à une contrainte ; sinon il est illusoire, il n'existe pas. C'est ce qu'exprime l'art. 1174 lorsqu'il déclare que l'obligation est nulle (ou plutôt inexistante) lorsqu'elle est contractée sous une condition potestative de la part de celui qui s'oblige. Les parties ont pu employer dans la convention le mot obligation ; mais il ne correspond à rien de réel ; l'expression y est, la chose n'y est pas.

L'obligation de payer la prime est donc nulle, ou plutôt inexistante. Cela porte-t-il atteinte au contrat ? pas le moins du monde. La réciprocité des engagements, dit M. Larombière, l'égalité du lien n'est pas de l'essence des contrats. Est donc valable l'obligation contractée par l'autre partie envers celle qui n'a elle-même contracté que sous une condition qui fait dépendre son engagement de sa seule volonté. Ainsi je vous promets telle chose si vous voulez ; vous acceptez ma promesse ; il y a contrat ; je suis engagé et vous ne l'êtes pas. C'est qu'il n'y a pas ici réciprocité d'obligations et que par ce seul fait le contrat primitivement et naturellement synallagmatique est transformé en contrat unilatéral.

L'assuré, il est vrai, est tenu de donner une opinion exacte du risque, d'avertir l'assureur et de se soumettre à un supplément de prime, s'il en augmente, dans la suite, la gravité. Mais sont-ce là de véritables obligations résultant du contrat et servant de cause à la promesse faite par l'assureur ? Non certainement ; ce sont des conditions de validité et d'existence de la convention ; en leur absence le consentement ne serait pas valablement donné. Il est clair que chaque partie doit faire connaître les circonstances de nature à influer sur l'importance de l'obligation contractée, qu'elle ne peut pas

modifier, par son fait seul et sans le consentement de
l'autre partie, les conditions d'existence du contrat; mais,
à ce double point de vue, les contrats unilatéraux ne
sont pas différents des contrats synallagmatiques ; et
nous trouvons aux Titres du Prêt, du Dépôt.... des
chapitres intitulés : Des obligations du prêteur.... Des
obligations du déposant. Cela empêche-t-il que le Prêt
et le Dépôt ne soient des contrats unilatéraux ?

Ainsi l'assuré a contre l'assureur deux actions qu'il
exerce, soit par lui-même, soit par ses ayants droits :
1° Une action en paiement du capital stipulé lorsque le
terme est arrivé ; 2° Une action en acceptation de la
prime si la compagnie s'avisait de la refuser, alors que
l'assuré s'est toujours conformé au contrat. Il peut faire
des offres réelles : il est débiteur dès qu'il veut l'être.
Quant à l'assureur, il n'a aucune action contre l'assuré,
et il ne peut pas en avoir. Car la prime se paie d'a-
vance ; l'assuré est donc libéré aussitôt qu'il a manifesté l'intention d'être débiteur, puisque c'est précisément
en se présentant au siége de la compagnie pour verser
la prime qu'il annonce la volonté de renouveler le
contrat. (1)

L'assurance en cas de décès se résout, non pas en
un contrat unique, mais en une série de contrats annuels que l'assuré est libre de conclure ou de ne pas

(1) Le paiement de la prime annuelle est quelquefois divisé en
deux ou quatre termes ; c'est, dans ce cas, la fraction actuelle que
l'assuré est libre de payer ou de ne pas payer. Il pourrait cependant
être convenu que les différentes fractions de prime qui se rapporte-
ront à une année seront dues par cela seul que la première aura
été versée. Cela n'atteint pas notre théorie; en payant la première fraction l'assuré a opté pour la continuation du contrat pendant une
année de plus ; son option le lie pour toute cette année. Il y a là
du reste une pure question de convention. C'est ainsi que les compagnies se réservent presque toujours de déduire du capital les fractions semestrielles ou trimestrielles restant à payer sur l'année en
cours au moment du décès.

conclure, que la compagnie doit subir. C'est un contrat successif. Au moment de la signature de la police, la compagnie prend un double engagement : 1° Assurer le capital indiqué pendant un an ; 2° Renouveler cette opération les années suivantes, au même prix, si l'assuré le veut. L'assuré, lui, ne prend pas d'engagement. Il verse une somme de.... (la première prime) et à ce moment le contrat est parfait, la police lui est livrée ; mais ce contrat n'a d'effet que pour un an. Quant à l'année suivante, le consentement de l'assureur existe et reste en suspens jusqu'à ce qu'il rencontre le consentement réciproque de l'assuré manifesté par le versement de la nouvelle prime. Il y a en quelque sorte *un contrat réel* pour un an, une *promesse unilatérale* pour l'année suivante. La compagnie dit à son client : « Vous êtes assuré pour un an ; de plus, je m'engage dès à présent à vous assurer pendant l'année prochaine pour le même prix, si vous le voulez, et je vous donne un mois à partir du commencement de l'année pour réfléchir. Si, au bout de ce délai, vous n'êtes pas venu m'apporter le prix de la nouvelle assurance, c'est que vous ne voudrez pas profiter de votre droit et je serai dégagée de ma promesse. » Il n'y a pas lieu, du reste, de s'étonner de ce langage ; l'assureur ne fait pas un marché de dupe ; car il reçoit actuellement un prix distinct pour chacun des deux engagements auxquels il se soumet. La prime annuelle est, en effet, calculée sur une double base ; elle se compose : 1° du prix d'une assurance temporaire pendant un an ; 2° d'une certaine somme pour l'engagement que prend la compagnie de continuer l'assurance aux mêmes conditions pécuniaires les années suivantes (1). A quoi pourrait donc être obligé l'assuré, puisqu'il paie comptant tout ce qu'il reçoit ?

Ainsi l'assurance en cas de décès est un contrat uni-latéral. Elle constitue une sorte de prêt, ou plutôt une série de prêts que l'assureur s'engage à recevoir chaque année et à rembourser au décès de l'assuré. Seulement ce ne sera pas la plupart du temps la somme vraie des prêts effectués qu'il versera entre les mains du béné-ficiaire de l'assurance ; comme il prend à sa charge les risques de mort prématurée il est juste qu'il bénéficie des chances de longue vie ; il remboursera donc le mon-tant des sommes qui seraient prêtées pendant une vie moyenne.

Nous essaierons maintenant, puisque nous connaissons les caractères distinctifs de notre contrat, d'en donner une définition qui tienne compte des divers éléments que l'on y rencontre. Nous la formulerons ainsi :

Une convention par laquelle l'assureur s'engage à constituer, au moyen des économies que l'assuré verse chaque année pendant sa vie réelle, un capital égal à celui qui serait constitué avec les mêmes économies accumulées pendant une vie moyenne ; cette obligation ne subsiste que si le versement est régulièrement fait par l'assuré, toujours libre de ne pas entretenir le contrat.

CHAPITRE II

COMMENT SE FORME LE CONTRAT. — CONDITION DE VALIDITÉ

L'assurance est un contrat innommé, soumis, à la fois, aux règles générales des conventions et à quelques règles particulières découlant de sa nature spéciale. « Quatre conditions, dit l'art. 1108 C. C., sont essentielles pour

(1) Renvoi à la théorie des réserves et du rachat des polices.

la validité d'une convention : le consentement de la
partie qui s'oblige ; — sa capacité de contracter ; —
un objet certain qui forme la matière de l'engagement ; —
une cause licite dans l'obligation. » Nous allons examiner
en quoi consistent ces quatre conditions appliquées à
l'assurance sur la vie, et comment on les réalise ;
toutefois, nous modifierons légèrement l'ordre indiqué
par le Code Civil, pour pouvoir nous rendre compte,
sans plus tarder, de la situation des parties qui doivent
se trouver en présence.

SECTION I

Capacité des parties

L'assurance sur la vie intervient entre deux parties
principales : l'assureur et l'assuré. Ce sont ces deux
personnes que nous allons étudier au point de vue juridique.

A. De l'assureur

En principe, une personne seule peut devenir assureur.
En fait, cela ne se voit pas, au moins dans les assurances terrestres, par ce que la fortune d'un particulier,
n'offre généralement pas de garanties suffisantes pour
le paiement des sinistres.

Si, exceptionnellement, une personne privée voulait
faire des assurances sur la vie, il faudrait évidemment
qu'elle fût capable de s'obliger. Il résulte de là que
l'interdit légal ou judiciaire, le prodigue n'auraient pas
la faculté de se livrer à des opérations de ce genre.
Il en serait de même du mineur, et de la femme mariée
sans l'autorisation de son mari.

En ce qui concerne la femme séparée de bien et le

mineur émancipé, on peut discuter la question de savoir s'il faut s'en tenir aux règles de capacité tracées par les art. 215, 482 et 484, C. C., ou bien si l'on doit leur faire l'application des articles 2 et 4 du C. de Com. Or, l'art. 632 de ce code, qui énumère les actes de commerce, ne parle pas des assurances ; et, quant à l'art. 633, il est exclusif au commerce maritime. Il est donc bien certain que si l'assurance ne constitue qu'un acte isolé et exceptionnel, elle est un acte civil et rien de plus. Si, maintenant, on s'y adonne d'une manière suivie, on ne saurait hésiter à voir dans de pareils agissements des actes commerciaux, non par application de l'art. 633 C. Com., mais conformément à l'art. 632 § 4. L'assureur dirige, dans ce cas, une véritable agence d'affaires ; il se livre à des actes commerciaux et en fait sa profession habituelle ; il est donc soumis au Code de Commerce, et fondé à se prévaloir des dispositions particulières qui y sont contenues.

Ce sont, habituellement, de puissantes Compagnies qui entreprennent les opérations d'assurance. Elles affectent deux formes parfaitement distinctes : *la mutualité*, ou *le système des primes fixes*.

L'assurance mutuelle est un contrat par lequel plusieurs personnes rendent communs les risques qu'elles courent, et conviennent de s'en garantir réciproquement au moyen d'une *cotisation basée sur la répartition proportionnelle* des paiements à effectuer par suite des sinistres. Chaque membre de l'association joue à la fois les rôles d'assuré et d'assureur.

L'assurance à primes est, au contraire, effectuée par des spéculateurs qui réunissent leurs capitaux pour former un fonds social ; ils espèrent que la somme des primes payées sera, dans une période donnée, plus considérable que celle des sinistres à réparer et qu'ils pourront ainsi se procurer des bénéfices. Une société de cette nature s'organise facilement dans les villes importantes, centres de commerce et d'industrie. Là se rencontrent de riches capitalistes auxquels il est aisé de se concerter pour essayer une semblable spéculation.

On a souvent et longtemps discuté les mérites respectifs de ces deux combinaisons (1).

Les partisans des *assurances mutuelles* ont toujours dit que ces dernières constituent un progrès sur les assurances à prime parce qu'elles ont pour but et pour résultat de donner aux assurés des garanties égales, tout en leur épargnant la partie des déboursés qui représente les bénéfices faits par les assureurs dans les Compagnies à primes. De plus, les sociétaires sont doublement et directement intéressés à ce que les sinistres soient aussi peu nombreux que possible ? Cette solidarité pécuniaire est une garantie contre les fraudes dont sont quelquefois victimes les Compagnies à prime malgré toutes leurs précautions. Une surveillance *mutuelle* est exercée par chacun des sociétaires, et, au moment du contrat, il sera d'autant plus difficile à celui qui se présente d'user de dissimulation, en ce qui concerne l'opinion du risque, que les agents pourront se renseigner à des sources plus nombreuses et plus sûres. Enfin, et c'est là le beau côté des assurances mutuelles, l'association, restant étrangère à tout espoir de gain,

---

(1) Voir sur cette question ; Grün et Joliat, page 50. — Alauzet, Assur. terrestres. — Codes annotés de Dalloz. Appendice aux contrats aléatoires. — Vibert. page 35. — Herbault. page 70 et s. — Revue des assurances sur la vie, 1877.

ne craint pas l'esprit de spéculation ; son but exclusif
est de protéger les familles contre les deux ennemis
qu'elles ont le plus à redouter comme pouvant amener
leur ruine, la *dissipation* et la *mort prématurée* du chef.

Dans les assurances à prime au contraire, l'assureur
et l'assuré sont deux personnes complétement distinctes
et dont les intérêts ne se confondent jamais ; l'assureur est un spéculateur, qui a calculé les primes de
telle sorte, qu'après avoir rempli ses obligations, il ait
pour lui un bénéfice net ; l'assuré, en dehors de
son contrat, ne prend aucune part aux opérations de
la Compagnie ; son égoïsme, l'égoïsme naturel à tout
homme, a donc beau jeu pour s'exercer, et c'est en
présence de l'indifférence la plus complète chez les
autres clients de la même Compagnie que l'un d'eux
usera d'une dissimulation frauduleuse ou subira les accidents les plus terribles. Il semble, enfin, que les sacrifices à faire doivent être plus considérables pour les
clients d'une Compagnie à prime que pour les membres
d'une association mutuelle, puisqu'ils représentent, dans
le premier cas, outre la réparation des sinistres et les
frais d'administration, les dividendes distribués aux
actionnaires.

Mais, disent à leur tour les partisans des Compagnies
à prime, voici les avantages de notre système : Lorsque
le décès de l'assuré donnera ouverture à l'action des
bénéficiaires du contrat, ces derniers recevront promptement la satisfaction qui leur est dûe ; le capital stipulé dans la police sera payé intégralement, sans que
la moindre difficulté puisse être soulevée. En sera-t-il de même si on s'adresse à une Association mutuelle ? Evidemment non. Chaque assuré est en même

temps assurenr ; c'est dire qu'il doit supporter lui-même
une portion du désastre dont il demande la réparation ;
c'est dire surtout qu'on ne peut pas déterminer d'avance
la contribution de chaque sociétaire ; il faut attendre
que le sinistre éclate pour la connaître ; le règlement
à intervenir demandera donc un temps assez considérable ; de plus, il ne sera pas toujours intégral.

En second lieu, le client d'une Compagnie à prime
fixe, sait toujours dès l'abord le sacrifice qu'il aura à
faire chaque année ; nulle crainte pour lui d'avoir à
supporter des charges exceptionnelles. Quant au membre d'une société mutuelle, il est soumis à une responsabilité que l'on peut dire illimitée. Supposez une année
désastreuse au point de vue de la mortalité, la contribution que les assurés auront à supporter prendra des
proportions énormes, sortira quelquefois des prévisions
et excèdera les ressources que le budget de chacun
lui avait attribuées. Il est vrai que, pour porter remède
à un inconvénient qui serait de nature à effrayer bon
nombre de personnes, on a imaginé de poser un maximum que la cotisation annuelle ne saurait dépasser ; mais,
alors, les assurés, victimes du sinistre, courent le risque de ne pas recevoir intégralement la somme stipulée.
Cette incertitude est des plus fâcheuses ; celui qui s'assure entend échapper aux effets des accidents ; il veut,
au point de vue pécuniaire, éliminer le hasard ; or,
n'est-ce pas se soustraire à l'inconnu d'un côté pour le
retrouver de l'autre ? n'est-ce pas courir la chance que
de s'assurer dans de pareilles conditions ? n'est-ce pas
mettre le mot : *assurance* en contradiction avec le fait ?
et n'est-il pas plus conforme à la nature du contrat
d'assurance de déterminer par avance d'une manière

complète et immuable le sacrifice annuel, quitte à le grossir légèrement, que de subordonner cette fixation à des événements fortuits.

Ces défauts sont-ils essentiellement inhérents à la mutualité ? Nous avons vu et apprécié le remède imaginé contre l'incertitude sur le *quantum* de la cotisation annuelle. On a cherché aussi les moyens d'éviter de trop longs retards dans le règlement du capital assuré ; pour cela, quelques Compagnies exigent de l'assuré, au commencement de chaque année, le paiement d'une fraction de sa cotisation ; on constitue ainsi une espèce de fonds de prévoyance, qui fait face aux paiements à effectuer, et que l'on peut reconstituer au fur et à mesure qu'il s'épuise. A la fin de chaque année, les comptes définitifs sont réglés par le conseil d'administration et la situation sociale est établie devant le conseil général des sociétaires.

Il serait téméraire, à notre avis, de vouloir donner dans la controverse précédente, une solution absolue. Comme dans toutes les institutions humaines, les inconvénients coudoient les avantages. En théorie pure, le système de la mutualité est préférable, parce qu'il exige des sacrifices moindres et qu'il maintient et développe le sentiment de la solidarité humaine ; à une condition toutefois, c'est que le nombre des associés soit tellement grand que les tables de probabilité s'appliquent exactement, et que, par conséquent, toute incertitude dans le calcul de la cotisation annuelle étant écartée, le reproche principal fait aux associations mutuelles disparaisse. En pratique, ce système perd beaucoup de ses avantages, et, en fait, on peut remarquer que l'immense majorité des Compagnies d'assurance se compose de Compagnies à prime

7

fixe ; nous rappellerons même qu'en matière d'assurance contre l'incendie une Circulaire du Ministre de l'Intérieur du 24 octobre 1826 prescrit d'assurer tous les bâtiments de l'Etat à des Compagnies à prime fixe.

Pourtant, quelques grandes associations mutuelles font des assurances et sont trés-prospères ; nous citerons notamment la Grande Mutuelle de Gotha, fondée en 1818, et qui, à elle seule, a près de la moitié de la totalité des assurés allemands ; nous mentionnerons encore les quinze sociétés mutuelles qui, dans New-Yorck, font une concurrence heureuse à vingt-neuf compagnies à primes.

La vérité est donc que, dans tels et tels cas, l'assurance mutuelle l'emporte sur l'assurance à prime, et que, réciproquement, l'assurance à prime peut convenir à des situations où l'assurance mutuelle serait défectueuse.

Il est si bien exact qu'aucune de ces combinaisons n'est ni absolument bonne ni absolument mauvaise , qu'on cherche à les combiner et qu'on les complète quelquefois l'une par l'autre. C'est ainsi qu'on a fondé des sociétés d'assurance mixtes , qui possèdent un capital social fourni par quelques spéculateurs ; mais la contribution annuelle , prix de l'assurance, au lieu d'être fixe comme dans les Compagnies à primes, varie suivant certaines règles portées aux statuts ; cette combinaison est, la plupart du temps , adoptée pour attirer les capitalistes par l'appât du gain , et les amener à fonder la société. Puis, lorsque la Compagnie ainsi formée est arrivée à réunir un nombre de clients assez considérable, on supprime le capital social et l'on se trouve avoir constitué une véritable société mutuelle. Nous verrons une autre application de cette idée en traitant de la *participation aux bénéfices*.

Les Compagnies d'assurance, qu'elles soient à prime fixe ou mutuelles, peuvent affecter toutes les formes prévues par le code de commerce ; elles se constituent donc *en nom collectif, en commandite,* ou comme *sociétés anonymes.*

Sociétés mutuelles

Sont-elles de véritables sociétés?

La question n'est pas indifférente. S'il n'y a pas société, l'art. 1865, relatif aux modes de dissolution, ne sera pas applicable ; il en sera de même de l'art. 1846 sur les intérêts des sommes dues par un associé ; les différents communistes ne seront pas réputés avoir reçu mandat d'administrer les uns pour les autres...

Les sociétaires, dit-on, n'agissent pas dans un but de spéculation ; leur seule intention est d'atténuer, pour chacun d'eux en particulier, le préjudice causé, en échangeant la garantie des pertes ; leur unique objet est de constituer une communauté de risques, dans laquelle chacun des associés consent à faire un sacrifice pour diminuer le dommage qu'il éprouverait s'il le supportait seul. Doit-on induire de là l'*animus contrahendæ societa-tis,* en dehors duquel il peut y avoir co-propriété, indivision, mais non société? L'intention de former une société, l'*affectio societatis* ne se présume pas ; il faut qu'elle soit accusée par certaines circonstances ; l'art. 1832 nous indique quelle est la plus décisive de toutes : la réalisation de bénéfices en commun.

Les associations mutuelles d'assurance ne poursuivent pas ce but, pas plus que les réunions scientifiques, littéraires ou philanthropiques, les cercles, les sociétés savantes, et les associations tontinières, dont les membres ne perçoivent un bénéfice que par la mort des prédécédés. Entendrait-on même dans un sens très-large les mots : *Dans la vue de partager les bénéfices*, et n'exigerait-on, comme élément essentiel d'une société, au lieu d'un bénéfice pécuniaire, qu'un *intérêt commun*, que les associations mutuelles ne mériteraient pas davantage la dénomination de société ; car elles ne comportent pas un intérêt commun, mais plutôt un *intérêt alternatif*; ce que le sinistré gagne, les autres le perdent.

Malgré ces raisons, on reconnaît pourtant, en général, aux associations mutuelles le caractère de société. La doctrine pure est opposée presque unanimement à cette décision ; mais la jurisprudence l'admet aujourd'hui d'une façon à peu près absolue. Elle considère que les avantages, parfaitement appréciables en argent, que les parties se proposent de retirer de pareilles conventions constituent de véritables bénéfices.

Mais ce qui est pour ainsi dire universellement reçu, c'est que les sociétés d'assurance mutuelle ne sont pas commerciales. Cette solution, il est vrai, a été contestée en ce qui concerne celles de ces associations qui affectent l'une des formes prévues par le Code de commerce ; quelques monuments de la jurisprudence ont, en effet, admis qu'on reconnaissait les sociétés commerciales à ce fait qu'elles revêtaient la forme en nom collectif, en commandite ou anonyme. Il était impossible qu'une pareille doctrine prévalût ; elle n'allait a rien moins qu'à subordonner entièrement le fond à la forme. On ne pouvait pas davantage admettre que la société serait, ou non, commerciale suivant la volonté des parties ; car la commercialité a certaines conséquences qui intéressent l'ordre public, et il n'est pas plus permis de s'attribuer, par sa seule volonté, le bénéfice des règles commerciales que de se soustraire à leur application. Une société est commerciale *par son objet*, c'est-à-dire si elle fait des actes de nommerce, si elle spécule sur des achats et ventes, si elle se livre à des agissements qui ont pour but des bénéfices à réaliser, ce qui est l'essence du commerce. Ici, toutes les opérations se résument en des pertes, d'autant plus petites que l'association est plus nombreuse, et ne donnent aucune chance de gain. Si les membres de l'association se sont réunis, c'est surtout pour concentrer l'administration entre les mains de quelques-uns d'entre eux.

Les associations mutuelles échappent donc à la compétence des tribunaux de commerce ; elles ne peuvent être déclarées en faillite ; elles ne paient pas l'impôt des patentes ; elles ne constituent pas des personnes morales. Enfin, il n'est pas nécessaire d'avoir la capacité commerciale pour en faire partie.

Mais, ne l'oublions pas, le fond l'emporte toujours sur la forme, et, s'il arrivait qu'une prétendue association mutuelle s'adonnât à la spéculation, si, par exemple, elle fixait d'une manière définitive, et comme à titre de forfait, le prix des cotisations annuelles, on ne devrait pas hésiter à la déclarer commerciale. La jurisprudence a décidé, avec raison, que le directeur d'une Compagnie mutuelle, ordinairement soumis à la compétence civile, pouvait cependant être appelé devant les tribunaux de commerce, lorsque, dans sa gestion, il se livrait habituellement à l'agiotage, à des combinaisons de bourse, ou à toute autre opération usitée dans le commerce.

Compagnies à prime fixe.

Elles sont formées par des capitalistes qui traitent à forfait avec les assurés. Qu'elles soient en nom collectif en commandite ou anonymes, elles constituent toujours des sociétés commerciales, et, par conséquent, des personnes morales ; elles entraînent la compétence des tribunaux de commerce (art 631-632 C. Com.), et avant la loi du 17 juillet 1856 elles donnaient lieu à un arbitrage forcé, lorsqu'il s'élevait des difficultés entre associés.

Pour être associé en nom collectif ou commandité, il faut être capable de faire le commerce. En ce qui concerne les commanditaires et les actionnaires, la question est discutée.

La capacité civile suffit, a-t-on dit ; car un commanditaire, un actionnaire ne sont certainement pas commerçants. Font-ils acte de commerce ? Pas davantage. Les art. 631 et 632 ne leur sont pas applicables, et l'art. 13 de la loi du 25 avril 1844 les dispense formellement de l'impôt des patentes ; l'art. 23 du C. de Com. les désigne comme des bailleurs de fonds ; ils fournissent, il vrai, les moyens de faire le commerce, mais ils ne le font pas ; bien plus, il ne leur est pas permis de s'immiscer dans l'administration de la société.

Cependant la jurisprudence incline vers la solution contraire et tend à exiger la capacité commerciale ; non pas que le commanditaire soit commerçant, mais il fait un acte de commerce. Il concourt à la formation d'une société commerciale ; l'art. 23 C. de Com. lui donne la dénomination d'*associé*, et l'art. 631 soumet à la juridiction commerciale les contestations entre associés ; il est dans la société jusqu'à concurrence de ce qu'il a mis ou dû mettre, et, dans ces limites, les créanciers sociaux ont action contre lui, tandis qu'ils n'ont aucune action contre les prêteurs de deniers ; ces derniers concourent avec les créanciers sociaux et peuvent faire déclarer en faillite la Compagnie ; ce sont les porteurs d'obligations. Les actionnaires ne le peuvent pas.

Formation des Compagnies.

L'article 37 du Code de Commerce de 1807 portait que : « La société anonyme ne peut exister qu'avec l'autorisation du gouvernement et avec son approbation pour l'acte qui la constitue ; cette approbation doit être donnée dans la forme prescrite pour les règlements d'administration publique.» Ainsi, lorsqu'une Compagnie d'assurance prenait la forme de l'anonymat, l'autorisation du gouvernement était nécessaire ; s'il s'agissait d'une société en nom collectif ou en commandite, elle se constituait librement. Mais deux avis du Conseil d'Etat, l'un du 1er avril, l'autre du 15 octobre 1809, ne tardèrent pas à modifier cet état de choses en reconnaissant que l'autorisation du gouvernement était indispensable aux associations de la nature des tontines, et aux Compagnies d'assurance qui intéressent l'ordre public ; cette dernière formule comprenait toutes les sociétés d'asssurance sur la vie. (Voir la Circulaire Ministérielle du 25 ocobre 1819). Quelques décisions de la jurisprudence avaient cependant admis une différence dans la force obligatoire de ces deux avis, le premier ayant été inséré au *Bulletin des lois*, le second n'ayant pas été l'objet d'une mesure pareille. Toute discussion à cet égard est aujourd'hui complètement inutile en présence des articles 22 et 66 de la loi du 27 juillet 1867 sur les Sociétés. L'art. 22 décide : « Qu'à l'avenir les sociétés anonymes pourront se former sans l'autorisation du gouvernement. » Mais l'article 66 nous dit à son tour que : « Les associations de la nature des tontines et les sociétés d'assurance sur la vie, mutuelles ou à primes, restent soumises à l'autorisation et à la surveillance du gouvernement. »

Voilà donc la législation qui nous régit : Les sociétés commerciales se forment librement ; les Compagnies d'assurance elles-mêmes, lorsqu'elles ont pour objet les sinistres maritimes, l'incendie, la grêle... n'ont besoin d'aucune autorisation ; elles sont seulement soumises aux dispositions du décret du 22 janvier-18 février 1868 portant règlement d'administration publique. Quant aux Compagnies d'assurance sur la vie, qu'elles soient mutuelles ou à prime fixe, en commandite, en nom collectif ou anonymes, elles ne peuvent se constituer qu'avec l'autorisation du gouvernement, et ne fonctionnent que sous sa surveillance.

Les points sur lesquels portent les investigations du gouvernement, au moment de la formation de la Compagnie, sont les suivants : Existe-t-il un capital de garantie suffisant ? Les tarifs sont-ils établis de manière à sauvegarder les intérêts et la sécurité des assurés ? Les statuts sont-ils conformes aux lois, à l'ordre public ? Le nombre des adhérents, s'il s'agit d'une compagnie mutuelle, est-il assez considérable pour assurer la régularité des opérations ? Lorsqu'il est reconnu que toutes ces conditions sont remplies, le Président de la République en Conseil d'Etat rend un décret énumérant les charges qui sont imposées à la Compagnie, et portant que l'autorisation pourra être retirée en cas de violation des statuts. La société a dès lors une existence légale. Le décret et les statuts sont insérés au Bulletin des Lois. (1)

Ces dispositions sont-elles applicables aux Compagnies étrangères? Les compagnies françaises se sont souvent efforcées de faire défendre aux sociétés étrangères d'opérer en France, mais elles ont toujours échoué dans leurs tentatives; aucune disposition n'interdit aux étrangers de devenir assureurs en France. Bien plus, une loi du 30 mai 1857 porte, dans son art. 1er, que: « Les sociétés anonymes et les autres associations commerciales, industrielles ou financières, qui sont soumises à l'autorisation du gouvernement belge et qui l'ont obtenue, peuvent exercer tous leurs droits et ester en justice en France, en se conformant aux lois françaises. » Et, dans son art. 2, il est dit : « Un décret rendu en Conseil d'Etat peut appliquer à tous autres pays le bénéfice de l'art. 1er. » De nombreux décrets ont, en effet, étendu à la plupart des nations de l'Europe ce qui avait été décidé pour la Belgique.

Fonctionnement.

Les compagnies d'assurance sur la vie s'organisent et fonctionnent suivant la forme qu'elles ont adoptée. S'il s'agit d'une société au nom collectif, il y a une raison sociale, et les engagements pris par l'un des associés sous cette raison sociale obligent solidairement ses co-associés.

Si la société est en commandite, il y a deux classes

(1) Il a été décidé avec raison par la Cour Suprême que cette insertion des statuts ne leur enlève pas le caractère de convention particulière, et ne leur confère pas celui d'une loi, dont la violation donnerait ouverture à cassation.

d'associés, les uns responsables solidairement et *in infinitum* des obligations sociales, les autres jusqu'à concurrence de leur mise seulement. Elle opère par les soins d'un ou plusieurs gérants placés sous le contrôle d'un conseil de surveillance ; les Assemblées générales d'actionnaires complètent l'ensemble des mesures destinées à assurer la régularité des opérations.

Enfin, si la compagnie a pris la forme de l'anonymat, ce qui est le cas le plus fréquent, l'administration est confiée à des mandataires nommés par le *Conseil d'administration* ou même par *l'Assemblée générale* ; un directeur est presque toujours le premier et le principal mandataire des administrateurs ; c'est lui qui présente les agents qu'il veut employer à la nomination du Conseil d'administration. L'assemblée générale désigne, en outre, des *commissaires de surveillance* qui examinent les livres et les opérations de la société, et font un rapport sur le bilan et les comptes présentés par les administrateurs.

Comment s'exerce la surveillance du gouvernement ? Le décret d'autorisation oblige la Compagnie pour laquelle il est rendu à déposer chaque année au Ministère de l'Agriculture et du Commerce des états de situation qui sont examinés par les délégués du gouvernement. Mais le contrôle serait complètement illusoire, s'il se bornait à cet examen ; il faut évidemment que ceux qui en sont chargés aient en mains les pièces de comparaison et puissent s'assurer de la réalité des opérations, telles qu'elles sont portées sur les états. Il y a lieu de considérer que ce point n'est pas encore définitivement fixé.

Le Ministre de l'Agriculture et du Commerce avait d'abord saisi le Conseil d'Etat de la question et l'avait chargé de préparer un règlement d'administration publique ; un projet fut, en effet, rédigé et communiqué aux Compagnies pour avoir leurs observations, à la date du 2 juin 1875. Mais après avoir étudié la question de plus près, le Conseil d'Etat a émis l'avis : 1° que le gouvernement puise dans l'art. 66 de la loi de 1867 et dans les décrets d'autorisation, le droit d'exercer un contrôle direct et qu'il lui appartient de déterminer les mesures nécessaires pour le rendre efficace, sans qu'il y ait à recourir à un règlement d'administration publique ; 2° qu'il a le droit et le devoir de faire porter ce contrôle sur les états de situation, et sur l'observation des prescriptions statutaires ; 3° qu'il serait bon de préparer une loi déterminant les conditions d'une publicité qui permettrait aux assurés de surveiller eux-mêmes leurs intérêts, et les pénalités en cas d'infraction.

Le Ministre a complètement adhéré à cet avis, et dans sa circulaire du 15 mai 1877, par laquelle il le porte à la connaissance des Compagnies, il précise les points sur lesquels le contrôle de l'administra'ion devra porter :

« En ce qui concerne les états de situation, les Compagnies auront à remettre à l'administration, suivant les modèles donnés par elle, les documents que l'art. 34 de la loi de 1867 oblige toute société anonyme à communiquer aux commissaires et à l'Assemblée générale. (1)

(1) Ces documents sont : un état sommaire de la situation active et passive; un inventaire contenant l'indication des valeurs mobilières et immobilières, et de toutes les dettes actives de la société ; le compte des profits et pertes.

« En ce qui concerne l'observation des statuts, le contrôle devra porter sur les dispositions statutaires qui règlent les points suivants :

« Limitation des opérations sociales ;

« Conditions générales des polices ; tarifs ;

« Obligation de constituer un fonds de garantie des risques en cours, dans chaque catégorie, lorsque cette obligation sera inscrite dans les statuts ;

« Maximum des assurances, rentes viagères, prêts viagers ;

« Valeurs à accepter en garantie de ces prêts ;

« Montant des obligations à émettre en représentation des prêts viagers, s'il y a lieu ;

« Limitation des valeurs pour l'emploi des fonds ;

« Régularité des délibérations des Assemblées générales;

« Formation du fonds de réserve statutaire ;

« Dissolution obligatoire ou facultative des sociétés, en cas de perte d'une partie du capital social. Liquidation.

« Pour l'accomplissement de leur mission, ajoute la Circulaire Ministérielle, les agents de la surveillance devront être admis, quand ils le croieront nécessaire, à vérifier les divers comptes formant les éléments des états produits, et à s'assurer de la conformité des écritures et de la régularité des comptes. Ils devront avoir entrée aux Assemblées générales.... »

Certes, il est bon que la surveillance des Compagnies d'assurance sur la vie soit efficace ; les assurés sont engagés dans des contrats à long terme, ils ont fait des sacrifices considérables ; il importe donc que les Compagnies soient obligées, par un contrôle actif, à observer la plus grande prudence dans leurs opérations. C'est pour cela que le législateur de 1867, en affranchissant les Compagnies annonymes de la néces-sité d'obtenir l'autorisation et de subir la surveillance du gouvernement, a excepté de cette mesure les Compagnies d'assurance sur la vie. Mais la surveillance, telle que la comprend et l'établit M. le ministre du Commerce, n'est-elle pas exagérée? N'implique-t-elle pas une véritable ingérence dans l'administration si elle est sérieuse, et ne risque-t-elle pas de devenir illusoire par cela même qu'elle serait bien vaste et bien gênante ? Enfin, la responsabilité du gouvernement ne sera-t-elle pas trop complètement engagée vis à vis des assurés ? Il est permis de le croire. La circulaire de 1877, comme celle de 1875, a soulevé, de la part des agents d'assurance, des critiques vives et fondées. Suivre d'aussi près toutes les opérations d'une Compagnie ne tend à rien moins qu'à se substituer dans les fonctions des administrateurs et des commissaires de surveillance, et, ce qui est plus grave, dans leur responsabilité.

Agents.

Outre leur directeur, qui est leur principal mandataire, les Compagnies emploient de nombreux représentants, établis dans les villes où elles cherchent soit à créer soit à étendre leur clientèle. Ce sont ces intermédiaires qui traitent avec l'assuré ; c'est à eux que sont faites les propositions d'assurance ; ils ont à en expliquer les conditions. Etant de simples mandataires, ils ne peuvent dépasser leur mandat (art. 1989 C. Civ.), et n'engagent, en général, la Compagnie que dans ses limites ; l'assuré agira donc prudemment en exigeant la production de leurs pouvoirs.

En pratique, cette demande n'est jamais faite. L'agent, avec lequel on est en relation, est connu comme représentant telle Compagnie; on sait que les contrats qu'il a passés ont toujours été tenus pour valables ; cela suffit pour qu'on puisse traiter sans crainte avec lui. Vient-il à outrepasser ses pouvoirs, signe-t-il, par exemple, un engagement au nom de la compagnie au mépris des ordres qui lui enjoignent de provoquer, dans ce cas, une délibération du Conseil d'administration ? la convention est cependant valable, pourvu que l'assuré soit de bonne foi (art· 2009) ; ce qui a lieu, presque toujours, lorsque l'agent n'a contrevenu qu'à des instructions particulières ou confidentielles. La bonne foi sera, au contraire, plus difficile à admettre, si les statuts ont été violés, parce qu'alors il y a eu faute grave de la part de l'assuré à ne pas en connaître la teneur (1).

Si quelqu'un, se disant agent d'une Compagnie, abuse de la confiance d'un assuré pour lui faire signer un engagement avec une compagnie autre que celle qu'il avait en vue, l'assuré peut faire résilier ce contrat frauduleux. Des recours sont d'ailleurs ouverts, dans tous ces cas, contre les agents infidèles.

Tout ce que nous venons de dire des agents s'applique aux sous-agents qu'ils emploient, sauf la responsabilité des premiers envers la Compagnie, lorsqu'ils n'ont pas été autorisés à se substituer des mandataires, et que leur choix n'a pas été soumis au Conseil d'aministration pour être ratifié par lui.

Mode d'opérer. — Tables. — Tarifs.

Quelques détails sur l'organisation des compagnies

---

(1) Tel est le cas pour les assurances mutuelles. Voir l'article 1 du décret du 22 janvier 1868. Signer une police c'est adhérer aux statuts.

d'assurance sur la vie et sur les bases scientifiques de leurs opérations trouvent ici leur place naturelle.

La première chose à faire, lorsqu'un client se présente et a été reconnu assurable, consiste à déterminer le prix de l'assurance qu'il veut contracter. Les Compagnies ont, pour cela, des tarifs indiquant la prime qu'il faut payer pour un capital de 100 francs et qui naturellement diffère suivant l'âge actuel de l'assuré ; égale à 1 fr. 70, lorsque le contractant a 21 ans, au moment où il se présente (2), à 2 fr. 14 si le contractant à 30 ans, la prime serait de 2 fr. 94 à 40 ans et de 4 fr. 33. à 50 ans. Une simple règle de trois donne, par conséquent, la prime nécessaire pour un capital de dix, vingt, cent mille francs.

Ces tarifs ont été obtenus au moyen des tables de *mortalité* et de *probabilité*. Supposons que mille personnes du même âge, de quarante ans par exemple, soient suivies dans leur carrière par un statisticien, qui note le nombre de décès annuels jusqu'à complète disparition du groupe soumis à l'examen, et que le résultat ainsi obtenu soit ensuite rapproché d'autres observations pratiquées sur des catégories de personnes du même âge, mais prises à leur naissance, à un ou deux ans etc....; on aura ainsi les éléments nécessaires pour dresser un tableau indiquant le nombre de décès auquel on doit s'attendre chaque année pour une certaine réunion d'individus. Les données en seront d'autant plus exactes que le nombre de têtes, comprises dans l'expérience, aura été plus considérable ; car la quantité de vie répandue sur le globe est toujours constante.

---

(2) Tarifs de la Compagnie le Soleil, sans participation aux bénéfices.

Ce tableau ne sera autre chose qu'une *table de mortalité*, c'est-à-dire une table donnant le chiffre annuel de décès sur un nombre déterminé de personnes prises au même âge, et jusqu'au décès de la dernière. Avec les tables de mortalité, on a confectionné des *tables de probabilité*, donnant le nombre vraisemblable d'années sur lequel peut compter encore, en moyenne, chaque individu suivant son âge.

La première table de probabilité date d'Ulpien (Voir Suprà).

La seconde a été dressée par Smart et Thomas Simpson en 1737, d'après les registres mortuaires de Londres; il est remarquable que sur plusieurs points il y a concordance entre les calculs d'Ulpien et ceux de Thomas Simpson. Puis, vinrent celles de Deparcieux et de Duvillard dont les indications sont beaucoup plus précises, grâce au perfectionnement des procédés statistiques. Les tables de Deparcieux et de Duvillard servent encore aujourd'hui de base aux opérations des Compagnies françaises ; les tables de Deparcieux, spécialement dressées pour les tontines, en 1746, accusent une mortalité moins grande que celles de Duvillard ; cela tient à ce que les observations avaient porté sur des têtes choisies, sur des groupes de bourgeois aisés et bien portants. Aussi sont-elles encore aujourd'hui en usage parmi les Compagnies pour les *rentes viagères*, tandis que celles de Duvillard servent aux *assurances en cas de décès*.

Une compagnie d'assurance étant en possession de ces tables, mille individus, âgés de 25 ans, se présentent pour stipuler 10,000 fr. payables à leur décès ; si le moment de la mort de chacun d'eux était connu, la

Compagnie n'aurait pas de peine à déterminer la somme qu'elle devrait leur faire verser ; ce serait la valeur actuelle de 10,000 fr. payables dans un an pour tous ceux qui doivent terminer leur carrière dans le délai d'un an ; la valeur actuelle de 10,000 fr. payables dans deux ans pour la série suivante....; la valeur actuelle de 10,000 fr. payables dans 70 ans pour ceux qui auraient encore devant eux 70 ans de vie. Or la Compagnie ignore quelle sera la durée de l'existence de chacun de ses clients ; ce qu'elle sait, c'est que la table de probabilité accorde à un homme de 25 ans 40 ans de vie probable, ce qui revient à dire que les 1000 individus ont 40,000 ans à se partager ; les uns n'ont pour leur part que quelques mois, les autres 10, 20, 30 ans jusqu'à 70, sans parler des centenaires ; peu lui importe que tel membre du groupe vive 100 et 110 ans, que tel autre meure pendant la première année, pourvu que la moyenne soit exacte ; et, comme elle n'a aucune raison d'exiger de l'un plus que de l'autre, c'est la valeur actuelle d'un capital de 10,000 fr. payable dans 40 ans qu'elle devra demander à chacun sous forme de prime unique ou de prime annuelle ; les uns payeront trop, les autres pas assez ; mais la Compagnie sera arrivée au résultat cherché : constituer le capital stipulé au moyen des épargnes versées dans sa caisse.

Seulement, les capitalistes qui ont formé les Compagnies d'assurance ne sont pas des mandataires gratuits ; il est juste et légitime qu'ils soient rémunérés pour leur temps, leur travail et les capitaux qu'ils ont engagés. Il ne faut donc pas s'étonner qu'ils réalisent des bénéfices, dont voici les sources principales : D'abord les tables leur sont favorables par ce qu'elles accusent une mortalité plus considérable qu'elle n'est en réalité ; elles ont été dressées au siècle dernier, à une époque où les conditions d'existence n'étaient pas ce qu'elles sont aujourd'hui, où l'hygiène était négligée, où la pauvreté plus grande entraînait avec elle les maladies et la faiblesse, et où, par conséquent, la moyenne de la vie humaine était moins élevée qu'à présent. De plus, Duvillard a fait ses observations sur l'ensemble de la population , comprenant riches et pauvres, forts et faibles ; la clientèle d'un assureur se compose, au contraire, d'individus qui jouissent au moins d'une certaine aisance, vivent par suite dans un milieu sain et favorable, et reçoivent des soins éclairés. En second lieu , la visite médicale que doivent subir les assurés, au moment où ils se présentent pour la première fois, a pour effet d'éliminer toutes les personnes malingres, débiles, atteintes de maladies qui compromettent leur santé et leur existence. Il suit de là que les tarifs des Compagnies sont notablement trop élevés ; première cause de bénéfices. La seconde réside dans ce fait que les calculs sont établis sur un intérêt de quatre pour cent des capitaux versés aux mains de la Compagnie ; or, cette dernière s'arrange toujours pour leur faire produire davantage , quatre un quart, quatre et demi et même cinq pour cent.

Voilà dans quelles excellentes conditions opèrent les Compagnies. Si nous ajoutons que toutes se chargent en même temps de rentes viagères, de telle sorte qu'une mortalité trop grande chez les assurés, en cas d'épidémie, trouve son correctif dans un excès corrélatif de mortalité chez les rentiers , — que les Compagnies ont toutes un fonds de garantie, — qu'elles ont, en outre, un capital composé des réserves afférentes à chaque contrat pour couvrir l'excès de risque qu'une nouvelle année vient lui ajouter, — que la surveillance de l'Etat s'exerce de près et assure l'observation des statuts qui prescrivent de n'employer les sommes disponibles qu'à des placements de tout repos, — nous ne serons pas surpris que les Compagnies d'assurance sur la vie soient établies sur des bases solides, et que, jusqu'à présent, aucune de celles qui ont leur siège en France n'ait manqué à ses engagement. (1)

B. De l'Assuré.

Nous sortirions du cadre naturel de notre étude si nous voulions rechercher ici quelles sont les personnes auxquelles l'assurance sur la vie parait plus spécialement convenir et dans quelles situations il est indiqué d'y avoir recours. Cependant, il est une question qui se présente fréquemment et que nous traiterons avant d'aborder l'examen des conditions de capacité que doit remplir l'assuré ; c'est celle de la garantie des créances. Elle se pose sous deux formes différentes.

Un emprunteur, au moment d'engager l'argent qu'il vient de recevoir dans les opérations auxquelles il le destine, mû par les plus honorables scrupules, s'assure au profit de son créancier, de sorte que, s'il vient à mourir avant d'avoir remboursé le prêteur, celui-ci

_____

(1) Quelques esprits, frappés de l'utilité de l'assurance, ont pensé à la rendre obligatoire et à l'attribuer à l'Etat. Les uns voudraient des assurances à prime, obligatoires pour tous, et placées sous la haute tutelle du gouvernement. D'autres désirent que tous les citoyens se réunissent dans une immense association mutuelle et forcée ; d'autres enfin souhaitent l'intervention de l'Etat, mais à la condition que les assurances restent facultatives. De nombreuses objections, qu'il serait trop long de développer ici, nous paraissent devoir faire écarter. en principe, l'intervention de l'Etat. Elle peut cependant, dans certaines conditions particulières offrir des avantages. par exemple, pour faire les petites assurances peu recherchées par les Compagnies. Voir la loi du 11 juillet 1868 et le décret du 15 octobre suivant.

ne perde rien. Une telle combinaison, pleine d'honnêteté et de sagesse, est souvent imposée par un créancier prudent ; le paiement au prêteur du capital stipulé est alors surbordonné à cette condition qu'il soit encore créancier au moment du décès de l'assuré.

D'autres fois, c'est le créancier lui-même qui contracte l'assurance sur la tête de son débiteur et paye les primes *de suo* ; dans ce cas, de deux choses l'une, ou il s'est entendu avec son débiteur, et c'est celui-ci qui en fin de compte doit supporter le paiement des primes ; — ou bien l'opération est personnelle au créancier.

Dans la première hypothèse, la convention conserve intact son caractère de contrat d'indemnité ; c'est une *assurance de solvabilité* ; le créancier touche ou le montant de sa créance avec remboursement des primes payées, ou le capital stipulé. Mais l'avantage de l'opération ne nous apparaît pas bien clairement ; le remboursement des primes suppose le débiteur solvable, auquel cas l'utilité de l'assurance est nulle ; si, au contraire, le débiteur est insolvable le contrat a sa raison d'être ; mais la créance s'augmente à chaque échéance annuelle du montant de la prime, et le créancier, sûr de perdre, n'a pas en sa faveur une seule chance de bénéfice.

Le créancier, dans le second cas, agit tout seul ; il assure sur la vie de son débiteur une somme égale à sa créance par ce qu'il veut, dans tous les cas et au pis aller, avoir reconstitué, au plus tard à l'époque du décès de son débiteur et au prix de sacrifices sur son revenu, le capital qu'il a prêté ; mais, dans son esprit, les deux affaires sont indépendantes, en ce sens que, s'il vient à être remboursé par son débiteur, il n'en restera pas moins créancier de la Compagnie ; en retour des sacrifices qu'il a faits, il court la chance d'être payé deux fois, ou plutôt, dès l'instant que son débiteur s'est libéré, la convention d'assurance perd son caractère de contrat d'indemnité pour rester seulement un placement à échéance indéterminée. Son intention sera-t-elle remplie, et la Compagnie pourra-t-elle être contrainte à payer le capital assuré si le stipulant a été, avant le décès de son débiteur, désintéressé par lui ? Ceci se rattache à la question générale suivante.

Est-il nécessaire, pour la validité du contrat, que le contractant ait intérêt à la vie de l'assuré ? Le premier venu ne serait pas admis à assurer, contre l'incendie, sans mandat du proprétaire, une maison sur laquelle il n'aurait aucun droit ; la même impossibilité existerait pour celui qui voudrait assurer contre la grêle la récolte d'un tiers auquel aucun lien de droit ne le rattacherait, ou contre les chances du naufrage le navire et les marchandises d'un armateur qui lui serait complétement étranger.

En matière d'assurance sur la vie, lorsque le contractant prend pour terme du contrat son propre décès, la *qualité* pour conclure cette opération ne saurait lui être disputée. Mais la difficulté surgit, s'il veut stipuler un capital payable au décès d'un tiers ; le peut-il toujours ? L'art. 1971 C. civ. permet la constitution d'une rente viagère sur la tête d'un tiers absolument étranger au crédirentier ainsi qu'au débi-rentier, dont la vie n'intéressait avant la convention ni l'une ni l'autre des parties ; et, bien que cela ait été contesté, on admet généralement que le consentement de ce tiers n'est pas nécessaire. L'assurance sur la vie d'un tiers présente à peu près

les mêmes situations, les termes renversés ; donnerons-
nous les mêmes décisions? Pour nous, la réponse est tout
entière dans notre théorie du contrat d'assurance en cas
de décès : « Il a pour but, avons-nous dit, la constitution
« d'un capital, garantie contre les chances de mort
« prématurée. Il a un double caractère : c'est un con-
« trat d'indemnité ; c'est aussi un contrat de place-
« ment ; ces deux caractères coexistent toujours au
« moment où la stipulation a lieu ; à l'époque du décès,
« il arrive souvent que le second seul subsiste. »

C'est pour n'avoir pas fait entrer en ligne de compte
chacun des deux éléments de l'assurance sur la vie qu'on
a contesté à une femme le droit de faire assurer sa dot
en cas de mort de son mari. On a dit : si le mari meurt
solvable et si la succession restitue la dot, le contrat
souscrit sera une cause de gain pour la femme, ce qui
est inadmissible. Cette objection est-elle concluante ?
Nous ne le croyons pas. Sans doute, il s'agit d'un contrat
d'indemnité, et il faut, en principe, que l'assuré ait intérêt à la vie du tiers sur la tête duquel repose l'assurance ; mais, dans l'espèce, cet intérêt n'existe-t-il pas
au moment de la convention puisqu'il y a un risque
pour la femme ? Seulement, si le mari meurt solvable,
il ne reste plus que le contrat de placement. Les mêmes
observations justifient l'assurance contractée par le mari
pour la restitution de la dot , par le credi-rentier pour
la continuation de la rente viagère qui doit s'éteindre
à la mort du débi-rentier, par le créancier, même
hypothécaire, pour le remboursement de sa créance. Tout
le monde connaît l'histoire du carrossier qui avait assuré
sur la vie de Pitt le montant d'une créance de 24,000 livres
sterlings ; à la mort du grand ministre, la nation an-

glaise, rendant un témoignage d'affection et de reconnaissance à sa mémoire, se chargea de toutes ses dettes,
fort nombreuses d'ailleurs. Le carrossier, ainsi désintéressé par l'Etat, ayant voulu néanmoins toucher le
capital assuré, la Compagnie refusa et obtint gain de
cause sous le prétexte que l'assurance était un contrat
d'indemnité. Une pareille prétention, si elle était soulevée
aujourd'hui, ne devrait pas réussir. L'assurance sur la
vie est un *contrat innommé*, auquel aucune autre convention ne peut être complétement assimilée, qui se
gouverne par des règles particulières, mais auquel la
disposition générale de l'art. 1134 C. C. doit garantir
le respect absolu de ses différentes clauses : « Les
conventions légalement formées tiennent lieu de loi à ceux
qui les ont faites, » dit l'art. 1134. Dans toutes les
espèces que nous avons parcourues, la convention s'est
légalement formée comme contrat d'assurance ; il y a
un intérêt à la vie puisque la mort fait courir un
risque ; mais cette même convention est formelle : le
capital doit être payé lorsque le fait prévu se réalise,
et l'assureur n'a jamais le droit de revenir après coup
sur ses engagements ni d'arguer d'événements postérieurs
pour se dispenser de remplir ses obligations.

L'intérêt à la vie assurée est donc un des éléments
de notre contrat ; reconnaissons que la conséquence rigoureuse de cette proposition, est que le capital stipulé
sera au plus égal à cet intérêt, et représentera la valeur même à laquelle on peut estimer la vie de l'assuré
d'après ses talents, son industrie... Oui, mais comment
une compagnie pourrait-elle sur ce point critiquer la déclaration du contractant ? Quels éléments d'appréciation,
autres que celui qui résulte du paiement de la prime,

lui sont impartis ? Si ce paiement a lieu d'une manière régulière, c'est que les ressources annuelles, les
revenus de l'assuré sont plus que suffisants pour y
faire face et lui permettent d'espérer légitimement la
constitution du capital assuré. Le versement périodique
de la prime est donc, à cet égard, la seule base au
moyen de laquelle puisse se former l'opinion des compagnies. Ces dernieres ont, par conséquent, le droit, au
moment de la convention, de s'enquérir de la fortune et
de la position du proposant, et, si elles estiment que
cette position ne lui permettra pas d'entretenir le contrat,
de refuser en tout ou en partie cette assurance exagérée ;
mais, une fois quelles ont accepté la proposition faite ,
il n'y a plus pour elles moyen d'y revenir ; elles sont
liées par le contrat, et, si les primes annuelles sont
régulièrement servies, elles sont irrecevables à prétendre qu'elles étaient excessives, qu'elles dépassaient
l'intérêt légitime à la vie assurée. Il nous semble d'ailleurs que, dans la plupart des cas, non-seulement l'importance de la prime payée donnera la seule mesure
possible de l'intérêt du contractant, mais encore elle en
donnera la mesure réelle. Cette prime est, en effet, pro-
tionnelle au capital stipulé, au capital dont le contractant prévoit qu'il aura besoin au moment de son décès
ou du décès d'un tiers ; c'est donc sur ce besoin même
qu'il calculera les sacrifices annuels qu'il doit s'imposer,
c'est-à-dire, sur les risques de perte que lui fera courir
la mort de l'assuré.

Et maintenant comment justifier de l'existence de cet
intérêt ? Supposons d'abord que le tiers n'ait pas donné
son consentement. Cette hypothèse ne peut guère se présenter ; car leurs statuts imposent aux Compagnies

l'obligation de s'assurer de ce consentement (1) ; il est cependant admissible qu'une négligence ait été commise ou que l'opération ait été faite par une Compagnie étrangère non soumise à cette règle. Il ne nous paraît pas douteux, dans ce cas, que le contractant ne doive établir son intérêt à la prolongation de l'existence du tiers assuré, sous peine de voir annuler le contrat avec restitution des primes payées.

Mais, ordinairement, le consentement du tiers aura été obtenu. La Compagnie n'a alors aucune justification à exiger du contractant; le consentement tient lieu d'intérêt, quand il n'en est pas la preuve ; cela suffit pour moraliser le contrat. Nous disons : quand il n'en est pas la preuve ; car nous estimons que presque toujours le concours du tiers sera l'indice d'un intérêt quelconque à la durée de son existence ; parfois simple intérêt d'affection, le plus souvent intérêt pécuniaire. Ainsi le contractant voudra s'assurer le paiement d'une dette ; ou bien il stipulera la continuation de certains avantages, onéreux ou gratuits, que lui fait actuellement le tiers assuré et destinés à disparaître avec lui. En somme, il est difficile d'admettre qu'un individu consente à laisser prendre sa vie comme terme d'un contrat d'assurance, s'il est absolument étranger au contractant, s'il ne lui est rattaché par aucun lien ; il y aurait là une immoralité, et, de plus, un danger auquel, en l'absence de toute pensée de fraude, crime ou suicide qui suffirait à faire annuler le contrat, personne ne s'exposerait bénévolement.

Résumons-nous. L'assurance sur la vie est d'abord

---

(1) C. P. Loi 30 Code de Pactis. Conventions sur successions futures. Avis du Conseil d'Etat 18 juillet 1818.

un contrat d'indemnité ; elle mentirait donc à sa nature, si elle pouvait être valablement conclue en dehors d'un intérêt à la vie. Mais l'espèce même de l'objet assuré et la nature mixte du contrat s'opposent également à ce qu'on en détermine d'une manière complète le caractère et le *quantum* ; la déclaration du contractant et le paiement régulier des primes sont les seuls éléments dont on doive tenir compte ; il suffit d'ailleurs que l'intérêt existe au moment même de la convention; peu importent les événements ultérieurs ; enfin le consentement du tiers assuré dispense d'établir l'existence de cet intérêt, et au besoin en tient lieu. Nous repoussons donc l'opinion de ceux qui veulent qu'un intérêt pécuniaire et rigoureusement proportionnel à la valeur de la vie humaine légitime seul le contrat et ne puisse être suppléé par le consentement du tiers assuré. Mais nous rejetons également le système qui ne voit dans la convention qui nous occupe qu'un placement aléatoire, indigne du nom d'assurance, et pour lequel l'intérêt à la prolongation de la vie et le consentement du tiers assuré sont complètement inutiles. (1)

Capacité nécessaire pour contracter une assurance.

Le fait de présenter une chose à l'assurance constitue en général un simple acte d'administration ; les personnes incapables sont donc seulement les mineurs non émancipés, les interdits, les femmes mariées non séparées de biens. Mais, en matière d'assurance sur la vie, ces règles subissent quelques modifications par suite de la nature complexe de la convention; il faut, pour

(1) Aux yeux des partisans de cette dernière idée, si les Compagnies exigent le consentement du tiers assuré, c'est uniquement parce que le gouvernement leur en impose l'obligation, dans le but de mettre obstacle aux spéculations sur la vie humaine.

la conclure valablement, avoir la capacité d'aliéner les sommes d'argent que l'on verse entre les mains des agents de la Compagnie. Ces versements constituent de véritables prêts de consommation. Quelles sont donc les différentes classes d'incapables ?

1° Mineur non émancipé. Il n'a l'exercice d'aucun des droits qui lui appartiennent ; il ne peut même pas administrer ; il est donc incapable de s'assurer sans l'intervention de son tuteur. Si, par erreur, il était admis à contracter une assurance, l'art 1305 C. Civ. lui ouvrirait une action en rescision pour cause de lésion. Qu'on ne nous oppose pas que dans les contrats aléatoires il n'y a jamais de lésion ; nous répondrions que le mineur peut avoir accepté des conditions plus dures que celles habituellement imposées ; la prime unique ou annuelle est peut-être plus forte que ne l comportent les tarifs, les causes de déchéance ont été multipliées, le paiement des primes ordinairement facultatif a été stipulé obligatoire... Tout cela constitue la lésion et donne naissance à une action en rescision (1). Cette action serait d'ailleurs éteinte par la ratification, expresse ou tacite, du mineur devenu majeur.

Quant au tuteur, il peut sans formalité aucune assurer la vie du mineur ; l'aliénation des objets mobiliers lui est en effet permise, la loi n'ayant entouré de garanties spéciales que l'aliénation des immeubles, et l'acte ainsi consenti par lui est absolument inattaquable, sauf sa responsabilité personnelle.

En fait, une assurance en cas de décès ne se pré-

_____

(1) Quelques auteurs vont jusqu'à dire que la lésion existe toujours dans notre cas par ce seul fait que les tarifs des Compagnies leur sont trop avantageux, étant calculés sur une table de mortalité inexacte dans le sens favorable à l'assureur.

sentera jamais dans de pareilles conditions, les Compagnies ne faisant commencer leurs tarifs qu'à 21 ans, période de la vie où l'homme est complètement formé; et, comme l'âge de l'assuré est un élément essentiel de l'opinion du risque, elles exigent un acte de naissance; si on arrivait à les tromper, c'est à elles qu'appartiendrait une action en nullité pour cause d'erreur.

2° Mineur émancipé. — Nos dernières observations ont ici la même force. Si toutefois nous examinons la question au point de vue théorique, nous dirons que le mineur émancipé à la libre disposition de ses revenus ; si donc il contracte seul une assurance sur la vie moyennant une prime annuelle qui soit en rapport avec l'importance de son revenu, l'acte est parfaitement valable. Si, au contraire, il verse une prime unique ou viagère qui suppose un prélèvement sur le capital, il ne peut agir qu'avec l'assistance de son curateur (art. 482 C. Civ.) ; s'il agit seul, l'art. 1305 le protége dans les mêmes conditions que le mineur non émancipé.

3° Personnes munies d'un conseil judiciaire. Mêmes décisions.

4° Aliénés. La loi du 30 juin 1838 ne déroge en rien au droit commun, en ce sens qu'elle subordonne la validité de leurs actes à une pure question de fait que les tribunaux sont appelés à trancher : L'individu était-il ou non en état de démence au moment de la convention ? Quant à l'administrateur, il ne peut faire que des actes de pure administration.

5° L'interdit légal ou judiciaire est absolument incapable, même pour les actes d'administration. Le tuteur pourrait contracter une assurance pour le compte de l'interdit légal, mais non pour l'interdit judiciaire, à cause de l'obligation qui lui est imposée, dans cette seconde hypothèse, par l'art 510.

6° Femme mariée. — La femme mariée est en général incapable d'agir par elle-même et seule ; la question de savoir si elle peut contracter une assurance en cas de décès, ne s'agite donc que pour la femme séparée de biens ou pour la femme dotale qui a des paraphernaux ; encore le doute n'est-il permis qu'en ce qui concerne l'assurance sans désignation de bénéficiaire, puisqu'en aucun cas la femme mariée n'est capable de faire une donation sans l'autorisation de son mari (Art. 905 C. Civ.). La femme séparée de biens a la libre administration de sa fortune ; elle touche ses revenus, en donne valable quittance et en dispose à sa volonté ; elle est donc libre de contracter une assurance dans des conditions telles, que la prime soit prise sur ses revenus ; si, au contraire, son capital devait être entamé l'autorisation de son mari serait nécessaire.

7° Quant au failli, nous estimons que rien ne s'oppose à ce qu'il contracte une assurance en cas de décès, non seulement s'il a obtenu un concordat, mais encore si ses créanciers sont en état d'union ; car le failli n'est pas incapable. Il est vrai que les créanciers auront toujours le droit de saisir entre ses mains les fonds destinés à alimenter le contrat, et, par là, de faire tomber celui-ci ; ils auront encore la faculté de saisir arrêter chez l'assureur, lors de l'échéance, le capital stipulé au profit de tiers bénéficiaires, ou même au profit de quelques-uns des créanciers privativement désignés, pour lesquels l'assurance constituerait un avantage que le failli n'avait pas le droit de leur octroyer.

SECTION II

DU CONSENTEMENT.

L'assurance sur la vie, comme tout autre contrat, exige entre les parties un accord de volonté portant sur tout ce qui est de la substance de la convention (1110 C. Civ.). S'il n'y a pas de consentement, aucun lien de droit ne se forme. Sa manifestation, quand il existe, ne se trouve point soumise à des règles spéciales et rigoureuses ; un écrit n'est pas indispensable, à moins d'une stipulation particulière. Il suffit à la validité de la convention que les intentions des contractants aient été clairement exprimées ; peu importe le mode d'expression.

Le défaut absolu de consentement entraîne une nullité radicale ; c'est ce qui arrive, par exemple, si la Compagnie, croyant assurer Pierre, a contracté avec Paul, — ou si Paul a entendu traiter avec la Compagnie française d'Assurances Générales, et qu'en réalité l'agent lui ait livré une police du « Gresham. »

A part ces cas, où elle est tellement grave qu'elle équivaut à une absence complète d'entente et doit faire considérer le contrat comme non avenu, l'erreur, comme la violence, le dol ou la lésion, vicie simplement le consentement, et donne une action en nullité à celui des deux contractants dont la volonté n'a pas été éclairée. Au reste, il est presque oiseux de s'arrêter à l'hypothèse d'une violence ; quant à la lésion, elle n'est une cause de rescision que si elle a été éprouvée par un mineur. L'erreur et le dol peuvent au contraire se rencontrer. Le cas le plus fréquent sera celui d'une réticence grave dans les déclarations de l'assuré, réticence destinée à tromper l'assureur sur la gravité du risque ; l'âge de l'assuré, son état de santé, tout ce qui, en un mot, est de nature à augmenter ou à diminuer les chances de mort prématurée, sont des qualitées substantielles ; il importe donc que les déclarations du contractant soient sincères, et la jurisprudence se montre très-sévère en cas de mauvaise foi. Ainsi, il a été jugé que le fait d'avoir caché à l'assureur le refus d'assurance précédemment éprouvé de la part d'une autre compagnie entrainait la nullité de l'assurance. Cette rigueur parait excessive ; mais elle est parfaitement justifiée si l'on considère que le contractant, lorsqu'il se propose à l'assurance, doit remplir une feuille de renseignements préparée par la Compagnie, qu'au nombre des questions auxquelles il doit répondre et destinées à former l'opinion du risque, se trouvent celles-ci : Une assurance sur votre vie a-t-elle été refusée par d'autres Compagnies? Quelles sont ces compagnies ? A quelle époque? — et que l'art. 1 de la police est ainsi conçu : « Les déclarations, soit du contractant, soit du tiers assuré, servent de base au présent contrat. Toute réticence, toute fausse déclaration qui diminuerait l'opinion du risque ou qui en changerait le sujet, annulent l'assurance ; et, dans ce cas, les primes payées demeurent acquises à la Compagnie.» Il a été encore décidé que : « La fausse déclaration par l'assuré qu'il n'est atteint d'aucune infirmité et qu'il n'a jamais eu de maladie grave annule le contrat, alors même que les affections dissimulées n'auraient pas exercé d'influence appréciable sur son décès prématuré et qu'avant la conclusion définitive du contrat, l'assuré eût été examiné par un médecin délégué par la Compagnie. »

Il parait que, depuis quelque temps, un certain nombre de Compagnies Américaines, dans le but de tranquilliser leurs clients sur la possibilité de chicanes relatives à la sincérité de leurs déclarations, s'engagent à maintenir le contrat, quoiqu'il arrive, quelques soient les erreurs découvertes. Nous doutons qu'une pareille clause, en la supposant consentie par une Compagnie française, fût obligatoire ; elle devrait être, en effet, considérée comme contraire à l'ordre public, puisqu'elle encouragerait le mensonge et la fraude.

SECTION III

DE L'OBJET

Pour qu'une convention existe réellement il faut qu'elle ait un objet certain, qui forme la matière de l'engagement ; sans cela, elle est dépourvue de toute raison d'être ; radicalement nulle, elle ne peut produire aucun effet juridique.

Dans notre matière, l'objet du contrat c'est la vie de l'assuré, ou plutôt le risque de mort prématurée auquel ce dernier est exposé, et qui l'empêcherait, en se réalisant, d'achever la constitution du capital qu'il veut créer. Il faut donc que le risque existe au moment de la convention ; il en résulte que l'assurance contractée sur la vie d'une personne déjà décédée serait nulle de plein droit ; les primes payées devraient être restituées, sans préjudice de l'action en dommages intérêts en cas de dol (Cp. art. 1974 C. civ.). Mais peu importerait la bonne foi des partis ; les art. 365 et s. du Code de Commerce donnent, il est vrai, une solution différente en ce qui touche les assurances maritimes ; mais ce sont des dispositions exceptionnelles qu'il n'y a pas lieu d'étendre, et qui sont, à n'en pas douter, inappli-

cables à l'assurance sur la vie. Au reste, une pareille
hypothèse ne peut que bien rarement se présenter ;
car le consentement du tiers assuré est requis, et la Compagnie fait toujours procéder à une visite médicale.

Nous passerons également sous silence l'art. 1975 C.
civ. Il est indifférent que l'assuré meure dans les vingt
jours ; le contrat est valable, à moins que la Compagnie
ne parvienne à établir à l'encontre de son client une
réticence grave. (1)

Quant à l'objet de l'obligation de l'assureur, c'est
le capital qu'il a promis de payer. Il faut que ce capital
soit d'une quotité certaine, ou que, tout au moins, le
contrat fournisse le moyen de la déterminer (art. 1129
C. civ.)

SECTION IV

DE LA CAUSE

Cet élément est essentiel à l'existence de tout contrat. Un contrat reste nul s'il manque de cause. La
cause consiste dans le motif qui détermine à contracter.
Elle doit être licite ; la cause illicite, c'est-à-dire contraire aux lois, à l'ordre public ou aux bonnes mœurs,
vicie l'obligation.

Le contrat d'assurance sur la vie a pour cause, chez
le contractant, l'intention de constituer un capital déterminé en se prémunissant contre les chances de mort
prématurée ; chez l'assureur, l'espoir de réaliser un
bénéfice en percevant la prime pendant le plus longtemps
possible.

(1) Cp. Loi de 1868 sur les petites assurances.— On s'est parfois posé
la question bizarre que voici : Peut-on assurer la vie d'un condamné
à mort ? Il nous paraît difficile de voir, dans une pareille opération,
autre chose qu'une *gageure* sur les chances plus ou moins grandes
que le condamné peut avoir d'obtenir sa grâce.

CHAPIPRE III

FORME. MODES DE PREUVE. FISC.

Le contrat qui intervient entre les Compagnies à prime et leurs assurés, l'adhésion de chaque sociétaire aux statuts de la société dans les associations mutuelles se constatent l'un et l'autre au moyen d'un écrit. Cet écrit porte le nom commun de *police* ; mais sa forme varie.

Les polices des sociétés à prime renferment quelques clauses imprimées posant des règles générales, plus un certain nombre de clauses manuscrites ayant pour but soit de modifier les clauses imprimées, qui elles-même suppléent au silence du législateur, soit de les compléter ou d'y déroger. Ces différentes clauses ont toutes la même force obligatoire, et c'est vainement qu'un assuré prétendraît n'avoir réellement connu et débattu que les énonciations écrites à la main ; les énonciations imprimées ont dû être lues par lui, et, par conséquent, il est réputé les avoir acceptées au même titre que les autres. Mais les clauses écrites en dehors de la signature des parties n'ont aucune force obligatoire pour l'assureur et pour l'assuré.

Dans les polices des Compagnies mutuelles, le nouveau sociétaire se borne presque toujours à déclarer qu'il adhère aux statuts de la société, tels qu'ils ont été rédigés par acte authentique avant d'être présentés à l'agrément du Pouvoir. Cette déclaration est reçue sur un registre et signée par l'assuré. Le directeur de la société lui délivre ensuite un acte portant sa propre signature, par lequel il reconnait qu'en vertu de son adhésion aux statuts le contractant est devenu sociétaire.

A cet acte, qui indique la valeur assurée et le jour à dater duquel l'assurance doit produire son effet, se trouve jointe une copie des statuts.

Lorsque, durant le contrat, l'assuré voit survenir des changements de nature à intéresser l'assureur, c'est-à-dire des modifications dans l'étendue des risques, il doit les faire connaître. Un acte nouveau, nommé *avenant*, vient constater les nouvelles bases données au contrat primitif.

La convention d'assurance peut être faite par acte authentique ; mais, la plupart du temps, elle a lieu par acte sous seing privé. Tombe-t-elle, par cela même, sous l'application de l'art. 1325 du Code Civil ? Cette question est controversée. Les partisans de l'affirmative disent : Le contrat d'assurance est synallagmatique ; il oblige réciproquement les contractants ; l'acte qui le constate doit donc être rédigé en autant d'originaux qu'il y a de parties. Les partisans de la négative font remarquer que l'acte est commercial du côté de l'assureur ; qu'en matière commerciale, le juge a le droit de puiser où il veut et de choisir librement les éléments de sa conviction, notamment dans les présomptions. Or il n'y en a pas de plus grave que l'écrit signé des parties.

Pour nous, qui voyons dans le contrat d'assurance sur la vie un contrat *unilatéral*, la question ne se pose même pas ; la formalité des doubles est inutile. Mais faut-il appliquer l'art. 1326, et exiger, soit la rédaction en entier par l'assureur, soit le *bon* ou *approuvé* pour...? (1)

(1) Remarquons que cette difficulté existe toujours, quel que soit le système précédemment suivi, lorsque l'assurance a été contractée pour une prime unique. Dans ce cas, en effet, personne ne conteste que le contrat soit unilatéral.

Nous estimons que, l'acte ayant été souscrit par un commerçant, il n'y a pas lieu de se préoccuper de la règle toute civile de l'art. 1326. La même solution, pour des motifs identiques, doit faire écarter l'art. 1328 ; la police a date certaine par elle-même.

Au reste, il faut reconnaître qu'en fait les Compagnies dressent toujours la police en double expédition ; mais cette mesure toute de précaution et de bonne administration ne préjuge rien sur les questions théoriques que nous venons d'agiter. Et la preuve, c'est que les polices d'assurance *à prime unique* et les polices portant constitution *de rente viagère* sont rédigées dans les mêmes conditions que les polices d'assurance à primes annuelles, bien qu'on ne puisse pas douter du caractère unilatéral de la convention.

Toute police est datée. Cette mention a une importance considérable ; elle indique le moment à partir duquel court le risque, et permet de savoir si celui qui a traité avec la Compagnie avait la capacité nécessaire. Pourtant, malgré cette très-grande utilité de la date, on reconnaît généralement que son omission n'entraîne pas la nullité de la convention. Elle occasionne seulement une difficulté pour la fixation de l'époque à partir de laquelle l'engagement a commencé. Les juges ont alors plein pouvoir pour fixer cette date d'après les documents de la cause.

Quel rôle joue la police ? Est-elle un élément essentiel à la formation du contrat ? Est-elle, au contraire, un simple moyen de preuve ? La question se trouve déjà résolue, puisque l'assurance a été reconnue être un contrat consensuel. L'art. 332 C. Com. porte, il est vrai : Le contrat d'assurance est rédigé par écrit. Mais on en conclurait à tort que l'intervention de l'écriture

doit être considérée comme une condition indispensable
à la naissance du contrat; si les parties, sans constater
au moyen d'un écrit l'accord de volonté qui existe entre
elles, exécutent la convention, leurs actes sont valables.

Mais supposons que l'existence du contrat soit contestée
par l'un des contractants, comment l'autre la prouvera-t-il?
Pourra-t-il recourir à la preuve testimoniale, ou faudra-t-il
qu'une preuve littérale soit administrée ? Aux termes de
l'art. 332 C. Com., le contrat d'assurance maritime doit
être rédigé par écrit. Mais cette disposition est contraire
au droit commun ; on ne saurait l'étendre d'un cas à
un autre sous prétexte d'analogie. Tant qu'une loi spéciale ne sera pas venue les réglementer, les assurances
sur la vie seront régies par les principes généraux du
droit. On peut donc, en ce qui les concerne, avoir recours
à la preuve testimoniale, conformément aux art. 134 et
s. C. Civ., et même aux moyens de preuve offerts par
l'art. 109 C. Com., toutes les fois qu'un particulier agira
contre une Compagnie.

L'écrit devient indispensable, si les parties ont manifesté
l'intention d'en faire dépendre l'existence de la convention.
Leur accord sur ce point fait loi

Timbre

Aux termes de l'art. 33 de la loi du 5 juin 1850 ,
tout contrat d'assurance , ainsi que toute convention
postérieure contenant prolongation de l'assurance, augmentation dans la prime ou le capital assuré, est rédigé
sur papier frappé d'un timbre de dimension, sous peine
de 50 fr. d'amende contre l'assureur, sans recours contre
l'assuré (1). Cettte disposition ne comporte qu'une ob-

(1) Quelques auteurs pensent que, même avant la loi de 1850,
l'administration aurait pu percevoir le droit de timbre. On s'est
appuyé , pour soutenir cette opinion , sur les articles 56 de la loi du
9 vendémiaire an VI, 5 de la loi du 6 prairial an VII, 12 de la loi

servation ; elle s'applique aux contrats souscrits à l'é-
tranger par des Compagnies françaises (Argument de la
loi du 30 décembre 1876), et aux contrats passés par
les assureurs étrangers établis en France, ou qui ont
chez nous des succursales (Sol. 21 avril 1866).

Quant aux contrats souscrits à l'étranger par des Compagnies étrangères, ils sont frappés d'un timbre mobile
dès qu'on veut en faire usage en France, ce qui arrive
fréquemment pour les polices à ordre (art. 19 loi du 11
juin 1859).

Pour assurer la perception de l'impôt, la loi contient
les dispositions suivantes : Les sociétés sont tenues de
faire au bureau d'enregistrement du lieu de leur principal établissement une déclaration constatant la nature
des opérations et le nom de leur directeur. Toute infraction à cette prescription est frappée d'une amende
de 1,000 fr. Les Compagnies sont, en outre, tenues
d'avoir un répertoire sommaire, non sujet au timbre,
mais coté, paraphé et visé par le juge de paix ou un
membre du tribunal de commerce, et sur lequel elles
portent par ordre de numéros, dans les six mois de
leur date, toutes les assurances faites, ainsi que les
conventions qui prolongent ou modifient le contrat primitif. Les préposés de l'enregistrement peuvent exiger
au siége de l'établissement, la représentation : 1° des
polices en cours d'exécution, ou renouvelées par tacite
reconduction (assurances temporaires) depuis au moins
six mois ; 2° de celles expirées depuis moins de deux

---

du 13 brumaire an VII. 1 du décret du 3 janvier 1809. Nous
croyons que les seules assurances visées par ces diverses dispositions sont les assurances maritimes: il nous parait surtout bien
difficile d'admettre qu'à l'époque où ont été prises toutes ces mesures fiscales on ait pu songer à l'assurance sur la vie. (Voir: Première
Partie. Chap. III).

mois. Tout refus de vérification, l'absence du répertoire sont passibles d'une amende de dix francs (1).

Les Compagnies, et tous assureurs sur la vie, peuvent
s'affranchir de l'obligation imposée par l'art. 33 précité, en contractant avec l'Etat un abonnement annuel
de deux francs par mille du *total des versements* qui
leur sont faits chaque année. En 1862, le prix des papiers timbrés de dimension fut augmenté, et, par voie
de conséquence, l'art. 18 de la loi du 2 juillet 1862
décida que le taux de l'abonnement établi par l'art. 37
de la loi de 1850 s'exercerait à raison de trois centimes par mille francs du *total des sommes assurées.*
Mais cette loi ne vise que les sociétés sujettes à la
taxe d'abonnement de deux centimes, c'est-à-dire, les
Compagnies d'assurance contre l'incendie, la grêle...
Quant aux sociétés d'assurance sur la vie, dont l'abonnement a été contracté sur d'autres bases, elles con-
tinuent à payer le droit d'après le tarif de la loi de
1850, additionné du double décime établi par celle du
23 août 1871 ; soit deux francs quarante par mille du
total des primes payées.

Les quittances de primes sont soumises au timbre
spécial de dix centimes, lorsqu'elles sont de plus de
dix francs. Si les primes se payent annuellement sur
des billets à échéance, ces billets sont sujets au timbre
proportionnel.

Enregistrement

L'art. 69 § 2 de la loi du 22 frimaire an VII soumet
à un droit proportionnel de cinquante centimes par
cent francs les actes et contrats d'assurance ; ce droit

(1) L'obligation de communiquer a été rendue plus stricte par
les lois du 23 août 1872 et 21 juin 1875.

a été porté, dans les mêmes termes, à un franc pour cent par l'art. 54 de la loi du 28 avril 1816. Cette règle de perception a été constamment appliquée a tous les contrats par lesquels *on fait garantir ses biens et sa personne*, notamment aux contrats d'assurance sur la vie (1).

Le droit d'enregistrement est assis sur la prime ; on doit cumuler le montant total des primes pour toute la durée de l'assurance , afin d'obtenir le capital imposable. Dans les assurances en cas de décès, lorsque l'acte est soumis à l'enregistrement avant sa terminaison normale, la quantité de versements étant inconnue, il y lieu , conformément à l'art. 16 de la loi de frimaire , de requérir l'évaluation des parties. Un supplément de droits pourra être exigé, dans la suite, s'il est établi que le montant des versements effectués a dépassé la somme déclarée.

L'enregistrement des polices d'assurance n'est pas obligatoire dans un délai déterminé ; mais il faut y procéder lorsqu'on veut les produire en justice ou en faire usage dans un acte public. L'art. 42 de la loi de frimaire ordonne à tous les officiers publics, redigeant un acte et y faisant intervenir un titre sous signature privée, de veiller à ce que ce dernier ait été préalablement enregistré. La jurisprudence est unanime à appliquer cette disposition aux assurances sur la vie. D'un autre côté, la loi du 23 août 1871 (art. 16) impose aux tri-

(1) Régulièrement le contrat d'assurance sur la vie ne devrait donner lieu qu'à un droit fixe, en vertu de l'article 68 § 1 de la loi de frimaire an VII. L'article 69. sur lequel se fonde l'administration, n'a trait évidemment qu'aux assurances maritimes, et l'on ne crée pas un impôt par interprétation. Mais une pratique constante a consacré la perception du droit tel qu'il est indiqué au texte. — L'article 1 de la loi du 28 février 1872 soumet à un droit fixe *gradué* l'acte d'adhésion aux statuts d'une société mutuelle.

bunaux l'obligation, lorsqu'une pièce leur est présentée avant d'avoir été enregistrée, d'en ordonner le dépôt au greffe pour qu'il soit procédé à cette formalité.

CHAPITRE IV
OBLIGATIONS QUI RÉSULTENT DU CONTRAT

SECTION I
OBLIGATIONS DE L'ASSUREUR

La première, et la plus importante, consiste dans le paiement de la somme assurée. Ce paiement doit avoir lieu sans retard. Les Sociétés Mutuelles, n'ayant pas, comme les Compagnies à prime, un capital social, sont intéressées, pour éviter des délais préjudiciables aux ayant droits, et, par suite, à l'extension de leurs propres opérations, à constituer un fonds de secours formé d'une avance que les sociétaires effectuent sur le montant de leur cotisation annuelle. Le directeur gère ces capitaux ; le conseil d'administration surveille ses actes. Cette méthode est préférable à celle que suivent plusieurs Compagnies qui traitent à forfait avec leur directeur et mettent à sa charge les avances de fonds ; ce dernier fait alors une spéculation, toujours onéreuse pour la société.

Le paiement a lieu entre les mains des bénéficiaires s'il s'agit d'une assurance en cas de décès ; quelquefois entre les mains de l'assuré lui-même, dans le cas d'une assurance mixte.

Comme conséquence de l'obligation de payer le capital stipulé, l'obligation de rester solvable incombe à la Compagnie. Nous renvoyons pour les développements à donner sur ces deux points, ainsi que pour l'étude de l'obligation de racheter le contrat à la volonté de l'assuré, imposée à l'assureur par la police, au chapitre relatif à l'extinction du contrat d'assurance. Nous nous bornerons pour le moment à examiner la question de la *participation aux bénéfices*.

Les Compagnies à prime fixe offrent deux combinaisons à leurs clients : ceux-ci veulent-ils rester absolument étrangers aux opérations sociales et en dehors des chances de gain, on leur applique un certain tarif. Veulent-ils, au contraire, s'intéresser directement à la prospérité de la Compagnie et participer à ses bénéfices, ils le peuvent aussi ; le tarif est alors un peu plus élevé. Ainsi, par exemple, la prime correspondante à un capital de cent francs, payable au décès, est de 1 fr. 70 lorsque le contractant a 21 ans; toutes choses égales, la Compagnie exige 2 fr. 01 pour accorder au contractant une participation de 50 % dans ses bénéfices. (1) Des Compagnies sont plus larges encore et réservent à leurs clients jusqu'aux 4/5 de leurs bénéfices. La répartition se fait périodiquement, tous les deux ans ou tous les cinq ans.

Voici comment on y arrive. Chaque année le conseil d'administration dresse un bilan spécial concernant les assurances pour la vie entière avec participation aux bénéfices. Le bilan d'une année, comprenant seulement les polices dont les primes entières, payables comptant ou échues dans la même année, ont été intégralement versées, est établi ainsi qu'il suit : On compte à l'actif: 1° toutes les primes encaissées pendant l'année, augmentées de l'intérêt à 4 % l'an ; 2° le fonds de réserve tel qu'il existait au 1er janvier, augmenté de l'intérêt à 4 % l'an ; — au passif ; 1° le montant des sinistres de l'année avec l'intérêt à 4 % l'an ; 2° les sommes

(1 Tarifs de la Compagnie le Soleil.

payées pour rachat des polices ; 3° le fonds de réserve
à reporter à l'actif du bilan suivant, calculé sur les
polices en cours ; 4° les frais de commission et d'autre
sorte. La différence entre les deux sommes ainsi obtenues
constitue les bénéfices de l'année. La portion de ces bénéfices réservée aux assurés, augmentée de l'intérêt à
4 %, est répartie entre les polices comprises dans le
bilan et qui sont encore en vigueur à l'expiration de
la période considérée. Ces dernières profitent seules de
la part de celles qui ont été annulées par suite de rachat,
sinistre ou pour toute autre cause.

Toutes les Compagnies ne choisissent pas la même
base pour la répartition ; tantôt le calcul est fait sur
l'ensemble des primes payées par chaque police sans
addition d'intérêts ; ce système est très-favorable aux
anciens clients ; tantôt on prend comme premier terme
de la proportion, la prime échue dans l'année du bilan..... Tout cela est affaire de convention.

Mais en ce qui concerne la confection des bilans, des
inventaires et l'application des parts de bénéfices aux
différents contrats, les Compagnies sont unanimes à se
les réserver exclusivement et à en écarter tout contrôle.
Nous lisons dans la police de la Compagnie Générale :
« Le Conseil d'administration a seul le droit de déterminer les bases et le mode de calcul qui servent à établir le chiffre des bénéfices réalisés..... Les comptes
dressés et approuvés par l'Assemblée Générale des actionnaires, font loi à l'égard de tous les assurés et nul
n'est admis à les critiquer. » Cette clause, qui, dans des
termes plus ou moins différents, se retrouve dans toutes
les polices, est-elle valable et obligatoire ? Nous en
doutons. L'assuré, créancier d'une somme indéterminée,

a évidemment le droit d'exiger que la détermination soit faite sincèrement, et que la part à laquelle il a droit ne lui soit pas enlevée ; pour cela, il faut qu'il soit en position de critiquer les comptes de la Compagnie ; s'en référer pour ce contrôle à l'appréciation et au jugement du Conseil d'administration et de l'Assemblée Générale, c'est compromettre sur une difficulté future, sur un objet qu'il est impossible de désigner au moment du contrat (V. art. 1006 C. Pr. Civ.) Aussi a-t-il été jugé que l'individu, qui a contracté une assurance sur la vie avec participation aux bénéfices, est fondé, lors de la notification du chiffre auquel sa part est réglée, à exiger que la Compagnie lui fasse connaître, par un état au moins sommaire, les bases d'après lesquelles le règlement a été fait ; et c'est vainement que la Compagnie prétendrait faire considérer comme suffisante l'offre de communiquer, au siége de la société, les livres, comptes et procès-verbaux de répartition. (1)

La quote-part de bénéfices attribuée à chaque police est naturellement payable en argent comptant. Cependant les Compagnies offrent à leurs clients la faculté de verser dans leurs caisses les sommes en provenant et de les appliquer soit à une augmentation du capital assuré, soit à une diminution progressive de la prime annuelle. Un délai de six mois est ordinairement imparti à l'assuré pour faire connaître son option ; s'il ne dit rien, la Compagnie opte à sa place.

Lorsque l'assuré choisit l'augmentation du capital assuré, l'opération est excessivement simple ; il est réputé conclure une nouvelle assurance sur la vie moyennant une *prime unique* qui est précisément sa part de bé-

_____

(I) Caen 6 avril 1869. D. P. 71. 2. 133. — Sir. 69. 2. 82.

néfices ; le capital correspondant à cette prime unique vient s'ajouter au capital primitivement stipulé et se paye à la même époque.

S'il se décide, au contraire, pour la diminution de la prime , voici comment on peut procéder. L'assuré versant dans la caisse de la Compagnie ce qui lui revient comme part de bénéfices, est censé constituer au prix de cette somme une rente viagère immédiate ; seulement, au lieu de recevoir chaque année en argent les arrérages auxquels il a droit, il les compense jusqu'à dûe concurrence avec la prime qu'il doit lui-même payer. Supposons, par exemple, que 100 fr. soient attribués à titre de bénéfices à un assuré de 45 ans ; la rente viagère à laquelle donne droit le versement de ce capital à cet âge étant de 7 fr. 19, la prime annuelle à payer subira une réduction de pareille somme ; à chaque distribution nouvelle de bénéfice , une diminution viendra s'ajouter à la précédente , et on conçoit qu'au bout d'un certain temps la prime puisse se trouver complétement éteinte. L'expérience a démontré qu'il fallait environ dix-sept ans pour en arriver là ; après quoi, l'assuré, conservant toujours les mêmes droits au capital stipulé et sur la police, loin d'être obligé de faire des sacrifices pour entretenir le contrat, perçoit des revenus en argent, ou voit s'accroître rapidement le capital assuré.

Cette combinaison exige, nous le répétons, une prime un peu plus forte au début que l'assurance sans participation ; malgré ce, nous n'hésitons pas à la déclarer préférable pour les deux raisons suivantes : 1e La prime décroît à mesure que l'assuré avance en âge, et, dans les derniers temps surtout, elle décroît rapidement ; les sa-

crifices que le contractant doit faire deviennent donc
moins lourds à mesure que ses forces s'affaiblissent, et,
lorsqu'il est arrivé à la vieillesse, il n'a plus rien à
payer ; il jouit en paix du résultat acquis aux jours de
sa jeunesse et de sa vigueur. S'il vit longtemps, il ne
sera pas invinciblement amené à des sentiments de re-
grets et d'irritation pour le contrat souscrit il y a trente,
quarante ans, en voyant revenir avec une régularité
inexorable l'échéance de la prime. A ce dernier point de
vue, les Compagnies elles-mêmes sont intéressées très-
sérieusement à ce que leur clientèle adopte la participation aux bénéfices. 2° On se souvient, en second lieu,
qu'un grand débat s'agite entre la prime fixe et la mutualité ; la participation aux bénéfices a pour effet d'attribuer au premier de ces deux systèmes une partie des
avantages du second, sans les inconvénients qui en sont
ordinairement inséparables. (1)

SECTION II

OBLIGATIONS DE L'ASSURÉ.

Elles naissent avec le contrat ou pendant sa durée.

A. Obligations concomitantes à la formation du contrat.

Au moment où les parties traitent, l'assuré doit faire
à l'assureur des déclarations complètes et vraies sur
tout ce qui intéresse ce dernier, c'est-à-dire sur la
nature et l'étendue des risques ; ce qui implique pour
lui l'obligation de faire connaître sa qualité et sa

---

(1) L'assuré pourra encore atteindre ce résultat ou le compléter
en devenant actionnaire dans la Compagnie d'assurance qu'il a
choisie.

position, ces circonstances influant souvent sur leur gravité. De cette manière, l'assureur sera mis à même de savoir, dans l'instant où il se lie, toute la portée de l'engagement qu'il contracte. Les réticences et les omissions s'interprètent contre l'assuré.

La réticence suppose un fait volontaire. La dissimulation et la mauvaise foi de l'assuré le rendent indigne d'intérêt ; il est juste de se montrer très-sévère à son égard et d'annuler le contrat au profit de l'assureur. Cette solution est-elle naturelle, lorsqu'une visite médicale aura eu lieu au nom de la Compagnie ? Nous nous trouvons en présence de deux fautes : celle du mandataire de la Compagnie, qui n'a pas su découvrir la fraude de l'assuré, et celle de ce dernier, qui n'a pas rempli une obligation dont les statuts de la société et les termes de la police lui indiquaient les limites. Dans cette alternative, il serait d'autant moins juste de rendre la société responsable de la faute du médecin chargé de la visite, que souvent l'examen du sujet est impuisssant à révéler l'existence de certains faits dissimulés, tels qu'infirmités non apparentes ou maladies anciennes. Nous dirons la même chose de l'inintelligence avec laquelle les agents de la Compagnie auraient procédé aux investigations nécessaires pour contrôler les déclarations de l'assuré.

L'art. 348 C. Com. porte que toute réticence, toute fausse déclaration de la part de l'assuré, pouvant diminuer l'opinion du risque ou en changer le sujet, annule l'assurance, alors même que cet acte coupable est resté sans influence sur le dommage ou la perte de l'objet garanti. Cette disposition, spécialement édictée pour les assurances maritimes, s'accorde parfaitement avec la nature et l'esprit de la convention d'assurance en général. Le risque est l'élément essentiel, la raison déterminante du contrat ; il doit être, dans toutes ses parties, porté à la connaissance de celui qui le prend à sa charge. La règle tracée par l'art. 348 s'étend donc naturellement à toutes les assurances terrestres, et particulièrement à celles qui sont conclues par les sociétés mutuelles. L'assuré est d'autant plus coupable envers celles-ci, que ces associations, rejetant toute idée de bénéfices, cherchent uniquement à diminuer, en les divisant, les dangers que certains cas fortuits font courir aux fortunes privées.

C'est aux tribunaux qu'il appartient de décider s'il y a ou non réticence. Pour arriver à cette constatation, il suffit de rechercher si quelque circonstance de détail, cachée par le contractant, n'est pas de nature à modifier les chances de sinistre.

La fraude ne se présume pas. L'assureur, qui veut obtenir l'annulation du contrat en soutenant que l'assuré a sciemment dissimulé un fait important, doit prouver, non-seulement que ce fait existait au moment de l'assurance, mais, en outre, qu'à cette même époque il n'était pas ignoré de l'assuré. S'il administre cette preuve, il est dégagé de ses obligations, tout en restant définitivement nanti des primes versées.

On a soutenu que la mauvaise foi de l'assuré est sans importance, qu'une simple omission de sa part doit être assimilée à son dol, parce qu'il est tenu à des déclarations exactes et complètes. Cette opinion nous semble contraire à l'équité. Nous croyons qu'il faut soigneusement distinguer la réticence commise de mauvaise foi de l'omission involontaire. Dans le premier cas, on ne saurait être trop favorable à l'assureur ; dans la seconde hypothèse, la bonne foi de l'assuré mérite protection, et la convention ne devra être annulée que si l'erreur porte sur une circonstance essentielle. Le contrat d'assurance est un contrat de bonne foi. Il appartient aux tribunaux d'apprécier la gravité de l'inexactitude relevée.

L'art. 1 des polices d'assurance sur la vie est rédigé dans le sens que nous venons d'indiquer : « Les déclarations, dit-il, soit du contractant, soit du tiers assuré, servent de base au présent contrat. Toute réticence, toute fausse déclaration qui diminueraient l'opinion du risque ou en changeraient le sujet, annulent l'assurance, et, dans ce cas, les primes payées, demeurent acquises à la Compagnie. » Cette clause ne dit rien d'une simple omission ou d'une inexactitude involontaire.

L'erreur inconsciente entraîne cependant la nullité du contrat lorsqu'elle porte sur l'un de ses éléments essentiels. Alors, en effet, il ne peut pas y avoir eu accord de volonté entre les parties, puisque l'un des faits substantiels, sur lesquels cet accord devait se produire, est resté inconnu.

Que décider si le tiers assuré commet des réticences tandis que le contractant est de bonne foi ? Cette hypothèse est bien peu probable. Comment supposer, en effet, que le tiers assuré, non directement intéressé au contrat, ait l'idée d'une fraude, et l'exécute sans aucune suggestion du contractant ? La plupart du temps ce dernier sera complice ou inspirateur. Mais il suffit que le cas puisse, à la rigueur, se présenter pour qu'on le discute au point de vue juridique. A ne consulter que l'art. 1 précité, il faut admettre la même solution que

10

lorsque l'assuré est l'auteur conscient d'un dol ou d'une fraude , sauf l'action en dommages-intérêts contre le tiers. Cette décision nous paraît pourtant bien dure, et, de même que nous avons approuvé le maintien du contrat lorsque l'assuré est l'auteur direct , mais inconscient d'une erreur non substantielle, nous prétendons que la responsabilité de ce dernier ne doit pas être engagée lorsqu'il n'a été pour rien dans les manœuvres destinées à tromper la Compagnie. L'article 1 s'interprète naturellement dans ce sens que la mauvaise foi du contractant est nécessaire pour qu'il soit exposé à cette mesure si grave de l'annulation du contrat, sans restitution des primes.

B. — Obligations de l'assuré pendant le cours de l'assurance.

§ 1. Obligation de signaler toute aggravation des risques.

Pendant la durée du contrat , l'assuré est tenu de respecter les clauses de la police qui lui défendent d'aggraver par son propre fait les risques courus par la Compagnie, et qui lui enjoignent de prévenir cette dernière lorsqu'il se produit dans sa position certains changements qui augmentent les chances de mort. Ainsi l'assuré doit avertir l'assureur , lorsqu'il se dispose à s'embarquer pour une traversée en dehors des limites de l'Europe, ou comme marin faisant partie du personnel de la flotte, ou lorsqu'il est appelé à un service de guerre. Tout cela est fort juste ; au moment où le contrat s'est formé, l'assuré a fait connaître à l'assureur toute l'étendue des risques ; ce dernier a consenti à se lier dans les conditions qui existaient alors , l'assuré n'a pas le droit de les modifier. Si une aggravation de risques se produit, la position des parties ne reste plus la même ; l'assureur ne saurait être contraint de demeurer lié dans les termes du traité. N'insistons pas plus longuement sur cette obligation, dont la sanction réside dans la résiliation du contrat, en cas de contravention ; nous la retrouverons à propos de l'extinction du contrat d'assurance.

§ 2. Paiement des primes.

Le paiement des primes étant facultatif, nous en avons conclu qu'il ne constituait pas pour l'assuré une véritable obligation, et que la convention n'était pas synallagmatique. Mais, à titre de condition d'entretien et de continuation du contrat, il doit trouver sa place dans cette partie de notre travail.

La prime se présente sous trois formes : La prime *unique* est la valeur actuelle du capital assuré, payable dans un nombre d'années égal à la vie probable de l'assuré. La prime *viagère* est à peu de chose près l'arrérage de la rente viagère que la Compagnie servirait à son client, s'il versait actuellement la prime unique dont il vient d'être parlé. Quant à la prime *temporaire*, que l'on se propose de payer seulement pendant 10, 15, 20 ou 25 ans, elle est nécessairement un peu plus forte que la prime viagère, puisqu'elle doit dans un temps moins long produire le même résultat. Ainsi, pour un assuré de 21 ans, la prime viagère est de 1 fr. 70 ; la prime temporaire pendant 10 ans est de 3 fr. 77 ; si le paiement doit se continuer pendant 25 ans, elle n'est plus que de 2 fr. 16. Ajoutons que les Compagnies ne refusent jamais à leurs clients la faculté de diviser le paiement de la prime annuelle en deux ou quatre échéances semestrielles ou trimestrielles (1). En dehors de ce fractionnement en vertu de la convention même, nous n'admettons pas l'application de l'art. 1244 C. Civ ; car l'assuré n'est pas un *débiteur* ; en déclarant qu'il veut payer la prime, il manifeste sa volonté de remplir la condition mise à la continuation du contrat. Il doit donc l'exécuter telle quelle.

Pour que le paiement de la prime soit valable, c'est-à-dire pour qu'il vienne compléter le contrat et obliger la Compagnie pendant une nouvelle année, il faut qu'il soit fait à l'assureur ou à son mandataire ; s'il était opéré entre les mains d'un agent fictif ou déjà révoqué, il n'aurait aucune portée. Mais on tiendrait compte, sinon de la bonne foi de l'assuré, au moins des causes de l'erreur dans laquelle il est tombé ; le paiement pourrait être déclaré valable s'il était fait à un individu qui passe généralement pour un agent de la Compagnie, pourvu d'ailleurs que cette dernière ait permis certains agissements propres à amener cette croyance,— ou à un agent auquel les assurés ont eu affaire pendant longtemps, et qui a été révoqué récemment, sans que la Compagnie ait pris soin de publier cette révocation (Cp. art. 2005-2009 C. Civ.).

Dans quel endroit se paie la prime ? Si la police était muette sur ce point, y aurait-il lieu d'invoquer les dispositions de l'art. 1247 et d'obliger la Compagnie à présenter ses quittances au domicile de l'assuré ? A cette question, la plupart des auteurs répondent affirmativement et ne paraissent même pas se douter que la décision puisse être différente. Tel n'est pas pourtant notre sentiment. De même que nous n'avons pas cru devoir accepter l'art. 1244, de même nous rejetons l'art. 1247

(1) Voir : Supra page 89, note.

et pour des raisons identiques : « Hors ces derniers cas, dit l'art. 1247, le paiement se fera au domicile du *débiteur*... » Or l'assuré n'est pas un *débiteur ordinaire*; il est débiteur à son bon plaisir, c'est-à-dire qu'il ne doit rien. On comprend que, lorsqu'on se trouve en présence d'une obligation stricte, pouvant donner lieu à des mesures coercitives, la loi, dans le silence de la convention, soit favorable à la partie qui joue le plus mauvais rôle, n'aggrave pas son obligation, et force le créancier à se déranger pour aller chez son débiteur. Mais ici le même raisonnement doit conduire à un résultat opposé ; la Compagnie n'est pas créancière et l'assuré n'est pas débiteur, et, si l'on cherche quelle est celle des parties qui se trouve dans la condition la plus défavorable, on découvre facilement que c'est l'assureur, obligé alors que l'assuré ne l'est pas, contraint de subir la loi de ce dernier, de résilier le contrat ou de le continuer à sa volonté. N'oublions pas le caractère particulier du paiement de la prime ; par là, l'assuré manifeste l'intention de profiter du droit que lui donne le contrat ; il joint son consentement à celui de l'assureur, qui, en vertu des termes du traité, est en suspens pendant 30 jours à partir de l'expiration de l'année. L'assuré a une faculté que n'a pas l'assureur ; de lui dépend uniquement le sort de l'assurance ; c'est donc un fait actif que suppose de sa part la conclusion du contrat pour une nouvelle période d'un an ; c'est à lui d'aller trouver l'assureur et de lui dire : Je suis votre créancier en vertu de la promesse d'assurance que vous m'avez consentie l'an dernir ; je viens en réclamer l'exécution.

Habituellement la police porte que le paiement des primes aura lieu au domicile de la Compagnie ou de ses représentants. Cette clause est parfaitement claire et, tant quelle est littéralement exécutée, elle ne donne lieu à aucune difficulté. Mais il arrive fréquemment que l'agent de la compagnie, dans le but de régulariser ses rentrées et pour être agréable aux assurés, se présente chez eux, porteur de la quittance, et vient leur demander leur intention pour l'année qui s'ouvre. Quelle est l'influence de cette dérogation aux stipulations intervenues ?

On a dit : le fait par la Compagnie de n'avoir pas, dans la pratique, exécuté à la lettre la convention aux termes de laquelle la prime était payable à son domicile et d'avoir constamment présenté les quittances à celui de l'assuré, emporte une dérogation formelle à cette clause du contrat, et dénote l'abandon du droit qui en résulte ; il se forme une nouvelle convention tacite qui, désormais, lie seule les contractants ; la prime de *portable* qu'elle était est devenue *quérable*, si bien que, pour l'avenir, la Compagnie est tenue de faire toucher les primes au domicile de l'assuré.

La solution adoptée dans l'hypothèse précédente, à propos de l'application de l'art. 1247, fait suffisamment pressentir que nous n'admettons pas cette manière de voir ; à nos yeux, les expressions de *prime portable* ou de *prime quérable*, lorsqu'il s'agit d'une assurance sur la vie, sont impropres ; elles ont trait à une chose ou à une somme qui est *dûe*, qui est la matière d'une obligation stricte, et ici ce n'est pas le cas ; nous ne voyons pas une dette dont l'objet soit *portable* et qui devienne *quérable*. Il y a un créancier, qui a le *droit* d'exiger l'accomplissement d'un engagement, et qui a le *devoir* de manifester son intention de profiter de son *droit* de la manière indiquée par le contrat ; mais c'est l'assureur, et non l'assuré.

La proposition combattue par nous est manifestement contraire à l'intention des parties. Il est un principe qui domine la matière et que nous invoquons souvent : Les conventions légalement formées sont la loi des parties ; elles ne peuvent être révoquées que de leur consentement mutuel. Où est ici le consentement mutuel, certain, indiscutable de révoquer la clause, objet du débat ? L'intention des parties, et surtout de la Compagnie, est-elle d'abandonner, aussitôt après l'avoir signée, une convention constamment stipulée ? Peut-on supposer que l'assureur ait conclu une convention formelle pour y renoncer immédiatement, et que les contractants aient entendu faire une stipulation inutile (art. 1157 C. Civ.) ? Reconnaissons que le fait par la Compagnie de présenter les quittances au domicile de l'assuré n'a pas la portée qu'on lui prête ; c'est une mesure purement gracieuse vis à vis des clients et qui ne laisse aucun prétexte à leur négligence; c'est une facilité qui leur est donnée pour éviter des dérangements ou des oublis involontaires; en même temps, la Compagnie y trouve son compte pour la régularité de ses écritures. Mais tout cela n'implique pas l'abandon définitif par la Compagnie du droit d'attendre l'assuré chez elle; elle peut, dès qu'elle le veut, revenir à la stricte observation du contrat, et l'assuré, averti par la police qu'il encourt une déchéance en ne s'y conformant pas, n'a aucune plainte à élever. Personne ne doit être facilement réputé avoir l'intention d'abandonner un droit ; *nemo res suas jactare præsumitur* ; la renonciation ne se présume pas ; il est vrai qu'elle peut n'être que tacite ; mais encore faut-il que les faits desquels on prétend l'induire, soient précis, et surtout concluants. Or, nous soutenons que la circonstance invoquée n'a pas ces caractères. Il en serait autrement si l'assuré, voulant s'en prévaloir, en prenait acte dans une réserve formelle, et annonçait l'intention de s'en emparer pour, en quelque sorte, intervertir son titre ; dans ce cas, si la Compagnie ne protestait pas, on pourrait dire qu'elle a renoncé à user de ses droits.

CHAPITRE V

COMMENT LE CONTRAT PREND FIN.

Le paiement du capital stipulé est la plus naturelle et la plus fréquente de toutes les circonstances qui mettent fin aux rapports juridiques entre l'assureur et l'assuré ou ses représentants. Mais il est bon, avant d'aborder ce sujet, d'étudier un certain nombre d'événements qui sont de nature à empêcher le contrat d'assurance sur la vie de produire son résultat normal. Ce sont : 1° Le rachat de la police ; 2° Les déchéances ou la résolution du contrat ; 3° La faillite de l'assureur ; 4° La prescription. Viendra ensuite : Le paiement du capital.

SECTION I

DU RACHAT DES POLICES. THÉORIE DES RÉSERVES.

Il faut partir de ce point que le paiement de la prime, dans les assurances sur la vie, est toujours facultatif. Les motifs de cette règle, qui constitue entre elles et les autres assurances une différence si considérable, ont été suffisamment expliqués. L'assuré est donc libre, à tout instant, de se retirer du contrat et de cesser le versement de la prime quand il ne peut ou ne veut plus le continuer.

On comprend, toutefois, combien il serait dur de se résigner à une pareille résolution si l'on devait perdre

complétement les sommes importantes que l'on a dé-
boursées à titre de prime ; cela ne serait pas juste
d'ailleurs. Aussi est-il stipulé dans les polices, pour le
cas où le contractant opterait à une époque quelconque
pour la cessation de l'assurance, que le capital assuré
serait non pas perdu, mais simplement réduit dans des
proportions déterminées, en tenant compte de l'âge de
l'assuré et de la durée du contrat. Il faut cependant
excepter les trois premières années, pendant lesquelles
la valeur des primes est à peu près complétement
absorbée par les frais de toute sorte inhérents à l'administration de la Compagnie. Si donc trois primes au
moins n'ont pas été comptées à la Compagnie la résiliation équivaut à une déchéance absolue.

Mais dès l'instant que la troisième prime annuelle a
été payée, le contrat a une valeur qui lui est définitivement acquise, et qui ne peut que s'accroître avec le temps.
Pour que le client de l'assureur sache toujours à quoi
s'en tenir, le verso de chaque police contient un tableau
indiquant la somme à laquelle se réduit, au décès de
l'assuré, une assurance de 100 francs, à défaut de paiement de la prime, après le versement de trois, quatre,
dix... vingt annuités. Exemple : Un homme de 25 ans
doit 1 fr 87 par an pour un capital de 100 francs ; au
bout de trois ans il a payé 5 fr. 61 ; s'il discontinue
alors d'acquitter la prime, le capital est réduit, et les
héritiers ou les bénéficiaires n'auront droit qu'à 6 fr 86.
S'il a versé 25 primes, c'est-à-dire 46 fr. 75, la somme
exigible à son décès sera de 52 fr. 53. (1)

(1) Tarif sans participation aux bénéfices. Pour simplifier nos calculs, nous les établissons toujours sur la prime *pure*, c'est-à-dire
abstraction faite du *chargement*, qui représente la part des frais généraux à imputer sur chacune d'elles. Nous négligerons aussi un certain prélèvement opéré d'ordinaire sur la valeur de rachat et qui

C'est cette valeur au décès que les Compagnies offrent aux assurés la faculté d'escompter. L'article 11 de la police de la Compagnie Générale d'assurance s'exprime ainsi : « La Compagnie rachète, à la demande « des intéressés, les polices sur lesquelles les primes « de trois années au moins ont été acquittées. Le prix « de rachat est déterminé d'après les bases adoptées « par décision du conseil d'aministration et en vigueur « au jour de la demande de rachat. Ce prix n'est pas « moindre de 25 °/₀ de la totalité des primes payées « sans addition d'intérêts. » D'autres Compagnies fixent au tiers de la totalité des primes payées *le minimum* de la valeur de rachat.

Comment se calculent la valeur au décès et la valeur de rachat ? C'est ce qu'il nous reste à dire brièvement en exposant quelques idées générales sur la théorie des réserves.

L'assurance sur la vie renferme, on s'en souvient, une double convention. Un contrat *réel* d'assurance temporaire pour un an et une *promesse unilatérale* d'assurance au même taux pour les années suivantes. Soit un assuré de 25 ans ; il paie un peu moins de 2 °/₀ pour une assurance de 100 fr. payables à son décès ; à 26, 27, 30, 35, 40 ans il pourra exiger que la Compagnie continue la même assurance de 100 fr. moyennant la même prime : et cependant, si cet assuré de 30, 40 ans se présentait pour la première fois, la Compagnie réclamerait une prime plus forte (de 3 °/₀ à 40 ans), pour garantir le même capital ; c'est dire qu'à cet âge

correspond à un *extra-risque* dont voici la cause : un mauvais risque ne songe jamais au rachat, les bons risques seuls y sont souvent portés ; une clientèle de qualité inférieure, au point de vue de la vitalité, tend donc continuellement à se substituer à celle que les Compagnies ont choisie avec tant de précautions.

la prime viagère promise par l'assuré de 25 ans est
devenue insuffisante pour couvrir le risque ; cette insuffisance apparaît dès l'âge de 26 ans et ne fait qu'augmenter jusqu'au moment du décès. Il résulte de là que
les Compagnies n'offriraient aucune garantie sérieuse si,
faisant leur bilan à la fin de chaque année, elles considéraient comme bénéfice définitivement acquis la différence entre la totalité des primes payées par leurs assurés et la somme des sinistres et des frais, formant le
passif de l'année à liquider. Elles en usent tout autrement.

Chaque année, elles supposent que tous leurs clients,
vivants et titulaires de contrats actuellement en cours,
se présentent devant elles, et contractent une assurance pour le capital indiqué dans la police ; la prime
qu'ils promettent ne correspond plus à ce capital, puisque tous ont vieilli de un, deux, cinq, dix ans..., et
il est facile de déterminer, au moyen d'une simple règle
de trois, le capital qu'elle garantit actuellement.
Appelons-la p et P celle qui correspondrait au capital
100, primitivement stipulé ; nous aurons x sur p égale
100 sur P, ou x égale 100 multiplié par p sur P, comme
valeur du capital cherché ; reste pour la Compagnie à
se procurer la garantie de la différence entre cette valeur
et 100, le capital stipulé. Elle la trouve dans une portion des primes déjà payées et qui a été mise en réserve ; cette portion doit être égale à la *prime unique*
nécessaire pour assurer le paiement au décès de l'assuré
d'un capital égal à 100 moins 100 multiplié par p sur
P ; c'est la réserve qui est attachée au contrat. Cette réserve est la propriété de l'assuré et cela avec d'autant
plus de raison que ce dernier pendant les premiers temps
paie plus que le risque de l'année. Le risque couru par

l'assureur s'aggravant sans cesse, il faudrait, pour le couvrir annuellement et rétablir la proportion, graduer les primes et en augmenter l'importance à mesure que l'assuré avancerait en âge. Au lieu d'être calculés d'après ce système, qui ne vaudrait rien, puisqu'il aurait entre autres défauts celui de faire coïncider un maximum de charges avec un minimum de forces, les tarifs établissent une moyenne. La prime annuelle se compose donc de deux éléments : 1° le prix d'une *assurance temporaire* d'un an ; 2° une somme qui se reporte aux années suivantes et doit combler l'insuffisance des primes futures.

La réserve est, par conséquent, la portion des primes qui est mise de côté pour faire face aux risques à courir.

On peut encore la regarder comme la soulte qu'une Compagnie qui céderait son portefeuille à une autre, dont les tarifs seraient identiques, aurait à payer à la Compagnie cessionnaire pour la placer dans la même situation financière que si tous les risques cédés provenaient d'affaires nouvelles. Supposons une assurance mixte de 100 francs payables au bout de 20 ans ; il est clair que, lorsque la vingtième prime aura été acquittée, la réserve du contrat devra précisément être égale à 100 francs, valeur du capital exigible, puisqu'aucune autre prime ne peut plus servir à le constituer ; c'est donc 100 francs que la Compagnie cédante aurait à verser à la cessionnaire ; car c'est bien 100 francs que celle-ci demanderait à notre assuré pour lui promettre un capital de 100 francs payable le jour même.

Il est facile maintenant de voir ce que peut être la valeur d'un contrat, soit actuellement, soit au décès, lorsque le paiement de la prime est suspendu : La *valeur du rachat* c'est justement la réserve ; la *valeur*

au décès c'est le capital garanti par la réserve considérée comme prime unique ; quant au surplus des
primes touchées, il est bien et valablement acquis à
l'assureur comme rémunération des risques qu'il a courus.

C'est ce que ne comprend pas toujours l'assuré qui
vient racheter son contrat. N'ayant rien coûté à la
Compagnie, puisqu'il n'est pas mort, ne lui faisant
plus courir de risque dès l'instant qu'il résilie son
contrat, il se regarde comme très-modéré en demandant
la restitution de toutes les primes qu'il a payées, sans réclamer en même temps les intérêts. Il oublie que la Compagnie n'est pas un mandataire gratuit chargé de l'assurer
contre les chances de mort prématurée, qu'elle a couru
des risques et qu'elle ne peut pas l'avoir fait pour
rien. Il ne voit pas aussi que, s'il se sentait menacé
dans sa santé, il se garderait bien de résilier sa police,
et s'imposerait, au contraire, quelques nouveaux sacrifices pour l'entretenir, tandis que la Compagnie, dont le
client le plus récent est en danger de mort, n'a aucun
moyen de se soustraire à ses engagements. (1)

SECTION II

DÉCHÉANCES ET RÉSOLUTION DU CONTRAT.

Elles peuvent être le fait soit du bénéficiaire soit du
contractant lui-même.

§ 1. **Déchéance encourue par le bénéficiaire.**

« Si l'assuré, portent les polices d'assurance, perd
la vie par le fait des bénéficiaires du contrat ou d'une
personne qui aurait agi à leur instigation, l'assurance
est de nul effet, et toutes les primes payées sont acquises a la Compagnie. »

(I) Voir la note précédente : Extra-risque.

Cette cause de déchéance rappelle la disposition édictée par l'art. 727 § 1 C. Civ., mais elle s'en sépare par plusieurs différences.

L'indignité de l'art. 727 est toute pénale ; il faut, pour qu'elle soit encourue, que l'héritier ait été *condamné* criminellement, qu'on ait établi à son encon're *l'intention coupable* ; la simple condamnation pour homicide par imprudence ne suffirait pas. Il s'agit, au contraire, ici d'une déchéance conventionnelle ; or, d'après le contrat, *l'intention homicide* n'est pas nécessaire pour rendre le bénéficiaire inhabile à recevoir le capital stipulé ; son imprudence suffit.

Rien n'est plus juste et plus prudent ; il est bon qu'en aucun cas le bénéficiaire ne profite d'un décès qui serait son œuvre. D'ailleurs, si la Compagnie payait le capital assuré, n'aurait-elle pas un recours à exercer en vertu de l'art. 1382 contre l'auteur de l'accident ou du crime, pour obtenir réparation du double préjudice qui lui est causé par le paiement anticipé du capital et la perte des primes futures ? L'auteur du dommage et le bénéficiaire se confondant, il s'établit une compensation entre ce qu'il doit et ce dont il est créancier.

§ 2. — Déchéance ou résolution résultant d'un fait du contractant.

Le premier devoir du contractant est de donner au moment de la convention une opinion exacte du risque ; une action en nullité est ouverte au profit de l'assureur lorsqu'il découvre une réticence grave.

Cela ne suffit pas. Il faut de plus que le contrat soit entretenu dans les mêmes termes et que jamais, par conséquent, l'assuré n'en modifie par son propre fait les conditions en aggravant les risques. L'assureur ré-

pond des cas fortuits ; le fait de l'assuré n'en est pas
un : « L'assureur, dit M. Eugène Reboul, souscrit au
« profit de l'assuré une lettre de change dont l'échéance
« est en blanc ; le hasard seul a le droit de remplir
« ce blanc ; quiconque prend le rôle du hasard est un
« faussaire. »

Toute une série d'événement devra donc amener la
résiliation du contrat, ou même la déchéance complète
de l'assuré, suivant une distinction que nous connaissons déjà (1) ; tel sera l'effet : 1° du suicide volontaire
du contractant ; 2° de sa mort dans un duel ; 3° de sa
condamnation capitale ; 4° de certains changements de
profession ou de manière de vivre.

1° Le suicide de l'assuré entraine naturellement, c'est-
à-dire sans qu'il soit besoin d'une clause expresse de
la police, la résiliation de l'assurance. Cela se conçoit de
reste. Outre que le suicide est en lui-même d'une immoralité incontestable, il est certain qu'au point de vue
spécial qui nous occupe l'assuré commet une violation
flagrante de la convention en enlevant à l'assureur les
chances sur lesquelles celui-ci avait le droit de compter ;
il commet en quelque sorte une escroquerie, d'autant plus
à redouter qu'elle procéderait souvent d'une idée d'abnégation, et que le monde la qualifierait peut-être de
sublime dévouement. (2)

2° et 3°. Quant à la mort par suite de duel ou de
condamnation judiciaire, elle est mise sur la même ligne que le suicide par les polices des Compagnies fran-

(1) Voir Supra : Théorie des réserves.
(2) Il est bien entendu que le suicide volontaire seul est une cause
de déchéance ; il n'en serait pas de même si le suicide était le résultat
d'un accès de folie : on devrait alors y voir un véritable cas forfait. Et
ce serait à l'assureur, qui prétend l'existence d'un événement d'où il
veut faire découler sa libération, à prouver que l'assuré était en possession de sa raison au moment du suicide. Sic: Paris 30 novembre 1875
D. P. 77. 2. 132.

çaises : « La Compagnie, dit l'art. 6, ne répond pas des risques de duel, de suicide ou de condamnation judiciaire. » Cette assimilation subsisterait-elle en l'absence d'une clause spéciale ? Quelques auteurs admettent la négative et la justifient par les considérations suivantes : Le père de famille qui se dévoue pour avancer l'échéance du contrat, en faisant à la convention une fraude si tragique, a recours au suicide, et ne pense certainement pas à se battre en duel, ni surtout à se placer sous le coup d'une condamnation capitale ; il est bon, par conséquent, que le premier soit l'objet d'une sanction plus stricte. D'un autre côté, si répréhensible qu'il soit, le duel est quelquefois dans l'organisation actuelle de la société une nécessité désastreuse. Enfin on n'oubliera que la nullité du contrat frappe la famille du criminel ou du duelliste bien plus que lui-même ; il ne faut donc pas se montrer trop rigoureux et prononcer une déchéance, si elle ne résulte pas de la convention.

Ces arguments ne nous paraissent pas décisifs. Le suicide, le duel, la condamnation judiciaire rendent l'assuré peu digne d'intérêt. Mais cette considération doit être écartée ; car il est malheureusement trop vrai que c'est, non pas l'assuré lui-même, mais bien sa famille qui souffre de la déchéance ; et c'est précisément en cas de suicide que le préjudice est pour elle le plus considérable et le plus inévitable, puisque ce sont les mauvaises affaires, la faillite, la ruine, qui amènent le plus habituellement ce dénouement funeste. La solution de la difficulté dépend uniquement de la réponse à la question suivante : L'assuré reste-t-il dans les termes généraux du contrat lorsqu'il expose ses jours dans un duel, c'est-à-dire, lorsqu'il joue son existence sur

un coup de dé, en supposant un combat loyal et chacun des adversaires dans des conditions d'égalité parfaite, ou lorsqu'il commet un de ces crimes qui, punis
de la peine de mort, ne laissent au coupable d'autre
chance de conserver la vie que la fuite, ou la clémence
du chef de l'Etat? Or, le temps seul et les événements
absolument indépendants de la volonté de l'assuré peuvent exercer leur influence sur les chances respectives
des parties; si la possibilité d'une mort prématurée se
change en probabilité actuelle par la faute, et *a fortiori*
par le crime de l'assuré, la convention est violée. L'assureur a, dès lors, le droit de se refuser à l'exécution
de ses engagements. C'est pour couper court à toute
discussion possible sur ce point, que les Compagnies
stipulent formellement ces diverses causes de déchéance;
le gouvernement leur en impose d'ailleurs l'obligation
dans le décret d'autorisation. (1)

Il peut arriver que le contractant fasse reposer l'assurance sur la tête d'un tiers. Que décider si ce dernier
succombe dans l'un des cas que nous venons de prévoir? Il ne saurait être question ici de déchéance *naturelle*, résultant du caractère intime de la convention;
mais il est permis aux parties d'en faire une condition du contrat. Il faut donc pour savoir si telle a été
leur volonté interpréter les termes de la police : « La
Compagnie ne répond pas des risques de duel, de suicide
et de condamnation judiciaire. » Quelques auteurs ont
pensé que, dans notre hypothèse, le contractant, étant
étranger au fait qui a amené la mort, ne devait pas en
souffrir; l'événement, quant à lui, constitue un pur
cas fortuit dont l'assureur doit répondre, sauf son recours

(1) Cp. art. 33, loi du 11 juillet 1868 sur les petites assurances.

11

en dommages-intérêts contre les représentants de l'auteur du dommage ; enfin, il n'y a pas lieu certainement de craindre un concert frauduleux entre les tiers et l'assuré pour amener cette échéance anticipée (1). Malgré ces raisons qui ne manquent pas de justesse, il nous semble que les termes employés sont trop formels pour laisser place au doute; c'est le risque de suicide, de duel ou de condamnation judiciaire en général que la Compagnie trouve trop grave ; elle refuse d'en accepter la responsabilité.

4° Un changement de profession, ou certaines modifications dans les conditions d'existence d'une personne, entraînent souvent une augmentation considérable des dangers et des chances de mort auxquels elle était exposée.

Plusieurs articles, dans les polices d'assurance, sont consacrés à limiter, dans ces circonstances, la responsabilité des Compagnies. Ainsi, l'assureur ne répond pas des risques de voyage et de séjour hors des limites de l'Europe et de l'Algérie ; ni des risques de voyages par mer autres que ceux d'un port d'Europe à un autre port d'Europe et d'Algérie, et *vice versa* ; ni des risques courus dans une profession qui attache l'assuré au personnel de la flotte; il accepte les risques courus par les militaires en temps de paix et **en** France, mais non ceux courus par les militaires en Algérie ou en temps de guerre (2).

(1) Cp. Orléans 28 avril 1860. D. P. 1860. 2. 98. — Caen 22 novembre 1871. — D. P. 1872. 6. 383.

(2) Cp. Paris 20 avril 1877. — D. P. 77. 2. 181. — La dissolution de la garde nationale et l'abrogation des lois qui la concernaient ainsi que les lois nouvelles sur notre organisation militaire ont entraîné quelques modifications dans les termes des polices d'assurance. Mais avant ou après la loi u 27 juillet — 17 août 1872, l'appel sous les armes pour combattre à l'intérieur une sédition, ou une émeute, ne donne pas lieu à résiliation ou à augmentation de prime.

Quand l'assuré est sur le point de partir et d'aller au devant des dangers inséparables de sa nouvelle vie, il doit prévenir la Compagnie de son intention d'assurer ces risques imprévus ; une convention expresse et spéciale est alors conclue, et un supplément de prime rétablit l'équilibre détruit entre les chances respectives des parties. Si l'assuré néglige cette précaution, il encourt la résiliation ; la valeur de son contrat est réduite dans les proportions que nous avons précédemment indiquées, pourvu que les primes des trois premières années aient été payées. La déchéance pourrait toutefois se trouver couverte, s'il était prouvé que la Compagnie, connaissant l'aggravation de risque survenue, a continué pourtant à recevoir, sans protestation ni réserve, la prime telle qu'elle a été fixée par le contrat.

§ 2 *bis*. — Défaut de paiement de la prime.

Le contrat d'assurance sur la vie n'a d'effet que pour un an ; au commencement de chaque nouvelle année, il faut que le contractant manifeste sa volonté de continuer, de renouveler le contrat. S'il ne paie pas la prime, c'est qu'il ne veut pas entretenir la police. L'assurance est résiliée, et alors, suivant la distinction qui nous est connue, la Compagnie tient compte d'une valeur proportionnelle au nombre de primes payées, ou les retient entièrement. C'est dans un délai de trente jours à partir de l'échéance annuelle que l'assuré doit prendre une décision ; après quoi, il est réputé avoir suffisamment indiqué l'intention de ne pas continuer le contrat. C'est cette situation que déterminaient les articles 4 et 5 des polices d'assurance, ainsi conçus : « Le paiement des primes étant toujours facul- « tatif, la police ne continue à avoir d'effet que si la

« prime annuelle ou chaque fraction de cette prime a
« été acquittée au domicile de la Compagnie, aux
« échéances fixées, ou au plus tard dans les trente
« jours suivants. — Faute de paiement dans le dit délai,
« l'assurance est de plein droit résiliée sans qu'il soit
« besoin d'une mise en demeure ou d'une demande en
« justice. »

Cette convention, parfaitement licite, est en même temps
d'une clarté et d'une précision qui ne semblent devoir
laisser aucune place à une in'erprétation contraire. Si
donc elle était toujours exécutée à la lettre dans toutes
ses parties, aucune discussion ne pourrait s'agiter. Mais,
dans la pratique, les Compagnies font souvent présenter
la quittance de la prime au domicile de l'assuré au
lieu d'attendre que celui-ci vienne payer à leur caisse,
et dérogent ainsi volontairement aux clauses du contrat.

Dans ces conditions surgit une question des plus
délicates. Un assuré laisse passer le délai d'un mois
que lui donne la police pour exercer son droit d'option;
il élève pourtant la prétention d'échapper à la déchéance
qui résulte de l'art. 5, et fait le raisonnement suivant
à l'adresse de la Compagnie : D'après le contrat, la
prime était *portable*; or, au lieu d'exécuter à la lettre
cette stipulation, vous avez toujours présenté vos quittances à mon domicile ; une convention tacite est dès
lors intervenue entre nous, par laquelle vous vous dé-
sistez du droit de recevoir le paiement à votre siége
social ; de *portable* qu'elle était la prime est devenue
quérable ; nous sommes rentrés dans le droit commun
et, comme conséquence, le droit commun doit reprendre
son empire en ce qui concerne la mise en demeure. En
thèse ordinaire, notre législation n'admet pas le prin-

cipe : *Dies interpellat pro homine*, à moins que son application ne résulte d'une clause spéciale ; cette clause existe ici à la vérité ; mais vous avez abandonné le bénéfice qu'elle vous conférait en renonçant à ce que la prime demeurât *portable.* Tout se tient, en effet, d'une manière intime ; tant que nous restons dans les termes du contrat, je sais que je ne puis compter que sur moi seul pour payer la prime en temps utile, que personne ne viendra me rappeler l'échéance, et que, si je laisse passer le délai d'un mois, je tomberai sous le coup de la déchéance. Si, au contraire, dérogeant à la convention, vous prenez l'habitude de faire encaisser à mon domicile, j'ai désormais le droit de compter que chaque échéance me sera rappelée, que la Compagnie fera présenter chez moi les quittances, et qu'elle me fera mettre régulièrement en demeure par une sommation ou une demande en justice (Art. 1139 C. C.), si je ne paye pas. De cette manière, il sera bien constaté que je suis volontairement et sciemment resté dans l'inaction. A cette condition, seulement, la déchéance de l'article 5 pourra être invoquée à mon encontre. (1)

La Cour de cassation a approuvé ce raisonnement, et s'est constamment prononcée contre les Compagnies. Cette jurisprudence est grave, puisqu'elle a pour effet de rendre vaine une convention régulièrement formée, d'autant plus grave que la difficulté naîtra, presque toujours, dans les conditions suivantes : Un assuré trouve trop lourd le paiement de la prime et veut le discontinuer, se contentant de la valeur désormais acquise à

(1) En ce sens : Cass. 15 juin 1852. D. P. 1852. 1. 138. — Cass. 28 mai 1872. D. P. 1873. 1. 399. — Cass. 8 juin 1875. D. P. 1875. 1. 420.— Cass. 26 avril 1876. D. P. 1876. 1. 452. — Contra : Paris 28 mars 1852. — Tribunal civil de la Seine 18 avril 1860. — Cass. 12 janvier 1853. — Nancy 23 mars 1873. — Paris 30 août 1873. — Rouen, 12 mars 1873. D. P. 1874. 2. 60. — Tribunal civil de la Seine 5 décembre 1873.

son contrat; — ou bien sa fortune est faite et le sort de ses enfants assuré de telle sorte que le paiement intégral du capital stipulé n'a plus pour lui qu'un mince intérêt ; il se décide à ne pas renouveler son contrat ; dans cette intention bien arrêtée, il ne paie pas la prime dans le mois. Mais voici qu'après l'expiration du délai, il est tout d'un coup atteint d'une maladie qui met ses jours en danger. Immédiatement l'idée de continuer le contrat, de revenir sur ses résolutions premières et d'obtenir par le paiement d'une nouvelle prime, qui sera peut-être la dernière, l'intégralité du capital lui vient, à lui ou à ses ayants droits. La jurisprudence de la Cour Suprême leur offre le moyen d'arriver à ce résultat, et d'enlever à la Compagnie ce qu'elle était autorisée, d'après les termes de la convention, à considérer comme un droit acquis. Les conséquences de cette doctrine sont encore bien plus frappantes si on suppose que l'assuré est mort après l'expiration du délai. Il importe donc d'examiner avec attention si elle est bien juridique, si elle n'est pas contraire aux véritables principes et à la nature particulière du contrat d'assurance sur la vie.

D'après ce que nous avons dit, le système de la jurisprudence peut se résumer en deux propositions : 1° L'assureur, en n'observant pas la clause qui lui donnait le droit d'attendre le paiement de la prime à son domicile, a renoncé à se prévaloir de cette clause ; de *portable* qu'elle était la prime est devenue *quérable*. 2° Il y a corrélation intime entre l'art. 4 et l'art. 5 de la police ; on ne peut déroger à l'un sans déroger à l'autre ; l'abandon du droit que confère le premier entraîne la renonciation au droit que donne le second.

De ces deux propositions, nous avons déjà discuté et

repoussé la première. Nous pourrions donc nous en tenir là, et considérer la seconde comme victorieusement et naturellement réfutée par là même, puisqu'elle n'est présentée que comme une conséquence de la première.

Mais il faut aller plus loin. Nous n'admettons pas qu'il y ait entre les deux clauses des art. 4 et 5 une corrélation tellement intime que la dérogation à l'une entraîne forcément la dérogation à la seconde. En supposant que la prime soit devenue *quérable*, il ne s'ensuit pas nécessairement et *de plano* que l'on doive regarder comme non avenue la convention, très explicite d'ailleurs, relative à la mise en demeure. Une pareille déduction nous paraît absolument contraire à la logique et à la volonté des contractants ; elle est de plus en désaccord avec la nature du contrat d'assurance sur la vie, qui se gouverne par des règles et des principes particuliers. On n'a, pour s'en convaincre, qu'à étudier à fond les différentes stipulations contenues dans la police et à se demander quel est le but que les contractants ont eu en vue.

Tout d'abord que la prime soit stipulée *quérable* ou *portable*, on a pu convenir que l'assurance sera résolue de plein droit par l'effet seul du contrat, et sans qu'il soit besoin d'une mise en demeure. Il suffirait donc qu'il fût démontré d'une manière quelconque que la Compagnie a présenté la quittance au domicile de l'assuré et que celui-ci a été averti d'avoir à payer la prime, pour que, le délai étant expiré la clause de déchéance stipulée sorte son plein et entier effet. Mais exiger, comme la jurisprudence, une véritable mise en demeure par voie d'huissier, c'est évidemment dépasser le but, aller contre l'intention des parties et méconnaître les règles du contrat qui les lie. En fait, il y a deux choses qu'on ne doit pas confondre, le *paiement* de la prime, qui est la raison déterminante et la cause immédiate de l'obligation que contracte l'assureur, et *le lieu où doit se faire le paiement* qui est l'objet d'une clause purement accessoire. De ce que les parties auraient dérogé à la clause accessoire, de ce qu'elles auraient tacitement modifié le mode de paiement, il ne s'ensuivrait pas qu'elles ont par cela même effacé du contrat une convention essentielle et fondamentale. Pour se convaincre que ce sont là deux dispositions tout à fait distinctes, indépendantes l'une de l'autre, on n'a qu'à lire les termes de la police. Après avoir posé dans l'article 4 la nécessité pour l'assuré de payer la prime au domicile de la Compagnie aux échéances fixées, ou au plus tard dans les 30 jours suivants, le traité porte : Art. 5 ; « Faute de *paiement dans ledit délai*, l'assurance est de plein droit résiliée sans qu'il soit besoin d'une mise en demeure ou d'une demande en justice. » On le voit, l'art. 5 ne se réfère à la disposition précédente qu'en ce qui concerne le défaut de paiement dans le délai fixé, et non point en ce qui a trait au lieu du paiement.

Dès lors il est sans intérêt que, pour un motif ou pour un autre, le lieu du paiement ait été changé ; la déchéance est encourue et rien ne saurait l'effacer. Pourquoi l'assuré se plaindrait-il ? Ne sait-il pas qu'il doit payer à telle échéance ou dans les trente jours qui suivent? Ignore-t-il qu'il a la faculté de payer ou de ne pas payer, de continuer ou de résilier le contrat ? Ne doit-il pas manifester sa volonté avant l'expiration du délai puisqu'il ne peut être contraint et que la Compagnie n'a point d'action? En s'abstenant ne démontre-t-il pas suffisamment qu'il renonce au contrat et accepte la déchéance, ou plutôt qu'il s'en tient à la valeur actuelle de sa police? Et la Compagnie n'aura-t-elle pas rendu un bon office auquel elle n'était pas tenue si elle a d'une manière quelconque, rappelé à l'assuré la situation, par exemple en présentant la quittance à son domicile ou en l'avertissant par une lettre ? Il faut donc reconnaître que la modification partielle qui a pu être apportée d'un accord tacite à une clause accessoire et secondaire ne saurait avoir aucun effet sur les dispositions essentielles de la convention ; or la principale de ces dispositions c'est la résiliation de plein droit en cas de non paiement de la prime, sans qu'il soit besoin d'une mise en demeure. Elle prend, dans notre matière, une tout autre importance que dans les assurances ordinaires, à raison justement de cette particularité que le paiement de la prime est facultatif ; le sort du contrat étant uniquement entre les mains de l'assuré, les Compagnies sont intéressées à ne pas rester indéfiniment dans l'incertitude ; il faut que l'assuré, qui a un choix à faire, se décide et manifeste sa volonté ; l'assureur ne doit pas rester plus longtemps à sa merci. Dans les assurances ordinaires, les conditions sont bien différentes ; il y a un contrat parfaitement synallagmatique, dans lequel les deux parties sont tenues au même ti re ; l'assuré peut être actionné par la Compagnie en paiement de la prime ; l'assureur n'est jamais à sa discrétion. Il n'y a aucune incertitude sur le sort du contrat avant le paiement de la prime ; les deux parties sont également obligées jusqu'à l'expiration de la période indiquée par la police, et à cette époque l'assureur est dégagé aussi bien que l'assuré. L'erreur de la jurisprudence vient, nous ne saurions en douter, de ce qu'on ne s'est pas rendu un compte suffisamment exact de ces différences capitales. Une doctrine s'est formée en matière d'assurance contre l'incendie, doctrine qui n'est pas à l'abri de toute critique, mais qui en fait peut cependant se justifier ; puis on l'a étendue à notre matière sans s'apercevoir que, fût-elle exacte pour toute espèce d'assurance, elle ne saurait pourtant s'appliquer à l'assurance en cas de décès. Car l'assurance sur la vie comprend un *contrat réel* d'assurance pour l'année qui s'ouvre, aussi la prime se paie-t-elle d'avance, et une *promesse unilatérale* d'assurance pour l'année qui suit ; cette promesse devient une assurance dès que le contractant a fait connaître sa pensée à cet égard en versant la prime, mais peu importe que ce soit à son domicile ou à celui de la Compagnie. La promesse d'assurance a été consentie pour 30 jours, elle ne peut durer davantage ; le trentième jour écoulé sans que l'assuré se soit décidé à l'accepter, l'obligation de la Compagnie cesse par l'expiration même du terme pour lequel elle avait été contractée. Le consentement de l'assuré donné après le trentième jour arrive trop tard ; il ne rencontre plus le consentement de la Compagnie.

D'un autre côté, si l'assuré n'est pas engagé, s'il n'est pas tenu de payer la prime stipulée, comment exiger une véritable mise en demeure selon les termes de l'art. 1139 du Code Civil ? On ne saurait comprendre un exploit, une assignation en justice, un procès engagé contre une personne qui peut répondre : Ce contrat est facultatif, je ne veux rien payer, je ne dois rien. La mise en demeure par voie d'huissier suppose nécessairement le droit de contraindre à l'exécution du contrat. Or, comment justifier une mise en demeure de la part d'une personne qui n'a pas d'action contre vous et qui ne peut vous forcer à accomplir aucune obligation ? Cette observation nous paraît péremptoire ; les termes mêmes de l'art. 1139 ne sont pas applicables à l'espèce : « Le débiteur est mis en demeure », dit-il ; or l'assuré n'est pas débiteur, puisque le paiement est facultatif pour lui et 'qu'il a lieu d'avance.

On a essayé d'échapper aux conséquences inévitables qui découlent des considérations précédentes, en disant que le contrat est obligatoire pour les deux parties tant que le contractant n'a pas révélé l'intention formelle de le rompre, et que jusque là l'assureur peut en réclamer l'exécution par les voies de droit. Il y a un intérêt majeur à savoir si la convention est maintenue ou résiliée, et, dès lors, on a le droit et le devoir de mettre l'assuré en demeure de prendre un parti. Il importe, en effet, de connaître le plus tôt possible le sort réservé au contrat ; mais en présence des termes explicites et énergiques de la police, l'assureur n'a pas le droit, et encore moins le devoir, de mettre l'assuré, qui s'est suffisamment expliqué, dans la nécessité de se prononcer de nouveau. Quel que soit le motif de son abstention, le contractant n'est pas fondé à se prévaloir d'une prétendue sécurité ou d'une absence dont il connaissait par avance les conséquences probables. C'est précisément afin de couper court à toutes les difficultés qui pourraient naître de l'interprétation de ces diverses circonstances que la déchéance a été stipulée pour le cas de non paiement ; l'assuré est averti ; il doit donc prendre l'initiative avant l'expiration des délais. Il ne s'agit pas ici d'une clause purement comminatoire ; il s'agit d'une convention précise, formelle, énergique, en rapport direct avec la nature particulière d'un contrat où tout est strict et doit être exécuté à la lettre, sous peine d'en violer brutalement l'esprit.

La doctrine que nous combattons est absolument inconciliable avec le caractère du contrat d'assurance sur la vie ; elle efface de la police cette clause parfaitement claire, non susceptible de deux interprétations : « Le paiement de la prime est toujours facultatif. » Elle conduit à ce résultat qu'une obligation à laquelle on s'est soumis pour un temps limité, qui doit par conséquent s'éteindre par la seule échéance des trente jours, se trouve, au contraire, avoir une durée illimitée, et ne prend fin que par un acte extérieur et positif. Voilà déjà de graves atteintes portées à une convention très licite, aussi nette que possible et débattue en complète connaissance de cause.

Ce n'est pas tout. Est-ce une véritable déchéance, une déchéance absolue que va encourir l'assuré en retard, comme il l'encourrait en matière d'assurance contre l'incendie ? Pas le moins du monde. La police a toujours une valeur actuelle, justement parce que tout est terminé avec le passé et que c'est un contrat nouveau qui prend naissance, pour l'avenir, à la volonté du contractant. Il en résulte que, lorsque ce dernier a, par sa négligence ou son refus formel de payer la prime, encouru l'application de l'art. 5, tout n'est pas perdu pour lui. La Compagnie lui tient compte de la valeur de son contrat relativement au nombre des primes payées (1). L'assuré ne l'ignore pas ; car les polices portent un tableau qui indique le capital auquel se réduit l'assurance ; tout est calculé et prévu d'avance ; chaque clause de

_____

(1) Nous supposons que trois primes au moins ont été payées. Voir : Rachat des polices.

la convention doit donc être exécutée fidèlement, sans
qu'il y ait lieu de recourir à des interprétations complétement en dehors des termes du contrat et des prévisions des contractants.

Il est d'autant plus indispensable de s'en tenir à l'exécution stricte d'un contrat si bien connu, que la précision
des opérations, auxquelles se livrent les Compagnies, et,
par suite, leur sécurité ainsi que celle de leurs clients, en
dépend beaucoup plus que dans les autres assurances.
Pourquoi ? C'est qu'à la différence de ce qui se passe
pour les assurances en général, l'obligation de l'assureur est ici non pas conditionnelle, mais à terme ; si
le contrat est entretenu par l'assuré, la Compagnie
ne peut pas espérer qu'elle encaissera les primes sans
avoir rien à restituer ; le capital sera certainement exigible un jour ou l'autre ; or nous savons que la Compagnie doit constituer ce capital au moyen des versements périodiques de l'assuré et des intérêts composés
de ces versements ; il faut que mois par mois, semaine
par semaine, jour par jour l'argent confié à l'assureur
travaille sans relâche et arrive en fin de compte à donner un produit déterminé, égal à la somme qui devra
être payée, peut-être demain, peut-être dans vingt ans,
mais qui devra l'être. Les tarifs sont calculés pour
obtenir ce résultat, les termes de la convention sont
rédigés dans le même but ; il n'est donc pas permis d'y
déroger.

Aux considérations précédentes viennent s'en ajouter
d'autres. Le Code Civil lui-même, dans quelques uns de
ses articles qui sont éminemment applicables à notre
matière, est méconnu par le système que nous rejetons.
Le contrat d'assurance sur la vie est un contrat innommé

dont la loi ne trace pas les règles, mais auquel s'applique au plus haut degré l'art. 1134 ; le respect dû à la volonté, à l'intention des parties doit être absolu. Or que dit l'art. 1139 ? Que la mise en demeure peut résulter de la convention; et l'art. 1230, indiquant à quelle condition la clause pénale est encourue, renvoie évidemment à l'art. 1139. L'art. 1315 est-il mieux respecté ? Aux termes de cet article, quand on a pour soi la convention on n'a point de preuve à faire. La preuve incombe toute entière à celui qui prétend déroger au contrat ; c'est à lui d'établir le fait duquel il prétend faire découler le droit de ne pas respecter les stipulations intervenues; tant que cette preuve n'est pas fournie, il n'est pas permis de s'en écarter. « C'est renverser les rôles et méconnaître l'art. 1315 qui détermine celui qui doit faire la preuve et dit à la charge de qui elle incombe. La convention toujours subsistante en cette partie dit que, si l'assuré ne paie pas, après tant de jours il est déchu, sans qu'il soit besoin de mise en demeure. L'usage à son tour a proclamé que la prime était quérable par les agents de la Compagnie. Il est constaté par l'arrêt que la prime a été requise une fois ou deux. En cet état la Compagnie a fait sa preuve tant à l'aide du contrat qu'à l'aide des documents de la cause. C'est à l'assuré à faire une preuve complète et à montrer que, encore qu'il n'ait pas payé, il n'a encouru aucune déchéance. » (1).

(1) **Rapport de M. le conseiller Woirhaye D. P. 1873 1. 86. —** Comme nous l'avons vu, la doctrine, combattue au texte, s'est formée surtout par l'application aux assurances sur la vie des règles admises pour les autres assurances. Mais en considérant son excessive rigueur pour les Compagnies, on est amené à se demander s'il ne faut pas y voir comme un reflet ou un reste du discrédit qui dans le principe avait frappé notre convention. Ainsi un arrêt du 31 janvier 1872 est rendu dans le sens que nous critiquons en présence de cette clause formelle de la police : « Le recouvrement des primes que la Compagnie aurait fait opérer au

Résumons-nous. Le fait par la Compagnie d'avoir perçu les primes au domicile de l'assuré, alors que la convention lui donnait le droit de les recevoir au siége social, ne constitue pas une dérogation formelle et définitive à l'art. 4, et il est abusif d'en conclure la substitution d'une prime *quérable* à une prime *portable*. Mais cette substitution fût-elle certaine, il n'est pas vrai qu'il en découle nécessairement l'abandon de la clause qui résilie le contrat *ipso jure* et sans mise en demeure, en cas de non paiement de la prime dans le délai fixé. Une pareille convention est parfaitement licite puisque l'art. 1139 la comprend dans ses termes ; elle doit donc produire son effet, à moins que l'assuré n'établisse d'une manière complète que la Compagnie a renoncé formellement à s'en prévaloir.

Au reste, les Compagnies, préoccupées de la situation qui leur était faite, essayent d'y mettre fin en modifiant les termes de la clause en question et en les rendant assez explicites pour qu'il soit désormais difficile aux tribunaux de se refuser à leur application. Voici la rédaction adoptée par la Compagnie d'assurances générales :

« La police n'a d'existence et d'effet qu'après le paiement de la prime de la première année, ou , si la prime a été fractionnée, de la fraction convenue de cette prime.

« Le paiement des primes.... étant toujours facul-

---

domicile des assurés soit officieusement, soit par suite d'un usage constant de l'agent, ne peut lui être opposé comme une renonciation aux dispositions précédentes (déchéance à défaut de paiement). » Un arrêt du 8 juin 1875 statue de même au profit d'un asssuré, qui avait si bien compris la déchéance encourue par lui et l'avait si complètement admise, qu'il s'était soumis à une visite médicale à l'effet de conclure un nouveau contrat pour remplacer l'ancien ; la Cour, qui admet si facilement la renonciation à ses droits de la part de la Compagnie, refuse de voir dans la conduite de cet assuré une reconnaissance implicite de sa déchéance. Tout cela nous parait parfaitement arbitraire.

tatif, la police ne continue à avoir d'effet que si la prime ou la fraction de la prime a été acquittée à l'échéance, ou, au plus tard, avant l'expiration des délais fixés au § suivant, qui sont laissés à l'assuré pour manifester sa volonté d'acquitter ou non ladite prime ou portion de prime.

« A défaut de paiement dans les trente jours qui suivent l'échéance (1), et 8 jours après l'envoi par la Compagnie d'une lettre recommandée détachée d'un livre à souche et contenant rappel de l'échéance, l'assurance est de plein droit résiliée, sans qu'il soit besoin d'aucune sommation ni autre formalité quelconque, la lettre recommandée dont il vient d'être parlé constituant, de convention expresse entre les parties, une mise en demeure suffisante.

« Il est également de convention expresse entre les parties qu'il sera suffisamment justifié de l'envoi de la lettre recommandée au moyen du récépissé de la poste, et du contenu de cette lettre au moyen de la production du livre à souches mentionné ci-dessus. »

SECTION III.

DE LA FAILLITE.

Tout créancier qui accorde un terme à son débiteur

(1) Le délai d'option court ordinairement à partir du jour même où la nouvelle prime est payable. Mais il a été jugé : « Que les trente jours pendant lesquel le paiement peut-être fait pour éviter la déchéance doivent se compter non pas du jour où la traite était payable, mais du jour où elle a été présentée à l'assuré ; — Que si avant l'expiration de ces 30 jours, un événement de force majeure met obstacle au versement par l'assuré, il n'encourt pas la déchéance (investissement de Paris) ; — Que la prorogation des délais pour les effets de commerce profite à l'assuré sur lequel la Compagnie a fait traite (Rouen 12 mars 1873. D. P. 74. 2. 60). » Ces décisions nous parais ert parfaitement acceptables dans notre système ; il y a une prolongation du délai d'option volontairement consentie par l'assureur dans le premier cas, résultant d'un événement de force majeure dans le second, et de la loi dans le troisième.

compte sur sa solvabilité ; sans cela , ou il exigerait
un paiement immédiat ou il s'abstiendrait de conclure
la convention. La principale obligation d'un débiteur est
donc de rester solvable ; s'il ne s'y conforme pas , le
créancier puise dans l'art. 1184 le droit de demander
la résiliation du contrat avec dommages-intérêts, et dans
l'art. 1180 la faculté de poursuivre immédiatement,
dans certain cas, l'exécution de l'obligation , qui ne
devait être cependant exigible qu'après une période plus
ou moins longue. La concession du terme avait été
faite sous condition : *cessante causa cessat effectus*.
L'assurance sur la vie, contrat à longue échéance, suppose nécessairement que le contractant a eu la confiance la plus absolue dans la solvabilité actuelle et
future de l'assureur ; si celui-ci tombe en faillite , il
manque à son premier devoir, et des intérêts considérables sont compromis.

Comment régler la situation dans cette hypothèse ?
L'art. 346 C. Com. résout cette question en matière
d'assurances maritimes : l'assuré a le droit de demander
la résiliation du contrat, ou d'exiger une caution. On
a avec raison appliqué cette solution aux assurances
terrestres contre l'incendie ou la grêle, et même à l'assurance temporaire en cas de décès ; c'est que dans ces
différents contrats les situations respectives des parties
sont identiques ; l'obligation qui incombe à l'assureur
de payer la valeur assurée est conditionnelle ; si le
sinistre ne survient pas dans la période assurée, l'assureur ne doit rien. Il ne fallait donc pas songer , dans
ces conditions, à l'art. 444 C. Com. Comment, en effet,
déterminer la somme pour laquelle le créancier pro-

duirait à la faillite? Ce serait toujours trop ou trop peu (1).

En matière d'assurance sur la vie entière la question peut paraître plus délicate ; car l'obligation de l'assureur n'y est pas conditionnelle, elle est simplement soumise à un terme incertain ; de plus, le contrat d'assurance est compliqué d'un contrat de placement, de prêt. Mais, outre que le terme incertain doit être, au point de vue qui nous occupe, traité comme la condition, puisqu'il serait impossible d'évaluer l'escompte, il faut remarquer que l'obligation de l'assureur est aussi conditionnelle à certains égards, puisqu'elle ne subsiste dans son entier que si l'assuré paie régulièrement la prime. Or comment supposer que l'assuré, complètement libre de ne pas opérer ce versement, se décide à le faire alors que la Compagnie est en faillite, à moins que des garanties ne lui soient offertes ? On est donc amené par la force des choses à admettre l'application de l'art. 346 C. Com.

Si le contractant demande la résiliation du contrat, dans quelle somme devra-t-il rentrer? aura-t-il droit à l'intégralité des primes qu'il a versées avec intérêts? ou seulement à la valeur actuelle de son contrat ? Les explications que nous avons données sur la théorie des réserves conduiraient à ce dernier résultat. Car la différence entre la réserve et l'ensemble des primes payées parait bien et dûment acquise à la Compagnie, qui a chaque année couru les risques de l'assurance temporaire ; la réserve seule semblerait devoir faire retour à l'assuré,

(1) L'art. 444 n'est applicable que lorsque le terme ne fait que reculer l'exigibilité de l'obligation ; il ne l'est pas si le laps de temps est un élément constitutif du contrat. Cp. Cass. 10 août 1873. D. P. 72. 1. 349. Il est décidé dans cet arrêt que les porteurs d'obligations ne peuvent produire à la faillite que pour la valeur d'émission et non pour le prix de remboursement.

d'autant mieux que sa valeur serait à peu près celle de la prime unique qu'il serait obligé de verser entre les mains d'un second assureur pour obtenir de lui la promesse du capital garanti par le premier, moyennant la même prime.

Nous n'adopterons pas cependant cette manière de voir. L'assuré s'est proposé un but déterminé, la constitution d'un certain capital, que la Compagnie s'est engagée à lui faire atteindre ; dès l'instant qu'elle manque à cet engagement, il n'est que juste de mettre l'assuré en mesure de se substituer à elle pour reprendre et achever l'opération. Pour cela, il faut que tous les versements qu'il a faits lui soient rendus avec les intérêts ; il faut de plus qu'il reçoive une certaine somme de dommages, puisque, désormais, il est son propre assureur, et qu'il est exposé à être arrêté par la réalisation d'un risque dont la garantie lui était dûe. Il produira donc à la faillite pour la totalité des primes qu'il a payées et qui constituent de véritables prêts ; puis il pourra agir en dommages intérêts contre l'assureur.

En fait, la faillite de l'assureur est à peu près impossible ; car les Compagnies sont obligées par leurs statuts à cesser toute opération aussitôt que le capital social se trouve réduit à un minimun déterminé. Les fonds qui restent servent à couvrir les risques en cours. Le plus souvent, si les assurés y consentent, la Compagnie, dont les affaires sont en mauvais état, s'arrange avec une autre Compagnie plus prospère, et lui cède son portefeuille, en la substituant à tous ses engagements.

Si l'assuré tombe en faillite, l'assureur a le droit de demander une caution ou la résiliation, les conditions du contrat se trouvant profondément modifiées. L'assureur n'a plus comme compensation de ses engagements, une créance sous condition purement protestative de la part de l'assuré, puisque celui-ci est dessaisi de ses biens et désormais dans l'impossibilité de continuer le paiement de la prime. Le syndic pourra à la vérité offrir de maintenir le contrat ; mais on comprend que l'assureur ne soit pas tenu d'accepter, sans garantie, une substitution qui change singulièrement la situation ; les créanciers n'ont pas, en effet, le même intérêt que le contractant lui-même à entretenir la police.

SECTION IV

DE LA PRESCRIPTION.

Suivant l'art. 432 C. Com., toute action dérivant d'une police d'assurance est prescrite par cinq ans *à dater de la naissance du contrat.* Doit-on l'appliquer aux assurances terrestres, et notamment à l'assurance sur la vie ? La négative n'est pas douteuse. Il s'agit ici d'une disposition tout exceptionnelle, dérogeant à l'art. 2277 C. Civ. d'après lequel, lorsqu'un droit dépend de l'arrivée d'un événement ou est suspendu jusqu'à une certaine époque, la prescription commence seulement à courir du jour où cet événement a eu lieu. L'art. 432 doit rester spécial à l'assurance maritime. Si donc les parties contractantes n'ont pas réglé le point qui nous occupe, on devra s'en référer au droit commun (1), et appliquer la prescription trentenaire.

Mais on comprend qu'une Compagnie ne puisse, sans

(1) Par application du droit commun on décide que l'action de la Compagnie en paiement de la prime se prescrit par 5 ans (art. 2277). On comprend que nous n'ayons pas à nous préoccuper de cette question.

exposer la régularité de ses opérations à de graves inconvénients, rester sous le coup de l'action en paiement
pendant une période de trente ans; aussi les polices
contiennent-elles presque toujours une clause qui a pour
effet de restreindre à une année la durée de l'action des
bénéficiaires. Une pareille convention est certainement
licite, bien qu'on ait voulu y voir une atteinte à une
disposition d'ordre public ; il est toujours loisible aux
parties contractantes d'assigner à un droit une durée
limitée, d'après leurs convenances (1).

SECTION V

PAIEMENT DU CAPITAL ASSURÉ

Il a lieu, le plus ordinairement, au décès du contractant ou du tiers-assuré. (2)

On s'est demandé si l'*absence* ne devait pas , à cet
égard, produire les mêmes résultats que la mort elle-
même. Laissons de côté la *présomption d'absence* ;
pendant cette période , l'assuré est encore vivant aux
yeux de la loi, qui n'ordonne que des mesures de
conservation.

Pour la période qui suit la déclaration d'absence, il
est plus délicat de donner une solution. Les bénéficiaires du contrat, dit-on, sont nantis d'un droit subor-

(1) Sic : Cass. 1er février 1853.

(2) Nous rappelons que c'est l'assurance en cas de décès pour la
vie entière qui nous occupe spécialement. Dans l'*assurance mixte*,
le paiement est exigible soit par les bénéficiaires au décès de l'assuré, soit par l'assuré lui-même à l'arrivée du terme convenu. L'assurance à *terme fixe* est un placement à échéance certaine et déterminée. L'assurance *temporaire* et l'assurance *en cas de vie* ont
ceci de particulier que l'exigibilité du capital est soumise à une
véritable condition ; si, en effet, la mort n'arrive pas pendant la
période assurée (assurance temporaire) , ou si , au contraire, elle
survient avant l'époque fixée (assurance en cas de vie) , la Compagnie ne doit rien.

donné à la condition du décès de l'absent ; ils peuvent donc l'exercer à la charge de donner caution (art. 123 C. Civ.) L'obligation pour les ayants droits de prouver le décès de l'assuré, répondrons-nous, est trop stricte pour qu'on admette l'application de l'art. 123. De plus, le droit des bénéficiaires n'est pas soumis à une véritable condition, mais bien à un terme qui a, dans notre matière spéciale, une importance assez exceptionnelle pour qu'on ne l'abrège pas arbitrairement.

On est plus généralement d'accord pour décider que, lorsque 30 ans se sont écoulés depuis l'envoi en possession provisoire, ou 100 ans depuis la naissance de l'absent, l'assureur se refuserait vainement à payer. Il n'y a rien à dire à cette doctrine dans la seconde hypothèse de l'art. 129 ; la probabilité du décès est alors tellement forte qu'elle équivaut à une certitude ; d'ailleurs, les tarifs des Compagnies s'arrêtent tous avant l'âge de 100 ans, et, par conséquent, l'assureur a eu largement le temps, lorsque l'assuré est arrivé à cet âge, de constituer le capital dont il est débiteur et de réaliser de gros bénéfices. Il n'en est pas tout à fait de même dans l'autre cas ; bien que trente ans se soient écoulés depuis la déclaration d'absence, la Compagnie peut encore raisonnablement compter sur le paiement de plusieurs primes et sur un délai, peut-être considérable, pour l'exécution de son engagement. Elle serait donc fondée à opposer les objections précédemment formulées et à réclamer le respect d'un droit qu'elle tient de la convention (art. 1134 C. Civ).

Au reste, la question se présentera bien rarement dans ces conditions. Presque toujours la police, passée au nom de l'absent, se trouvera résiliée par suite du dé-

faut de paiement des primes ; car les envoyés en possession provisoire, ou le contractan', lorsque l'assurance
repose sur la tête d'un tiers qui a disparu, se résou-
dront difficilement à continuer l'assurance avec la pers-
pective de payer très-probablement les primes pendant
30 ans. On peut cependant supposer qu'à la disparition de l'absent la prime était déjà éteinte par l'effet
de la participation aux bénéfices ; dans ce cas, les ayants
droits n'ont aucun sacrifice à faire pour entretenir le
contrat.

Le sinistre prévu, en matière d'assurance sur la vie,
ne peut être partiel ; par la force même des choses, il
est toujours total. D'un autre côté, les déclarations du
contractant, en ce qui concerne le capital stipulé, sont
obligatoires dans leur entier ; la Compagnie, touchant
les primes correspondantes à ce capital, s'interdit tout
contrôle à cet égard, et n'est pas recevable à refuser
le paiement ou à demander une réduction (1). Il n'y
a donc jamais lieu de procéder aux enquêtes ou aux
expertises, auxquelles il faut presque toujours recourir
dans les autres assurances, et on évite, par conséquent,
une cause de retard parfois considérable dans le régle-
ment définitif de l'opération.

Deux choses seulement intéressent les Compagnies :
1° La preuve du décès ; 2° La nature de ce décès. Les
polices contiennent quelques stipulations relatives à ces
deux points.

1° La mort de l'assuré s'établit au moyen de l'acte
de décès (art. 76 et s. C. Civ.), et, dans certains cas
spécifiés, par la preuve testimoniale ou par la production de papiers et registres émanés des père et mère

---

(1) Voir supra Chap. 11. section 1. B.

décédés (art. 46). Les ayants droits doivent faire légaliser ces pièces, et les faire accompagner de l'acte de naissance de l'assuré, de telle sorte que son identité ne soit pas douteuse.

2° La police oblige les ayants droits à notifier le décès dans les trois mois de sa date (1), et à joindre à l'acte qui le constate un certificat d'un médecin indiquant le genre de maladie ou d'accident auquel l'assuré à succombé ; de cette manière, la Compagnie sera mise à même de faire procéder à des investigations, s'il y a lieu, et de s'assurer que la mort n'est pas le résultat de l'un des faits qui entraînent la déchéance.

Le paiement a lieu en argent ou en effets faciles à négocier. Il doit être effectué sans retard et en entier. Les Compagnies ne peuvent pas invoquer le délai de trois mois qui est accordé par l'art. 382 C. Com., à moins de convention particulière ; car l'art. 382 est tout à fait spécial aux assurances maritimes, si bien que la jurisprudence refuse de l'appliquer aux assurances terrestres ordinaires. Mais elles se réservent habituellement un mois, à partir de la notification du décès, pour avoir le temps de réaliser les fonds nécessaires.

L'échéance du mois qui suit la notification du décès suffit pour mettre la Compagnie en demeure de payer ; mais il est évident que si, à défaut de paiement à cette époque, le bénéficiaire veut que les intérêts courent à son profit, il devra former une demande en justice (art. 1153 C. Civ.). Il n'est pas douteux, enfin, que l'art. 1244 C. Civ. ne soit ici sans application ; car l'assureur

_____

(1) Ce délai est ordinairement porté à 6 mois pour l'assuré qui a été autorisé par convention spéciale à voyager hors des limites de l'Europe.

a pour premier et plus essentiel devoir celui de rester constamment solvable (1).

Il survient parfois des obstacles au paiement ; ainsi des créancier du bénéficiaire forment opposition entre les mains de l'assureur. Celui-ci, après la saisie-arrêt, se trouve libéré dès qu'il a versé à la Caisse des Dépôts et Consignations, en observant les formalités prescrites par la loi, la somme dont il est débiteur.

Le bénéficiaire peut, enfin, postérieurement au décès de l'assuré, céder son droit au capital ; une pareille cession ne produit son effet au profit du cessionnaire que si elle a été signifiée à la Compagnie débitrice, ou si elle a été acceptée par elle dans un acte authentique.

Le paiement du capital stipulé libère la Compagnie, pourvu qu'il soit fait au véritable créancier, capable de recevoir (art. 1230-1241 C. Civ.). Le mineur, l'interdit, la femme mariée sont incapables de donner bonne et valable quittance ; le demi-interdit lui-même ne le pourrait pas sans l'assistance de son conseil, ni le mineur émancipé sans l'assistance de son curateur (2).

Le paiement du capital stipulé peut-il avoir pour effet de subroger l'assureur aux droits et actions de l'assuré, lorsque la mort de celui-ci est due à un crime ou à une imprudence ? Et d'abord naîtra-t-il dans ces circonstances une action dérivant de l'art. 1382 C. Civ.? Oui, sans doute, si le bénéficiaire du contrat n'est pas en même temps l'héritier de l'assuré. Mais il n'y a pas de subrogation possible, puisque la Compagnie ne verse pas le capital entre les mains de celui qui invoque l'art. 1382.

---

(1) Cp. Cass. 24 janvier 1859. — Sir. 59. 1. 478.

(2) Voir à la troisième partie les difficultés relatives à l'attribution du bénéfice de l'assurance.

Plaçons-nous maintenant en présence d'une assurance
contractée au profit des héritiers, c'est-à-dire de ceux-
la même qui naturellement devraient être nantis de
l'action en dommages.

Si nous envisagions l'assurance sur la vie comme un
contrat d'indemnité ordinaire et pur de tout mélange,
nous serions conduit à faire le raisonnement suivant :
De deux choses l'une : — ou bien la mort de l'assuré
a été prématurée et le risque, en vue duquel la convention a été conclue, s'est réalisé ; un préjudice en est
résulté ; mais il est réparé par l'assurance, et l'héritier
n'a rien à réclamer ; — ou bien l'assuré est mort à
un âge avancé, le risque prévu n'a pas été suivi d'effet,
et la famille n'ayant éprouvé aucune perte, n'a pas
d'action à mettre en mouvement.

Considérons, au contraire, l'assurance en cas de décès
au point de vue du contrat de placement qu'elle renferme. Les primes versées constituent une série de prêts ;
l'action en remboursement qui s'ouvre à la mort de l'assuré
est complètement distincte de l'action en dommages-intérêts contre l'auteur de l'imprudence ou du crime ; l'une
prend sa source dans un contrat parfaitement régulier,
l'autre dans un délit ou un quasi-délit ; le contractant a entendu toucher tôt ou tard son capital, et aucun événement
ne peut dispenser la compagnie d'acquitter sa dette. Il
résulte de là que l'action contre la Compagnie et l'action
contre l'auteur du dommage coexistent et peuvent être
intentées concurremment.

Dès lors la question de subrogation peut se poser.
Comment la résoudrons-nous ?

Le Code Civil réglemente deux espèces de subrogations,
la subrogation légale (art. 1251) et la subrogation con-

ventionnelle (art. 1250). Quant à la subrogation légale
nous sommes forcé de l'écarter ; l'art. 1251 énumère
limitativement les cas où elle se produit, et aucun d'eux
ne convient à notre situation. On pourrait être tenté
d'invoquer le § 3 ; mais trouvons-nous ici un débiteur
tenu *avec d'autres* ou *pour d'autres* ? Quelle connexité
y a-t-il entre la dette de l'assureur et celle de l'individu
qu'oblige l'art. 1382 ? Quelle solidarité existe entre eux ?
L'assurance sur la vie n'a pas le caractère d'un cautionnement ; l'obligation de l'assureur a pour cause le
versement des primes, et n'est pas subordonnée à cette
condition que le contractant n'aura pas été préalablement
indemnisé. La Compagnie est tenue de payer en vertu
d'un engagement personnel et direct, indépendant de
l'action de l'assuré ou de ses héritiers contre les personnes
civilement responsables du dommage. Les deux dettes
n'ont aucun lien enre elles ; elles diffèrent essentiellement
dans leur principe et dans leurs conséquences. Nous
repoussons donc absolument l'idée d'une subrogation
légale (1).

Que dirons-nous de la subrogation conventionnelle ?
Les compagnies peuvent-elles valablement stipuler qu'elles
seront subrogées aux droits de l'héritier contre l'auteur
de l'accident ou du crime ? L'art. 1250 § 1 nous paraît
concluant pour la négative. La subrogation est conventionnelle, dit-il, lorsque le créancier recevant son paie-

---

(1) Sic : Cass. 3 mars 1829 — Sir.29.1.241. — Alauzet n'accepte pas
la subrogation légale ; mais il admet une espèce de transfert *ipso jure*
à l'assureur de l'action en dommages appartenant à l'assuré; l'équité
le veut ainsi. Il serait injuste, dit-il, que l'assuré indemnisé par
l'assureur, touchât du coupable une seconde indemnité; c'est l'assureur
qui souffre du dommage, c'est lui qui a l'action. Cette opinion semble
avoir été adoptée par l'arrêt de cassation du 23 décembre 1852. (D. P.
1853.1.93). Nous ferons remarquer qu'une pareille théorie serait tout
au plus admissible pour les assurances ordinaires où le contrat d'indemnité est pur de tout mélange, mais non pour les assurances sur la
la vie.

ment d'une *tierce* personne la subroge dans ses droits contre le débiteur ; cette subrogation doit être expresse et *faite en même temps* que le paiement. Peut-on dire que l'assureur est un tiers vis à vis de l'assuré? Non certainement, puisqu'il est tenu envers lui par un contrat; lorsqu'il paye le capital, son intervention est-elle libre et destinée à dégager le débiteur envers l'assuré ? Nullement. L'assureur intervient parce qu'il est directement obligé. Et puis la convention de subrogation doit être contemporaine du paiement ; antérieure, elle n'a pas sa raison d'être, puisque la loi l'autorise en vue du débiteur et pour faciliter sa libération ; postérieure, elle ferait revivre des droits, éteints par le paiement pur et simple, et dont le créancier ne peut plus dès lors avoir la disposition.

Ainsi, nous ne comprenons pas une subrogation conventionnelle conclue par avance ; tout au plus admettrions-nous une promesse de subrogation, ou mieux une cession de droits éventuels. La distinction est importante ; car ce sont les art. 1689 et s. qui seront applicables et non les art. 1249 et s. L'assureur cessionnaire aura notamment l'avantage d'échapper à l'application du principe de l'art. 1252 : *Nemo contra se subrogasse censetur.* Encore est-il douteux qu'une pareille cession puisse avoir lieu ; car elle constitue une spéculation sur un crime ou quasi-délit possible, et, comme telle, l'ordre public et les bonnes mœurs lui sont contraires.

La verité juridique pour nous est celle-ci : L'art. 1382 donne une action à tous ceux qui souffrent un préjudice par le fait d'autrui ; or, dans l'espèce, l'assureur éprouve un préjudice, d'autant plus grand que l'assuré, mort par crime ou par imprudence, avait plus d'années probables à vivre, et que, les chances de paiement immédiat du capital étant moins considérables, l'espérance de percevoir de nombreuses primes était plus justifiée. La Compagnie a donc une action directe contre l'auteur du décès ; cette action dérive des principes du droit commun, et il n'est pas besoin d'avoir recours à une subrogation ou à une cession d'action. Ajoutons qu'elle n'est en rien incompatible avec une action en dommages exercée par les héritiers du décédé. Si celui qui est la cause de la mort a infligé un préjudice à dix, vingt, cinquante personnes différentes, il sera responsable envers elles, sans exception, et rien ne pourra effacer cette responsabilité. Seulement les tribunaux ont dans la fixation du *quantum* des dommages un pouvoir souverain d'appréciation, et leurs jugements tiendront très-probablement compte, dans une certaine mesure, des sommes que les bénéficiaires du contrat auront reçues de la Compagnie.

Quant à une cession ou à une subrogation, nous le répétons, outre que juridiquement il est difficile d'en admettre le principe, nous ne voyons pas bien l'avantage qu'elles pourraient offrir à la Compagnie ; l'action de l'art. 1382 naît au moment du dommage, dans des conditions d'égalité parfaite pour tous ceux qui en souffrent ; l'action de l'assuré ne contient rien que ne contienne aussi l'action directe de l'assureur ; aucune faveur n'est attachée à la première que n'ait pas la seconde. Si des sûretées sont consenties pour en garantir l'efficacité, ce ne peut être que postérieurement à sa naissance, et, par conséquent, l'assureur est à même, comme l'assuré ou ses ayants cause, de prendre à cet égard ses précautions.

Nous concluons donc qu'il n'y a aucune raison d'insérer dans la police une clause de subrogation; cette clause est nulle, et fût-elle valable, elle n'est d'aucun intérêt pour l'assureur.

TROISIÈME PARTIE
DU BÉNÉFICE DE L'ASSURANCE
———

Sous ce titre, nous entendons aborder et traiter les difficultés juridiques si graves qui se rattachent à la question suivante : Qui doit en définitive toucher le capital assuré ? C'est la partie la plus intéressante et la plus délicate de notre étude.

CHAPITRE I
CESSION ET NANTISSEMENT.

Un droit de créance découle immédiatement pour l'assuré de la stipul.tion intervenue entre lui et la Compagnie. On a cependant soutenu que le contrat d'assurance en cas de décès, par son essence même, répugne d'une manière absolue à la naissance d'un droit actuel. C'est vainement qu'on soulève une pareille objection : la Compagnie est engagée envers le contractant ; son obligation a pour corrélatif une créance au profit de ce dernier. Cette créance n'aura d'effet utile qu'à la mort du stipulant ; mais ce n'est pas à dire pour cela qu'elle n'existe pas avant cette époque. Il ne faut pas confondre l'existence d'un droit avec son exigibilité ; or le décès de l'assuré n'est qu'un terme jusqu'à l'échéance duquel l'exécution de l'obligation est suspendue. Le terme, il est vrai, est incertain ; mais cette circonstance ne saurait modifier nos conclusions. Elles restent telles, alors même que la police a été passée au nom d'un tiers nominativement désigné ; tant que celui-ci n'a pas accepté la libéralité offerte, le contractant demeure libre de lui substituer un autre bénéficiaire. Il a donc un droit immédiat, dont il dispose une première fois, qu'il attribuera peut-être plus tard à un second donataire, lequel pourra être à son tour dépossédé, jusqu'au moment où son acceptation l'aura rendu titulaire définitif et incommutable de la police (1). Le droit du tiers bénéficiaire se trouve donc soumis à une condition qui dépend de la volonté du contractant; si celui-ci meurt sans avoir révoqué, directement ou indirectement, l'avantage qu'il a offert, le tiers, par son acceptation, se trouve saisi rétroactivement au jour du contrat de la créance qui en résulte. Nous reviendrons plus tard sur ce point.

La créance, dont nous venons de démontrer l'existence, peut être l'objet d'une cession ou d'un nantissement. Nous allons examiner comment s'opère soit la cession, soit la mise en gage, suivant que la police est *nominative*, *à ordre* ou au *porteur*.

SECTION 1

CESSION DE L'ASSURANCE

Police nominative — La police est *nominative* lorsque: 1° L'assuré , stipulant pour lui ou plutôt pour son patrimoine, n'y a pas fait insérer la clause *à ordre* ou la mention *payable au porteur* , ou bien encore a stipulé au profit de tiers nominativement désignés. 2° Le contractant a stipulé sur la tête d'un tiers à son propre profit, sans d'ailleurs se réserver la faculté de l'endossement ou de la cession manuelle.

(1) Il est même possible que le stipulant se réserve de disposer de la police malgré l'acceptation du bénéficiaire primitif.

Dans ces divers cas, la cession civile est seule possible. Elle a lieu soit par un acte public, soit par un acte sous signature privée. La signification du transport, ou son acceptation authentique par la Compagnie conformément aux art. 1689 et s. C. Civ., complète le dessaisissement du cédant en faveur du cessionnaire. Telles sont les seules conditions à remplir pour la régularité de la cession dans la première hypothèse.

En est-il de même dans la seconde? Le consentement du tiers sur la tête duquel repose l'assurance n'est-il pas requis? Ne faut-il pas, au moins, que le cessionnaire ait intérêt à la vie du tiers assuré? Nous ne serions que logique avec nous-même en décidant que, si le tiers consent à la cession, peu importe l'intérêt à la prolongation de ses jours (1). C'est dans cet ordre d'idées que se placent la plupart des Compagnies, qui font au titulaire actuel de la police une obligation d'obtenir l'assentiment du tiers assuré à la cession qu'il se propose; il y a là une mesure de précaution qui n'est pas inutile en elle-même. Mais nous allons plus loin encore, et nous pensons que le propriétaire de la police, en l'absence de toute clause lui faisant une obligation conventionnelle du contraire, a la faculté de la céder sans consulter le tiers, et sans se préoccuper de l'existence chez le cessionnaire d'un intérêt à la vie de ce tiers. Dès là que l'intérêt à la vie assurée ne fait pas défaut au moment même de la convention, celle-ci est valable, quels que soient les événements ultérieurs. Il est possible que, perdant dans la suite son caractère de contrat d'indemnité, l'assurance sur la vie demeure un simple placement; mais cette circonstance est sans

(1) Voir : Deuxième partie. Chap. 11 section 1. B.

effet sur le droit qui est issu du contrat régulièrement formé. Une créance est née au profit du contractant, elle est sa propriété ; il peut, par conséquent, en disposer librement. (1)

Police à ordre — La plupart des polices d'assurance sur la vie contiennent une clause d'après laquelle la propriété de la créance résultant du contrat est transmissible par voie d'endossement. Cette clause a pour effet de soumettre la négociation de ces titres aux prescriptions des art. 137 et s. C. Com. (2) L'endossement devra donc être daté, porter le nom du preneur, et exprimer la valeur fournie. S'il n'est pas conforme à ces indications, il ne vaut que comme procuration à l'effet de toucher le capital assuré. Or, voici l'intérêt de la distinction : 1° L'endosseur pourra révoquer le mandat, si l'endossé ne lui paye pas la valeur convenue (art. 2004) ; 2° Si cette valeur en retour n'a pas été fournie, et que l'endossé se soit fait payer, il sera tenu de rendre compte à l'endosseur ou à ses ayants cause ; 3° L'endosseur conservant la propriété de la police, ses créanciers ont le droit de faire une saisie-arrêt opposable à l'endossé ; 4° Si ce dernier tombe en faillite, l'endosseur sera fondé à revendiquer le titre (art. 574 C. Com.) ; 5° Enfin l'endossé, ne venant se faire payer que comme représentant de l'endosseur, sera repoussé par toutes les exceptions qui auraient arrêté celui-ci.

(1) On peut supposer que la cession d'une police nominative soit la conséquence d'une opération commerciale et participe de sa nature. Elle n'en demeurerait pas moins soumise à la règle de l'art. 1690. En effet, aucune disposition spéciale du Code de Commerce ne déroge à ses prescriptions. De plus, l'art. 91 § 4 C. Com. (loi du 23 mai 1863) fournit un argument très-fort dans notre sens.

(2) Paris, 12 février 1857. D. P. 57. 2. 134. — Cass. 12 janvier 1869 D. P. 72. 1. 125.

Lors, au contraire, que l'endossement a été régulier ;
la propriété de la police est transmise d'une manière
définitive et absolue, tant entre les parties qu'au regard des tiers ; l'endossé n'a pas à craindre les exceptions qui paralyseraient l'action de l'endosseur ; enfin,
peu lui importe la faillite de ce dernier, pourvu qu'il
ne tombe pas sous le coup des art. 1167 C. Civ. et
447 C. Com. Aucune opposition au paiement de la police ne sera admise, hors les cas prévus par l'art. 149
C. Com.

En cas de perte de la police, quelle sera la conduite
à tenir par le bénéficiaire pour la sauvegarde de ses
droits ? Sera-t-il fondé à invoquer, par analogie, les
art. 151 et s. C. Com ? Nous ne le pensons pas, car
ces articles ne se trouvent pas au chapitre de l'Ordre.
De plus, ils constituent une disposition exceptionnelle
que le législateur a introduite pour favoriser le développement de la lettre de change ; il faudrait donc,
pour en faire bénéficier la convention d'assurance, une
stipulation formelle qui, n'existant pas, ne peut être
suppléée par voie d'interprétation. (1)

Au reste, l'irrégularité de l'endossement ne fait qu'é-
tablir une présomption qui cède devant la preuve contraire.
Si l'endossé démontre qu'il a réellement payé la valeur
en retour, il se trouve nanti à titre de propriétaire de
la police d'assurance, et, la sincérité de l'opération n'é-

---

(1) Il a été jugé que : En cas de perte d'une police d'assurance,
stipulée transmissible par voie d'endossement, les représentants de
l'assuré décédé ne peuvent exiger immédiatement le prix de l'assurance en offrant caution : on n'applique pas l'art. 152 C. Com.
Le montant de l'assurance doit être déposé à la la Caisse des Dépôts et Consignations pendant 30 ans à partir du décès de l'assuré. Toutefois les ayants droits peuvent, dès à présent, être autorisés à retirer de la Caisse les cinq années d'intérêts de cette
somme en fournissant action.

tant pas douteuse, il est à l'abri de l'action des tiers (1).

Une question curieuse a été soulevée. L'endossement irrégulier vaut procuration ; or, le capital n'est exigible, s'il s'agit d'une assurance en cas de décès, qu'à la mort seulement de l'assuré. Donc, a-t-on dit, aux termes de l'art. 2003 C. Civ., le mandataire n'est plus investi de cette qualité, au moment où elle lui deviendrait utile. La réponse est facile. L'art. 2003 n'est pas applicable lorsque l'affaire pour laquelle le mandat a été donné n'est précisément susceptible d'être traitée qu'après la mort du mandant. Sans cela, il faudrait supposer que les parties ont voulu faire un acte nul ; ce qui ne doit jamais être facilement admis (art. 1157 C. Civ.) Aucun motif d'ordre public ne s'oppose d'ailleurs à ce que les parties, libres dans leurs conventions, écartent explicitement ou implicitement l'application de l'art. 2003. Il est bien entendu, de plus, que le porteur en vertu d'un endossement irrégulier a le droit, comme mandataire, d'exiger le paiement, et que la Compagnie se libère entre ses mains, tant qu'on ne lui a signifié ni opposition, ni révocation du mandat.

Le consentement du tiers sur la tête duquel repose l'assurance est-il nécessaire à la validité de l'endossement ? Nous résoudrons ici cette question comme en matière de cession civile, en faisant remarquer que la plupart des Compagnies exigent l'adhésion du tiers à chaque endossement.

(1) L'endossement d'une police d'assurance qui ne mentionne pas la valeur fournie est irrégulier et ne vaut que comme procuration. Toutefois le cessionnaire de la police est admis à prouver, à l'égard de son cédant et même à l'égard de la masse de la faillite de celui-ci, que la cession de la police lui a été faite, soit à titre de propriété, soit à titre de gage contre toute valeur fournie par lui. L'assureur qui, sur le vu d'un endossement même irrégulier, verse de bonne foi et avant la déclaration de faillite du souscripteur, le montant du capital assuré dans les mains du porteur de la police, fait un paiement valable et libératoire. — Dijon 3 avril 1874. D. P. 78. 2. 19.

Police au porteur — On conçoit très-bien que le contractant, pour se ménager une plus grande liberté d'action dans la transmission de son titre stipule que le
capital sera payable au possesseur, quel qu'il soit, de
la police. Celle-ci devient alors un véritable titre au
porteur, soumis à toutes les règles et à tous les principes propres à ces sortes de valeurs. La propriété en
sera transférée au moyen de la simple remise du titre
entre les mains du cessionnaire, et le détenteur actuel
de bonne foi sera propriétaire incommutable à l'égard
de tous.

Cette transmission, lorsqu'elle aura lieu à *titre gratuit*
constituera un *don manuel*. La validité de ces espèces
de libéralités, parfois contestée, est cependant admise en
général par argument de l'Ordonnance de 1531 et des
art. 852 et 868 C. Civ. ; cette doctrine, spécialement éla-
borée pour les objets mobiliers corporels, a été avec raison
étendue aux titres au porteur, et notamment aux polices d'assurance sur la vie.

Que la police soit *nominative*, *à ordre* ou *au porteur*,
si le droit de la céder n'a pas été exercé, la créance
à terme qu'elle représente reste dans le patrimoine du
souscripteur et en fait partie intégrante au moment de
son décès. Les héritiers en recueillent, dès lors, le
bénéfice *jure hereditario*. (1) Si, au contraire, le stipulant a cédé la police, la succession n'a plus aucun
droit au capital assuré. Le cessionnaire, nanti par la
remise du titre, par un endossement ou par une cession
régulière, doit toucher le capital promis à l'exclusion
de tous autres, à moins que les créanciers n'invoquent

(1) Cp. Cass. 15 décembre 1873. D. P. 74. 1. 113. — Id. 7 février 1857
D. 77. 1. 337.

les art. 1167 C. Civ., 446 et 447 C. Com., et ne triomphent dans leur action.

SECTION II

MISE EN GAGE DE LA POLICE

Une police d'assurance peut faire l'objet, comme toute
autre valeur mobilière, d'un contrat de gage ; il est
naturel, en effet, qu'un titre pareil soit utilisé, tout comme
un billet de banque, une facture, un connaissement, un
récépissé des magasins généraux, dans le but d obtenir
du crédit.

Le gage est commercial ou civil; il est commercial lorsque,
constitué par un commerçant ou par un non commerçant,
il intervient pour favoriser ou permettre la conclusion
d'un acte de commerce.

Gage civil. — Entre les parties et au point de vue
des obligations qui peuvent en découler, le contrat de
gage n'est soumis pour sa validité à aucune condition
particulière ; les règles générales sur la formation et
la preuve des conventions, s'appliquent sans difficulté.
A l'égard des tiers, et en ce qui concerne l'exercice
du privilège, certaines dispositions légales s'imposent,
au contraire, d'une manière rigoureuse.

Tout d'abord, et quelque soit la nature de l'objet
livré à titre de nantissement, il faut que cet objet soit remis effectivement au créancier ou à un tiers ; il faut,
en un mot, que le propriétaire soit dessaisi d'une façon
apparente. La raison en est simple : Aux termes de
l'article 2092 du code civil, les biens d'un débiteur
servent de gage à tous ses créanciers sans distinction,
et forment la base sur laquelle repose son crédit. Tant

qu'une chose reste entre les mains de son propriétaire, tant que les tiers qui traitent avec ce dernier la voient dans son patrimoine, ils ont le droit de compter sur sa valeur jusqu'à dûe concurrence ; et ils tomberaient évidemment dans une erreur qu'il leur serait impossible d'éviter, si la chose pouvait se trouver, dans cette posi-tion, grevée d'un gage occulte.

La tradition réelle de l'objet ne suffit pas. S'agit-il de meubles corporels ou de titres au porteur, on doit, en outre, rédiger un écrit et lui donner date certaine ; un acte authentique ou un acte sous-seing privé enre-gistré remplit ce but. (1)

Cette nécessité de la date se justifie pleinement, si l'on réfléchit que l'objet grevé du droit de gage est par-fois livré, non au créancier mais à un tiers, et qu'il peut être affecté à la garantie successive de plu-sieurs créances ; le créancier, second en date, ne pourra évidemment poursuivre son paiement sur cet objet qu'après complet désintéressement du créancier qui le précède dans l'ordre chronologique. Elle est en-core destinée à empêcher que le gage ne soit consenti à l'aide d'un acte antidaté, après une déclaration de faillite, ou même dans les dix jours qui précèdent la cessation de paiement pour dette antérieurement con-tractée. Au reste, une pareille précaution ne peut être efficace que si l'acte dressé contient l'indication détaillée des objets remis en gage, et la détermination précise du *quantum* de la dette garantie ; aussi la loi ajoute-t-elle cette prescription aux autres.

---

(1) Cette formalité n'est pourtant nécessaire que si l'intérêt de l'opé-ration dépasse 150 francs, c'est-à-dire, si la créance garantie ainsi que l'objet remis en gage sont l'un et l'autre d'une valeur supérieure à cette somme.

Supposons, au contraire, que le gage porte sur un meuble incorporel, sur une créance. Dans ce cas, l'art. 2075 vient ajouter aux conditions déjà requises en vertu de l'art. 2074, la nécessité d'une signification au débiteur de l'acte qui a constitué le gage. De cette manière, le débiteur de la créance donnée en garantie est averti qu'il n'ait plus à payer entre les mains du titulaire primitif, et il est à même d'avertir les tiers de la restriction que subit le droit de son créancier. On est, du reste, généralement d'accord sur ce point : qu'il faut compléter l'article 2075 par l'article 1690, et admettre, par conséquent, au lieu et place de la signification au débiteur, une acceptation par acte authentique émanée de lui.

Appliquons ces règles aux polices d'assurance sur la vie. Soit une police *nominative* : le nantissement doit être signifié à la Compagnie débitrice ou être accepté par elle dans un acte authentique ; la remise de la police au créancier gagiste complétera la constitution du gage.

Soit, au contraire, une police *au porteur*. En vertu de l'article 2074, nous exigerons au dessus de 150 fr., outre la remise du titre, un acte public ou sous seing privé enregistré. Mais faut-il, comme dans l'hypothèse précédente, signifier le nantissement à la Compagnie débitrice, ou, pour poser la question sous une forme plus générale, l'article 2075 est-il applicable aux valeurs au porteur ? La question est discutée.

L'assimilation d'une valeur au porteur avec un objet mobilier corporel, dit-on dans un système, ne doit pas être poussée trop loin ; au fond, et en regardant de près à la nature des choses, une valeur de cette es-

pèce constitue réellement une créance, objet incorporel ;
il faut donc lui appliquer l'article 2075.

Il est vrai que la propriété de ces valeurs se transmet par la simple tradition ; il a donc semblé à quelques auteurs que le même point de départ conduisait
à des conclusions tout à fait différentes. La constitution du gage ne doit pas en principe, disent-ils, présenter plus de difficulté que la translation de propriété ;
il serait bizarre qu'on eût plus de facilité à appauvrir
son patrimoine, et à diminuer la sûreté commune de
ses créanciers d'une manière définitive, qu'à accomplir
une opération qui implique seulement une aliénation
éventuelle, en dehors des prévisions et de l'intention
de celui qui la consent. L'art. 2279 permet l'aliénation
des valeurs au porteur par le fait seul de la tradition ;
un *a fortiori* irréfutable conduit à admettre la mise en
gage dans les mêmes conditions. Les articles 2074 et
2075 sont donc également hors de cause.

Nous ne saurions accepter aucun de ces deux raison-
nements. Quant au dernier argument *a majori ad minus*,
il ne se soutient évidemment pas en présence des
articles 2074 et 2279 ; il est certain, au moins en ce
qui touche les meubles corporels, que la loi a entouré
de plus de précautions, a soumis à des conditions plus
nombreuses et plus strictes la constitution du nantissement que le transfert de la propriété, peut-être parce
qu'elle est en général plus favorable à la transmission
pure et simple des biens qu'à la création de droits
réels qui en diminuent la valeur, peut-être aussi en
vertu du principe : *lex arctius prohibet quod facilius
fieri putat.* Quoiqu'il en soit, du reste, des motifs qui
ont déterminé le législateur, le fait est là ; en matière

de cession de créance, la remise du titre n'est pas nécessaire à la mutation de propriété, tandis qu'elle est formellement exigée pour la constitution du gage ; s'il s'agit de meubles corporels, l'art. 2279 se contente de la tradition ; l'art. 2074 veut de plus la rédaction d'un écrit. Soyons donc logique, et, si nous voyons dans le titre au porteur, non un meuble corporel mais une véritable créance, traitons-le comme telle, et soumettons-le aux articles 1690 et 2075.

Si nous admettons, au contraire, que le titre au porteur doit être assimilé à un objet mobilier, appliquons-lui les articles 2279 et 2074. C'est, en effet, ce qui doit être. Personne ne fait aujourd'hui difficulté à placer les valeurs au porteur sous l'empire de la règle : *En fait de meubles possession vaut titre*. Il y aurait certainement contradiction à abandonner, en fait de nantissement, l'ordre d'idées qu'on a suivi pour régler la transmission de propriété ; il n'est pas possible de traiter le titre au porteur tantôt comme un meuble corporel, tantôt comme un meuble incorporel. L'exposé des motifs de la loi du 3 mai 1863 nous révèle, à cet égard, la pensée du législateur d'une manière non douteuse ; il est vrai que la loi de 1863 traite du gage commercial ; mais aucune raison ne peut justifier ici une différence entre le gage civil et le gage commercial. Or, il est formellement énoncé que le titre au porteur doit être regardé comme un bijou, comme un lingot, en un mot, comme un meuble corporel, et soumis aux mêmes règles. C'est, pour notre part, ce que nous faisons en appliquant l'art. 2074 au nantissement des polices au porteur.

Soit enfin une police à ordre. Un endossement pignoratif suffira, tant à l'égard des parties qu'à l'égard

des tiers, pour constituer le gage. L'endossement trans-
latif de propriété fait foi de sa date *ergaomnes*; il doit
en être de même de l'endossement à titre de gage; aucune
disposition légale ne s'y oppose, et nous sommes, lorsqu'il s'agit de titres négociables par endossement, dans
une matière spéciale qui se suffit à elle-même.

Gage commercial. — Avant la loi du 23 mai 1863,
il n'y avait aucune différence entre le gage civil et le
gage commercial, au point de vue de sa constitution.
Telle était au moins l'opinion générale, consacrée par
la cour de Cassation, et fondée, tant sur les principes,
d'après lesquels en l'absence de dispositions particulières
au droit commercial les règles du Code Civil conservent
tout leur empire, que sur la fin de l'ancien article 93
du Code de Commerce.

La loi de 1863, passée dans l'article 91 du Code de
Commerce, contient une théorie complète du gage commercial; toutes les hypothèses y sont prévues. Quant
aux créances nominatives, dont le cessionnaire ne peut
être saisi à l'égard des tiers que par la signification du
transport au débiteur cédé, il n'est rien innové au Code
Civil et l'art. 2075 reste applicable; il n'y a pas non
plus de particularité à signaler dans le nantissement
des polices à ordre; il s'opère par un endossement
pignoratif.

Mais lorsqu'il s'agit d'objets mobiliers, le gage se
prouve, tant à l'égard des tiers qu'à l'égard des parties,
par tous les moyens prévus par l'art. 109 C. Com.
et usités dans la pratique commerciale; nul besoin
d'un acte authentique ou sous seing privé enregistré.
Si donc la police d'assurance a été stipulée *payable au
porteur*, elle sera valablement donnée en gage par la

simple tradition ; de même que nous l'avons soumise
à l'art. 2074 C. Civ., de même, lorsqu'elle est donnée
en garantie d'une dette commerciale, nous lui appliquons
les art. 91 § 2 et 109 C. Com.

Droits du créancier gagiste. — Le créancier nanti d'une
police d'assurance sur la vie à titre pignoratif, peut faire
tous les actes conservatoires de son droit et de ses
intérêts ; il est donc recevable à payer les primes destinées à entretenir, à vivifier le contrat, si le débiteur
néglige de le faire.

S'il n'est pas payé à l'échéance, la loi lui donne les
moyens d'exercer son privilége sur le prix de la police vendue aux enchères publiques ; suivant qu'il s'agira d'un gage
civil ou d'un gage commercial, le créancier sera obligé de
s'adresser à la justice, ou fera procéder à la vente huit jours
après une simple signification à la Compagnie et au tiers
bailleur de gage, s'il y en a un. De plus, lorsque le gage est
civil, l'art. 2078 ouvre une autre voie d'exécution ; le
créancier peut demander à la justice d'ordonner que le
gage lui restera à titre de *datio in solutum* sur une estimation faite par experts (1).

Mais ce qui est expressément défendu, tant en matière
civile qu'en matière commerciale, c'est de stipuler qu'à
défaut de paiement à l'échéance le gage restera au créancier à titre définitif ; toute clause dans ce sens est nulle ;
la loi a craint que le débiteur, toujours plein de confiance dans l'avenir, au moment où il s'engage, ne consente trop facilement à l'abandon, temporaire à ses yeux,

(1) Quelques auteurs pensent que l'article 2078 du Code Civil s'applique au gage commercial. Nous ne le croyons pas. L'article 2084 établit
déjà une présomption grave en faveur de notre opinion. Mais ce qui
est décisif, c'est que l'art. 98 du Code de Commerce reproduit les dispositions du Code Civil en ce qui concerne la vente aux enchères, et
passe, au contraire, sous silence la *datio in solutum* judiciaire.

d'un objet dont la valeur est supérieure à la créance. Après l'échéance, la même raison n'existe plus ; on peut même soutenir qu'elle disparait aussitôt le contrat conclu, et que la convention de *datio in solutum*, intervenant entre cette époque et l'échéance de la dette, serait valable, pourvu que la sincérité de l'opération ne fût pas douteuse, et qu'on ne vît pas chez le créancier la pensée d'exploiter la situation du débiteur. Il est d'ailleurs inutile de faire remarquer qu'une police d'assurance, même à ordre, n'est pas un effet de commerce, et que la disposition de l'article 91 *in fine* est inapplicable ; le créancier gagiste ne serait donc pas en droit de réclamer à la Compagnie le capital stipulé.

En résumé, lorsqu'il n'y a pendant la vie de l'assuré ni cession ni remise en gage de la police, le titulaire primitif, ou ses représentants, touchent le capital à l'échéance ; s'il y a cession, c'est le cessionnaire, ou le porteur en vertu d'un endossement, qui devient l'ayant droit à l'encontre de la Compagnie.

Dans l'hypothèse où la créance résultant du contrat est livrée en nantissement, le premier bénéficiaire conserve encore son droit jusqu'à l'exigibilité, si la dette garantie est éteinte à cette époque. En supposant, au contraire, que le débiteur n'a pas fait honneur à ses engagements, le créancier gagiste peut lui-même, à la mort de l'assuré, actionner la Compagnie d'assurance, s'il réunit les conditions nécessaires pour être déclaré propriétaire définitif de la police ; sinon, c'est l'adjudicataire, à suite de la vente aux enchères du gage, qui se trouvera subrogé vis à vis de la Compagnie à tous les droits du premier titulaire.

CHAPITRE II

DONATION DE L'ASSURANCE

SECTION I

ASSURANCE AU PROFIT D'UN TIERS.

Est-elle licite? On a beaucoup discuté cette question.
Les partisans de la négative ont mis en avant la règle :
Nemo alteri stipulari potest, reproduite par l'art. 1119
C. Civ., ainsi conçu : « On ne peut en général s'engager
ni *stipuler* en son propre nom que pour soi-même. »

Mais comprenons bien la portée de cette disposition.
Elle ne signifie pas que l'on n'acquiert jamais une créance pour autrui ; la théorie de la gestion d'affaire, celle
du mandat établissent le contraire. D'ailleurs le mandataire ne stipule pas en son propre nom, mais bien au
nom du mandant. Elle établit simplement qu'on ne peut
être titulaire d'une créance, au paiement de la quelle on
n'a aucun intérêt. Etait-il bien nécessaire d'exprimer
formellement une chose aussi évidente? Est-il raison-
nable de supposer qu'une stipulation porte sur un objet
entièrement indifférent au stipulant, à moins que celui-
ci ne soit fou, auquel cas la convention ne se formerait
pas ? Toutes les fois qu'on voit un homme sensé contracter en faveur d'un tiers, sans se constituer gérant
d'affaire et sans avoir reçu un mandat exprès ou tacite,
on peut être sûr qu'il puisera dans un intérêt, préexistant ou créé par une clause du contrat lui-même,
le droit de poursuivre en son propre nom l'accomplissement de l'obligation qu'il se fait consentir : Ainsi : je
stipule de vous que vous donnerez à mon débiteur l'argent qui lui est nécessaire pour faire honneur à sa si-

gnature, ou bien vous vous obligez envers moi à bâtir une maison pour Titius, faute de quoi vous me payerez 20,000 francs. Dans ces conditions, le contrat est parfaitement valable. L'art. 1121 n'est qu'une application de cette idée : « On peut, dit-il, stipuler pour autrui lorsque telle est la condition d'une stipulation que l'on fait pour soi-même, ou d'une donation que l'on fait à un tiers. » Je vous vends mon domaine pour tel prix, et à charge par vous de livrer à Titius un bois qni vous appartient; j'ai une action, résultant du contrat onéreux qui nous lie, qui me permet de faire valoir contre vous votre engagement accessoire aussi bien que votre engagement principal. Il en sera de même si la stipulation pour Titius accompagne une donation ; elle constitue alors une charge dont je puis me procurer l'exécution directement, ou indirectement par l'action révocatoire de l'art. 954 C. Civ.

Un individu s'impose des sacrifices pour constituer un capital dont lui-même ne doit pas jouir. Le mobile de sa conduite ne peut évidemment résider que dans une dette à acquitter ou dans une libéralité à faire. Le stipulant a des obligations envers le tiers bénéficiaire ; il veut, au moins, rendre leur exécution certaine après son propre décès, pour le cas où il lui aurait été impossible d'y satisfaire de son vivant; il contracte donc une assurance sur sa vie au profit de son créancier. Dira-t-on, dans cette hypothèse, qu'il est indifférent à l'assuré que la Compagnie tienne sa promesse ? Le stipulant est peut-être guidé par une pensée de libéralité ; il craint qu'une mort prématurée ne lui laisse pas le temps de ramasser un certain capital qu'il destine à un ami ou à un parent ; il souscrit une police d'assurance, il verse des primes, et, par là même qu'il fait un contrat à titre onéreux avec la Compagnie, il acquiert une action qui en assure le respect dans toutes ses parties.

Cette théorie est d'autant plus exacte que le contractant stipule toujours en réalité pour lui-même. Supposons, en effet, que le destinataire désigné ne puisse pas recueillir le bénéfice de l'assurance ; la Compagnie sera-t-elle autorisée à le garder par devers elle? Lui reconnaître ce droit serait aller contre l'intention qui a inspiré le traité. Dans ce cas, le capital sera payé aux représentants du contractant ; car il y avait une stipulation éventuelle au profit de ce dernier.

L'art. 1119 ne saurait donc être considéré comme un obstacle à la validité de l'assurance au profit d'un tiers ; alors même que le législateur n'aurait pas pris la peine de tempérer expressément la rigueur du principe qu'il pose, il suffirait de lui attribuer son sens vrai et sa portée réelle pour reconnaître qu'il ne se réfère pas à notre hypothèse. A plus forte raison doit-il en être ainsi, alors que la loi elle-même excepte de la prohibition contenue à l'art. 1119 une certaine catégorie de stipulations qui comprend certainement la nôtre (art. 1121).

Mais l'objection tirée de l'art. 1119 n'est pas la seule.

L'assurance, disent encore nos adversaires, est un contrat d'indemnité ; la victime du sinistre a seule droit au capital ; comment admettre, dès lors, qu'on assure sa propre vie au profit d'un tiers ? Nous répondons : Le tiers sera bien la victime du sinistre, si la mort de l'assuré lui cause un préjudice ou le prive d'un avantage. Or, toute personne, exposée par ma mort à un préjudice peut s'en préserver au moyen d'une assurance.

Je puis donc, comme gérant spontané d'affaire, assurer cette personne contre le danger de ma mort.

Mais, ajoute-t-on, l'assurance au profit d'un tiers est en violation de l'art. 1130, qui défend les traités sur successions non ouvertes ; car le paiement du capital est subordonné à la mort de celui qui stipule. Nous avouons ne pas comprendre ce raisonnement ; l'art. 1130 prohibe la transaction intervenant sur les espérances absolument éventuelles et incertaines d'un héritier présomptif ; mais il ne s'applique nullement à un droit qui résulte d'une convention , qui n'est , par conséquent , soumis à aucune incertitude. L'assurance au profit d'un tiers contient, en somme, la donation d'un capital payable au décès ; aucune disposition législative ne s'oppose à ce qu'une pareille combinaison sorte son plein et entier effet.

On insiste cependant et on dit : L'assurance au profit d'un tiers est une opération illégale parce qu'elle constituerait une donation révocable ; le paiement des primes étant facultatif, il est toujours au pouvoir du stipulant de faire tomber le contrat à sa volonté. Sans doute, la donation de l'assurance ne diminue pas la portée de la clause en question ; mais est-ce à dire pour cela que la libéralité a été consentie en violation de la règle : *Donner et retenir ne vaut ?* Pas le moins du monde. En plaçant l'assurance au profit d'un tiers sous l'égide de l'art. 1121, en la rangeant au nombre des combinaisons prévues par cette disposition légale, nous ne faisons aucune restriction. Or, l'art. 1121 porte *in fine* : « Celui qui a fait cette stipulation ne peut plus la révoquer si le tiers a déclaré vouloir en profiter. » Ainsi , jusqu'à l'acceptation du tiers , la libéralité demeure révocable ;

14

après, elle cesse de l'être. Il est vrai que, dans ses rapports avec la Compagnie, l'assuré n'est pas obligé d'entretenir le contrat ; mais alors, le donataire, devenu créancier définitif du donateur, peut le contraindre par les voies de droit, et, à défaut d'exécution, le faire condamner à des dommages intérêts.

Résumons-nous. L'assurance au profit d'un tiers est valable. C'est une convention qui a la plus grande analogie avec la constitution d'une rente viagère dont le prix est fourni *par une tierce personne*. Cette dernière opération est expressément prévue et permise par le Code Civil. Un *a fortiori* décisif doit faire admettre la validité de l'assurance en cas de décès, bien autrement favorable. La jurisprudence n'hésite plus aujourd'hui sur ce point (1).

Rentrant dans les termes de l'art. 1121 C. Civ., elle est, comme toutes les libéralités indirectes auxquelles il se réfère, dispensée des règles de forme auxquelles sont soumises les donations ordinaires. Ainsi, elle peut être faite par acte sous signature privée et n'est pas assujettie à une acceptation expresse (Cp. art. 1973) (2). Mais les conditions de fond, qui régissent les actes à titre gratuit, lui sont en général applicables. C'est ainsi qu'elle est réductible au taux de la quotité disponible , lorsqu'elle est faite par une personne qui laisse des héritiers à réserve ; elle est rapportable, si elle est faite à un successible. Quoique le tiers ait déclaré vouloir en profiter, elle n'en serait pas moins révocable pour cause d'ingratitude ou de survenance d'enfants. Le

---

(1) Voir Rouen 27 juillet 1875. — Cass. 6 février 1877, et de nombreux arrêts.

(2) Nous formulerons cette règle sous une forme très-générale et très exacte en disant que la libéralité de l'art. 1121 est valablement faite dans la forme du contrat onéreux dont elle est l'accessoire.

conjoint contre lequel la séparation de corps serait prononcée en serait déchu de plein droit (Cp. art. 299 C. Civ.). Enfin, elle est nulle si elle intervient en faveur d'une personne incapable de recevoir à titre gratuit. Arrêtons-nous sur ce dernier point.

Règles de capacité. — Toute personne, aux termes de l'art. 901, peut disposer ou recevoir soit par donation entre vifs, soit par testament, à moins que la loi ne l'en déclare incapable. A ce titre, l'interdit, le mineur sont inhabiles à contracter une assurance au profit d'un tiers. Le mineur devenu majeur, ne peut pas s'assurer en faveur de son tuteur non ascendant, tant que les comptes de tutelle n'ont pas été rendus et apurés ; le médecin, le prêtre ne profiteront pas de l'assurance stipulée pour eux par la personne qu'ils auront assistée ou soignée, pendant sa dernière maladie (Art. 909). Il en sera de même pour les personnes morales, tant qu'elles ne seront pas munies de l'autorisation qui leur est nécessaire. Les enfants naturels seraient vainement désignés comme devant recueillir le bénéfice d'une assurance pour une somme excédant la portion qui leur est accordée par les art. 756 et s., ou les aliments que leur attribue l'art. 762 lorsqu'ils sont adultérins ou incestueux. Enfin, serait nulle l'assurance contractée au profit d'une personne condamnée à une peine afflictive perpétuelle (Loi du 31 mai 1854), ou encore l'assurance stipulée en faveur d'une personne déjà morte ou non encore conçue au moment de la convention.

Mais ici se présente une difficulté. Que faut-il entendre par le moment de la donation ? Si les parties assistaient toutes les deux à la passation de l'acte, et que le donataire acceptât immédiatement l'offre de libéralité, si,

en un mot , la donation était un acte dont la validité
fùt subordonnée à sa perfection *uno contextu* , il n'y
aurait aucun doute possible : le moment de la donation
serait évidemment celui où ces différentes manifestations
de volonté se produiraient. Mais on sait que la donation
peut se composer de trois actes distincts, et qui parfois
sont séparés par un laps de temps considérable : « La
donation entre-vifs, dit l'art. 932, n'engagera le donateur,
et ne produira aucun effet que du jour qu'elle aura
été acceptée en termes exprès. L'acceptation pourra
être faite par acte postérieur... mais alors la donation
n'aura d'effet à l'égard du donateur que du jour où l'acte
qui constatera cette acceptation aura été notifié. »

L'art. 1121 lui-même suppose que l'acceptation, qui,
dans l'espèce, peut être expresse ou tacite et n'est jamais
soumise à une notification, sera quelquefois postérieure
à la stipulation. De là, la nécessité d'examiner si la
capacité des parties est requise, tant à l'époque de l'offre
qu'à l'époque de l'acceptation.

Il est certain, d'abord, que le stipulant donateur doit
être capable au moment de l'acceptation ; car, c'est alors
que se manifeste le concours de volonté et que se forme
le contrat. Il faut que l'offre se produise dans les mêmes
conditions, bien que, d'après l'art. 932, la donation non
acceptée n'ait aucun effet à l'égard du donateur ; car
elle est susceptible de se transformer en une aliénation
immédiate, si le donataire s'empresse d'accepter. D'ailleurs,
quel serait l'effet d'une offre faite par une personne incapable de disposer ? Aucun. L'acceptation du donataire
ne rencontrerait rien devant elle ; pour qu'elle ne tombât
pas dans le vide, l'offre devrait être à cet instant renouvelée
par le donateur devenu capable ; il faudrait, en un mot,

que la première offre, considérée comme non avenue,
fût remplacée par une autre.

Passons au bénéficiaire. Pour être capable de recevoir
entre-vifs, dit l'art. 906, il suffit d'être conçu au moment
de la donation. Il y a lieu, par conséquent, de se demander si un père de famille fait un acte valable et devant sortir
à effet, lorsqu'il stipule que le capital assuré sera payable
à son enfant non encore conçu, ou à tous ses enfants
nés et à naître ? Sur ce point la controverse est vive.

L'article 906, a-t-on dit, exige que le donataire soit
conçu au moment de la donation|; or l'acception na-
turelle et commune du mot donation, c'est, de la part
du donateur, la déclaration qu'il veut donner. C'est user
de subtilité qu'attribuer à ce mot le sens d'acceptation.
D'ailleurs, quelle valeur peut avoir une offre faite à
une personne incertaine, bien mieux à une personne
qui n'a encore aucune existence, ni réelle, ni légale ?
C'est une offre faite au néant ; dépourvue de toute vie
elle ne saurait se perpétuer ; elle tombe dès l'abord ; elle
ne se soutient pas pour attendre que l'acceptation du
bénéficiaire vienne se combiner avec elle.

Nous estimons pourtant que l'assurance au profit d'un
enfant non conçu doit recevoir son exécution. Nous l'ad-
mettrons d'abord *utilitatis causa*. Pourquoi empêcher
un acte de prévoyance de la part du père de famille,
qui peut être inopinément ravi aux siens, laissant à son
décès des enfants qui n'existaient pas à l'époque où
l'assurance a été contractée ? Qu'une loi intervienne pour
servir de Code aux assurances, et il n'est pas douteux
pour nous que le législateur, s'inspirant de ces idées,
ne tranche en notre faveur la controverse actuellement
existante. Notre législation civile ne répugne pas au-

tant qu'on voudrait bien le dire aux dispositions en faveur de personnes incertaines ; les articles 1048 et 1049
en sont la preuve. L'art. 1062 admet l'*institution con-*
tractuelle au profit des enfants nés et à naître ; cette
règle, destinée à favoriser le mariage, trouverait son complément tout naturel dans une disposition législative qui
permettrait expressément l'assurance au profit de ces
mêmes enfants.

Mais, même dans l'état actuel de notre législation,
nous pensons que notre opinion ne porte aucune atteinte aux véritables principes. La donation, sans l'acceptation, ne produit aucun effet contractuel ; c'est une
offre, une pollicitation, un acte absolument unilatéral,
qui, par conséquent, vaut par cela seul que celui qui
le fait est capable de l'accomplir. Etant valable, elle
se maintient d'elle-même, et se continue jusqu'à l'instant
où elle est acceptée ou révoquée. Que dit, en effet, l'art.
1121 ? Celui qui a fait l'offre ne peut plus la révoquer
dès qu'elle est acceptée ; si, pour tomber, elle doit être
révoquée, c'est qu'elle se soutient tant que la révocation
n'a pas eu lieu. Une offre à une personne incertaine
n'est pas toujours inutile ; il arrive souvent qu'on promet une somme à celui qui rapportera tel objet perdu
ou qui accomplira tel acte....

A quoi bon la capacité du bénéficiaire à l'heure précise où intervient l'offre ? Pour accepter ? Nous supposons justement qu'il n'accepte pas. Pour acquérir l'objet
aliéné par le donnateur ? Mais il n'acquiert rien jusqu'à l'acceptation. En définitive, qu'est-ce que la capacité de recevoir par donation ? C'est la possibilité légale
de faire une acceptation valable. Pourquoi donc exigerait-
on que cette possibilité existât avant le moment où on

songera à l'utiliser ? Remarquez d'ailleurs que l'art.
1121 qui permet de stipuler au profit d'un tiers n'exige
pas une désignation nominative ; elle est suffisante si elle
ne laisse pas de place à l'erreur. Or, dans l'espèce,
aucune incertitude n'est possible. Peut-on dire même qu'on
stipule réellement au profit de personnes incertaines,
puisque la loi elle-même prend soin de compléter la
désignation en déterminant à quelles personnes convient
la dénomination d'enfants ? S'il est de règle générale
qu'on ne puisse faire de donation à une personne non
existante, c'est que le contrat serait matériellement impossible, le donateur étant seul. Mais ici, la libéralité
s'appuie sur un contrat valable. Ne voit-on pas tous
les jours un homme généreux faire un don à un établissement public ou de bienfaisance, à une commune,
à un département, à condition d'en employer le bénéfice
à récompenser tel acte de vertu, l'auteur d'une invention utile ? N'y a-t-il pas là une libéralité en faveur d'une
personne non encore connue, et qui n'est valable que
parce qu'elle se greffe sur le contrat principal dont elle
est une charge ?

Acceptation du bénéficiaire. — Elle n'est soumise à
aucune condition de forme et elle n'a pas besoin d'être
notifiée ; expresse ou tacite, elle intervient valablement
tant que l'offre n'a pas été révoquée (Art. 1121). Mais,
après le décès du stipulant, l'acceptation du bénéficiaire
arrivera-t-elle en temps utile, et quel en sera l'effet ?

Notre solution dans la question précédente fait assez
pressentir celle que nous adoptons actuellement. L'acceptation peut survenir valablement après la mort du
stipulant ; elle rétroagit au jour du contrat, et fait consi-

dérer le tiers comme créancier direct de l'assureur. Cette double proposition est contestée.

Il est de principe, dit-on, que l'acceptation ne puisse plus avoir lieu utilement après le décès de celui qui a fait l'offre, ou lorsqu'il a perdu, de fait ou de droit, la capacité nécessaire pour persévérer dans sa volonté. La formation d'un contrat, onéreux ou gratuit, exige un concours de volonté. Or, après le décès du pollicitant, comment soutenir que ce concours existera ? Quelle volonté viendra au devant de celle du bénéficiaire ? Dans l'hypothèse de l'article 1121, le stipulant peut révoquer l'offre tant qu'elle n'est pas acceptée ; le bénéfice de l'assurance reste donc à sa disposition jusqu'à cette époque, et on peut le considérer comme faisant partie active de son patrimoine. Il le transmet donc à ses héritiers avec le reste de sa succession ; l'acceptation du bénéficiaire arrive trop tard.

Cette théorie est parfaitement exacte toutes les fois qu'on se trouve en présence de l'offre de conclure un contrat ; dans ce cas, l'offre sans l'acceptation n'est rien ; le concours de volonté ne peut évidemment se produire que si le consentement des deux parties a un moment, si court qu'il soit, de commune existence. Mais l'offre, faite en vertu de l'art. 1121, n'est pas une pollicitation formant la première introduction à un contrat principal qui se formera plus tard ; la libéralité offerte n'est qu'une condition, une charge accessoire d'un contrat déjà complet, parfaitement valable et qui suffit à se soutenir lui-même avec toutes ses clauses. « Le contrat principal, dit M. Duranton, est indépendant des accidents de mort; la stipulation accessoire qui s'y rattache participe à cette solidité; elle n'est pas, comme une simple proposition non encore acceptée, susceptible de s'évanouir par le décès du stipulant... Le tiers peut encore accepter (après le décès du stipulant), parce qu'il ne s'agit pas d'une convention dans laquelle il est réellement partie, et qu'il ne figure dans le contrat formé entre les seuls stipulant et promettant que pour la détermination de la condition ou du mode, dont il est simplement le sujet. » Cette théorie puise une grande force dans la comparaison du droit ancien. Soit dans la législation romaine, soit dans le droit coutumier, on a toujours établi une différence capitale entre la donation entre-vifs directe, et la libéralité indirecte ajoutée à une stipulation ; cette dernière était considérée comme une simple clause du contrat principal et intimement liée à son sort. Cette idée était même poussée jusque dans ses conséquences les plus extrêmes, puisqu'on refusait en général au stipulant la faculté de révoquer à lui seul l'offre qu'il avait faite, et qu'on exigeait, pour que cette révocation fût possible, le consentement des deux parties contractantes.

Le bénéficiaire peut donc accepter la stipulation conclue à son profit, même après la mort du stipulant ; et, s'il le peut, ses héritiers le peuvent aussi, à moins qu'il n'y ait une condition de survie, expresse ou tacite, insérée dans la stipulation.

Mais les héritiers du stipulant auraient-ils la faculté de révoquer le bénéfice de la stipulation tant qu'il n'a pas été accepté ? Quelques auteurs l'admettent, et se fondent sur ce que nos droits passent *ipso jure* à nos héritiers ou ayants cause, à moins d'une convention ou d'une disposition légale contraire. Mais, à nos yeux, le droit de révoquer une libéralité est absolument personnel à son auteur. Cela est vrai surtout lorsqu'il s'agit d'une stipu-

lation pour autrui, charge d'un contrat principal, que
le stipulant se réserve de pouvoir rétracter à sa fantaisie.
Si cette idée doit prévaloir, c'est bien dans une espèce
comme la nôtre où son admission est seule de nature
à assurer, dans la plupart des cas, le respect des volontés
du disposant et l'efficacité de la convention. Car, le
plus souvent, le bénéficiaire du contrat ignore la gra-
tification dont il est l'objet jusqu'à la mort du stipulant,
et n'est pas à même, par conséquent, de l'accepter avant
cette époque. D'un autre côté, c'est alors seulement que
la disposition est susceptible de produire son effet. Les
héritiers et ayants cause, arrivant ordinairement les premiers à la connaissance des papiers et des affaires du
défunt, s'empresseraient de révoquer l'offre faite par lui
et la rendraient illusoire. Ajoutons que, dans l'ancien
droit, la mort du stipulant rendait la libéralité irrévocable.

Quel est l'effet de l'acceptation ? Rétroagit-elle au jour
du contrat et fait-elle considérer le bénéficiaire comme
saisi de son droit dès cette époque ? Ne produit-elle,
au contraire, son effet qu'à partir de l'instant où elle a lieu ?
On comprend l'intérêt de la question. Si on adopte la
première manière de voir, le capital assuré, lorsqu'il
est payé au bénéficiaire, n'a jamais été dans le patrimoine du contractant ; à aucun moment, il n'a été soumis
au droit de gage qui pèse sur les biens d'un débiteur
au profit de tous ses créanciers, en vertu de l'article
2092. Dans l'opinion contraire, le résultat inverse se
produit ; la créance contre l'assureur repose d'abord sur
la tête du stipulant ; elle fait partie de son actif et se
trouve affectée, comme lui, à la sûreté commune des
créanciers. Elle passe bien après coup au bénéficiaire ;

mais celui-ci la recueille en qualité d'ayant-cause du stipulant, et non en vertu d'un droit propre.

Pour nous, l'acceptation, qu'elle ait lieu avant ou après le décès du stipulant, rétroagit, et crée au profit du tiers une créance directe contre l'assureur. Le capital de l'assurance échappe aux créanciers héréditaires, à moins qu'ils n'exercent avec succès l'action révocatoire pour cause de fraude. En dehors de cette hypothèse, ils ne peuvent pas saisir le capital de l'assurance entre les mains de l'assureur; alors même que le contractant serait tombé en faillite, la situation n'en serait pas modifiée, et le syndic n'aurait aucune prétention à émettre sur ce capital, sauf le cas où il pourrait invoquer l'art. 447 C. Com. (1). L'acceptation ayant complété l'offre, c'est à partir de cette dernière que le désaisissement du pollicitant a eu lieu ; or, dans l'espèce, l'offre est concomitante à la naissance même de la créance ; celle-ci a donc passé directement sur la tête du bénéficiaire, et n'a jamais figuré dans le patrimoine du stipulant. Elle n'y figure pas surtout au moment du décès du disposant, et cela suffit pour qu'elle échappe à la règle : *Nemo liberalis nisi liberatus*, applicable aux seules libéralités testamentaires, et non aux libéralités entre-vifs. On opposerait vainement que le stipulant conserve la faculté de révoquer son offre, expressément ou tacitement en ne payant pas les primes, jusqu'à l'acceptation ; il y a là une véritable condition résolutoire qui, une fois défaillie est réputée n'avoir jamais existé, et qui n'empêche pas le contrat qu'elle affectait de produire son effet à sa date. La condition résolutoire suspend non les effets

(1) Sic : Lyon 2 juin 1863. — Colmar 27 février 1865. — Paris 5 avril 1867.

du contrat, mais sa révocation ; le contrat fait sous cette condition produit donc, de même qu'un contrat pur et simple, tous ses effets *hic et nunc*. Si la condition se réalise, le contrat est alors révoqué rétroactivement ; il est regardé comme n'ayant jamais été conclu ; les choses sont remises au même état qu'auparavant. Mais si la condition résolutoire fait défaut, le contrat est réputé avoir toujours été pur et simple ; la condition n'a pas eu le pouvoir d'en modifier la nature ou les effets.

Le fait que le stipulant se serait réservé expressément la faculté de disposer de la police au profit d'un autre bénéficiaire ne changerait rien à ce qui vient d'être dit. Dès l'instant que le pollicitant n'a pas usé de son droit, la condition résolutoire fait défaut ; le contrat produit tout les effets d'un contrat pur et simple. On répond ainsi victorieusement à l'objection qui consiste à dire : « Vous prétendez que la créance en question n'a jamais fait partie du patrimoine du stipulant, qu'elle a, dès le début,, appartenu au bénéficiaire, et qu'elle échappe, par conséquent, à l'action des créanciers. D'un autre côté, vous êtes obligé d'admettre que le stipulant a gardé la disposition de cette même créance. Il y a là contradiction au point de vue juridique. De plus, il y a un danger considérable de fraude. On ne manquera pas, en effet, d'user de l'assurance en cas de décès dans le but suivant : se procurer une ressource toujours disponible et cependant facile à garantir, à un moment donné, de l'action des créanciers. » Cette objection se réfute, en fait, par les considérations suivantes. Les cas de fraude doivent toujours être exceptés : *fraus omnia corrumpit* ; et, s'il était prouvé que l'offre, le retard apporté à l'acceptation et l'acceptation elle-même, en ce qui touche son opportunité, ont été ainsi combinés grâce à un concert frauduleux entre le pollicitant et le bénificiaire, ou même grâce à un calcul peu délicat du pollicitant, nul doute qu'on n'arrivât à faire annuler la libéralité. En droit, nous ne voyons rien d'impossible à ce qu'une créance ait deux titulaires sous une alternative ; l'avenir seul décidera quel est celui qui est définitivement investi, et, comme la condition accomplie a toujours un effet retroactif, le titulaire actuel sera réputé avoir été constamment titulaire unique.

En résumé, l'assurance au profit d'un tiers est valable ; elle rentre dans les termes de l'art. 1121. Le bénéfice en peut être utilement accepté après la mort du stipulant, et l'acceptation, à quelque époque qu'elle intervienne, retroagit au jour du contrat. (1)

Quelques personnes admettent la nécessité de ce résultat sans pour cela accepter la théorie précédente. L'assurance sur notre tête, disent-elles, en faveur des personnes que notre mort peut précipiter dans l'indigence, est extrêmement favorable. Elle est déclarée valable en vertu de l'art. 1121 C. Civ. Or, dans presque tous les cas, et, pour ainsi dire, par la force des choses, les bénéficiaires ne manifestent leur volonté de profiter du contrat qu'au moment de toucher le capital assuré. Comment, dès lors, les rendre titulaires directs de la créance née du contrat, et réaliser ainsi la pensée de prévoyance qui l'a inspiré ? Est-ce en donnant à leur acceptation un effet retroactif, remontant au jour même de la convention ? Mais une disposition libérale, qui devient valable par une acceptation postérieure au décès du dis-

(1) Cass. Requ. 22 juin 1859. D. P. 59.1.385. — Cass. 7 fév. 1877. D. P. 77. 1. 337. note.

posant, ne peut être qu'un legs ou un fideicommis. Pour qu'elle soit considérée comme disposition entre-vifs, il faut qu'il y ait concours simultané de volontés. Or, l'acceptation d'un legs rétroagit au plus jusqu'au jour du décès du disposant, lequel est mort en pleine possession et propriété de la valeur par lui transmise. Le résultat souhaité n'est donc pas obtenu ; le capital assuré ne pourra pas être soustrait à l'action des créanciers. Mais changeons notre point de vue, et considérons le tiers appelé au bénéfice du contrat comme le véritable assuré, comme celui au nom duquel l'assurance a été contractée, tandis que le stipulant ne sera plus qu'un simple gérant d'affaire. Alors l'adhésion qu'exprime le tiers est une ratification qui rétroagit au jour du contrat ; elle peut intervenir valablement après la mort du stipulant, et le tiers qui a ratifié est créancier direct de l'assureur, comme s'il avait contracté lui-même.

Les considérations précédentes ne nous paraissent pas répondre davantage aux nécessités de la logique juridique qu'à la nature du contrat d'assurance sur la vie. Il est certain, en effet, que le stipulant, qui s'assure au profit d'un tiers, n'entend pas en général renoncer au droit de révoquer l'offre qu'il a faite, au moins tant qu'elle n'est pas acceptée ; il arrive même quelquefois qu'il fixe un délai avant lequel l'acceptation n'aura aucune valeur. Or, le gérant d'affaires ne peut pas révoquer le bénéfice de l'opération qu'il a accomplie, et mettre obstacle à la ratification du *negotii dominus* ; dans l'espèce, il ne lui serait pas possible de rétracter la proposition qu'il a faite au tiers de profiter de l'assurance.

Il y a autre chose. Les partisans du dernier système sont obligés de reconnaître que, même dans leur manière de voir, il y a une donation ; seulement, au lieu de porter sur le capital assuré, elle porte sur les primes payées ; comme conséquence, ils sont forcés d'admettre que la ratification du contrat d'assurance par le tiers emporte acceptation de cette libéralité accessoire. N'est-ce pas tout simplement reculer la difficulté et retomber dans l'inconvénient qu'ils veulent éviter, si cet inconvénient existe en réalité ? Et puis, il est évident, dans notre hypothèse, que le prétendu gérant d'affaire est guidé par une pensée de libéralité, il agit *donandi animo*, cela résulte de l'aveu que nous venons d'enregistrer. Eh bien, toutes les fois que le gérant n'a pas l'intention de recouvrer les impenses qu'il fait, on admet qu'il n'y a pas véritablement gestion d'affaire, mais bien libéralité indirecte. L'art. 1375 est une preuve que la loi ne voit un gérant d'affaire que dans l'individu qui fait les affaires d'autrui sans la moindre intention libérale ; la série des articles, composant la première partie du chapitre premier au Titre des Engagements qui se forment sans convention, est là pour établir que la loi voit dans la ges-d'affaire un quasi-contrat *synallagmatique*, si l'on peut s'exprimer ainsi, c'est à dire créant des obligations réciproques, et à titre onéreux.

En somme, s'il est naturel, lorsqu'il s'agit d'apprécier comment et à quel point de vue l'assurance au profit d'un tiers est digne du nom d'assurance, de considérer le tiers bénéficiaire comme la victime possible d'un sinistre dont le stipulant le garantit en se faisant, en quelque sorte, son gérant d'affaire, il n'est pas moins vrai de remarquer que cette intervention ne constitue pas une véritable gestion d'affaire, dans l'acception légale du mot ; elle est un acte à titre gratuit, qu'il faut prendre et discuter comme tel.

SECTION II

ASSURANCE AU PROFIT DES HÉRITIERS ET DES AYANTS DROITS

Nous avons, dans la section précédente, supposé que le bénéficiaire du contrat d'assurance avait été parfaitement et nominativement déterminé. Changeons quelque peu cette hypothèse, et voyons ce qui arrive lorsque la stipulation porte qu'elle doit profiter *aux héritiers* ou *aux ayants droits*. Admettrons-nous, comme ci-dessus, que la créance contre la Compagnie passe sur la tête des héritiers ou des ayants droits, non comme valeur de succession, mais en vertu d'un droit qui leur serait personnel, et qui n'aurait rien à redouter de l'action des créanciers héréditaires? Quelques auteurs, excessivement favorables à l'assurance sur la vie, estiment qu'il doit en être ainsi. C'est, à leur avis, la seule manière de conserver au contrat son utilité, et de rendre ses effets conformes au but poursuivi.

Cette solution est, à nos yeux, trop absolue ; nous ne saurions l'accepter, au moins en ce qui concerne les ayants droits. Par l'expression *ayants droits*, on a toujours désigné l'individu qui, à un titre quelconque, a un droit sur une succession ; les créanciers sont du nombre. Or, à moins de les en exclure, nous ne voyons pas trop quel sera l'intérêt d'une attribution directe du capital assuré. D'un autre côté, cette attribution directe a-t-elle été voulue par le stipulant ? Il est permis d'en douter. Que le capital assuré passe directement à un tiers désigné sans aucun intermédiaire, cela nous paraît tout naturel ; mais encore faut-il que ce soit dans l'in-

tention du disposant, et que cette intention soit clairement
exprimée. Sans quoi, il n'y a pas de raison pour que
la créance contre la Compagnie ne figure pas, comme
toute autre acquisition, à l'actif de l'assuré. La controverse ne saurait donc être sérieuse lorsqu'elle concerne
les ayants droits.

Mais la discussion est vive autour du mot *héritiers*,
lorsqu'il n'est pas accompagné des mots *ou ayants droits*.
Les héritiers, dit-on dans un sens, sont des personnes
incertaines : un homme vivant n'a pas d'héritiers actuellement désignés. La stipulation en leur faveur est
donc nulle si on se place au point de vue de l'art. 1121 ;
elle ne peut être considérée que comme l'expression,
complétement superflue, d'un principe que l'art. 1122
applique de plein droit à toute convention. Qu'on ne
dise pas que le disposant a eu en vue ses héritiers présomptifs ; ceux-là mêmes qui émettraient cette
prétention ne permettraient pas à ces héritiers d'accepter
le bénéfice pendant la vie du stipulant ; un tiers dénommé le pourrait, au contraire. On ne doit pas d'ailleurs
supposer *a priori* que le stipulant n'a songé qu'à sa
famille, qu'oublieux de l'honneur de son nom et de la
prospérité de son patrimoine, gage de ses créanciers, il
n'a pensé qu'à créer, peut-être au détriment d'une administration scrupuleuse, une situation pécuniaire indépendante des chances diverses de la fortune, au profit
de ses héritiers du sang. Il a traité pour ses *héritiers*.
Qu'est-ce qu'un héritier, sinon le continuateur de la *personne juridique*, et pourquoi attribuer à ce mot un
autre sens que rien ne justifie ? La loi, et par suite le
sens légal des mots, n'est-elle pas censée connue de tous ?
Enfin, l'existence d'une libéralité ne doit jamais se pré-

15

sumer, et, lorsqu'un acte est susceptible d'être regardé
soit comme à titre onéreux, soit comme à titre gratuit,
c'est vers la première interprétation qu'on doit pencher
d'abord ; or, dans l'espèce , attribuer directement le
capital assuré aux héritiers, c'est supposer au disposant
une intention libérale qu'il n'a peut-être pas eue.

Dans une autre opinion, on distingue. Lorsque le défunt
laisse pour héritiers des enfants ou autres héritiers à réserve, nul doute que sa pensée ne se soit portée sur eux. Ce
sont d'ailleurs des héritiers certains, nécessaires, nettement
déterminés. Au contraire, quand il n'y a pas de réservataires,
il est peu probable que le stipulant ait entendu désigner sous
la dénomination vague d'héritiers des parents plus ou
moins éloignés; de plus, il y a trop d'incertitude, d'instabilité
dans leur qualité d'héritiers, pour qu'on la regarde comme
les désignant d'une façon suffisamment claire.

Cette distinction nous paraît difficile à accepter, au
moins sous une forme absolue. Il y a incertitude sur
la personne de l'héritier à réserve comme de l'héritier
ordinaire ; le premier ne peut pas être déshérité, c'est
vrai ; mais il peut mourir avant le disposant ; et puis;
tel qui est actuellement réservataire ne le sera peut-être
plus demain. Si, donc, on considère les héritiers comme
des personnes incertaines, il n'est pas exact de prétendre
que toute indétermination est évitée, lorsqu'il s'agit
d'héritiers à réserve.

Le contrat d'assurance sur la vie, dit-on dans un troisième système, étant un contrat innommé et ne rentrant pas
dans les prévisions du Code, on ne doit lui appliquer que
les règles générales des contrats ; celle de l'article 1156
lui convient au plus haut degré. Or, si on s'attache à
l'intention des parties, on est amené à reconnaître que

le mot *héritier* n'a pas été employé par le stipulant dans son sens juridique, et pour désigner sa succession, mais dans son sens vulgaire, et pour indiquer les personnes qui étaient ses héritiers naturels, alors même qu'ils viendraient à dépouiller par une répudiation la qualité légale d'héritiers. L'art. 1157 corrobore cette manière de voir ; lorsqu'une convention est susceptible de deux sens, l'un avec lequel elle peut avoir quelque effet, l'autre avec lequel elle n'en pourrait produire aucun, il faut l'entendre dans le premier sens. Si le stipulant en disant *mes héritiers* a voulu dire *ma succession*, il a fait une stipulation inutile, l'art. 1122 étant suffisant pour qu'en traitant en son nom il traitât en même temps au profit de sa succession. Les libéralités ne se présument pas, il est vrai ; mais cette règle, faite pour les donations ordinaires, n'a rien à voir dans une matière toute spéciale comme la notre ; en présence d'un contrat onéreux affecté à titre de charge d'une libéralité, il est très-naturel de consulter l'intention des parties et d'examiner quel est, en fait, le tiers qu'on a voulu gratifier. La règle qu'on oppose n'est d'ailleurs écrite nulle part au Code, tandis que l'art. 1157 en forme une disposition essentielle.

C'est aussi notre manière de voir. En ramenant la difficulté qui nous occupe à une pure question d'interprétation de la volonté des parties, nous nous plaçons sur le seul terrain véritable. L'assurance au profit d'un tiers étant légale, et donnant à celui-ci un droit propre, il s'agit de rechercher, sous les expressions employées par le stipulant, s'il a réellement voulu arriver à ce résultat, ou si, au contraire, il n'a entendu traiter que pour lui ou pour son patrimoine. Les considérations précédentes nous amènent à penser que la plupart du temps il aura entendu créer au profit de certaines personnes, indépendemmant de leur qualité d'héritier qu'il ne considère que comme un moyen de désignation, une ressource distincte de sa fortune et à l'abri de l'action des créanciers. C'est une combinaison licite, morale même à condition qu'elle ne soit pas inspirée par une pensée de fraude, auquel cas l'art. 1167 serait applicable. Si donc l'expression *héritiers* correspond à des *enfants,* ou à des ascendants réservataires, ou même à des parents non réservataires que le stipulant avait notoirement l'intention de mettre à l'abri du besoin, il est naturel et juste de considérer ces divers héritiers comme tiers désignés et bénéficiaires directs de l'assurance. Si on ne se trouve dans aucun de ces cas, si le stipulant n'a que des héritiers éloignés, il est probable qu'il a entendu augmenter son patrimsine, et non gratifier ceux que la loi désigne comme ses héritiers. (1)

Nous connaissons maintenant, d'après les données précédentes, quels sont les droits des créanciers sur le capital assuré. Le capital assuré fait partie du patrimoine du stipulant et se trouve dans sa succession, toutes les fois que ce dernier a stipulé pour lui, pour ses héritiers ou ayants droits, et même pour ses héritiers, quand les circonstances ne permettent pas de voir dans cette expression l'intention d'une attribution directe; il en sera de même si le capital est payable à une personne qui devra être désignée plus tard par voie d'endossement. Les créanciers peuvent alors saisir arrêter le montant de l'assurance entre les mains de l'assureur.

(1) Colmar 27 février 1865. Sir. 65. 2. 337.— Paris 5 avril 1867. Sir. 67. 2. 249. — Besançon 23 juillet 1852. Sir. 52. 2. 152. — D'jon 1 août 1875. Sir. 77. 2. 19. — Contra : Cass. 15 décembre 1873. Sir. 74. 1. 199.— Id. 15 juillet 1875. Sir. 77. 1. 26. — Id. 20 décembre 1876. Sir. 77. 1. 119.

Lorsque le stipulant a disposé au profit de tiers parfaitement déterminés et certains, le capital échappe aux créanciers. Il est vrai que ces derniers peuvent exercer l'action de l'art. 1167. Mais, même en supposant qu'ils triomphent, il est évident qu'ils n'auront aucune prétention à élever sur le capital assuré qui n'a jamais fait partie de leur gage. Leur droit se bornera à faire reverser dans l'actif de leur débiteur la somme des primes qui en ont été tirées. (1)

Une dernière remarque pour finir. Il pourra parfaitement se faire, dans le cas où le capital assuré a été attribué directement à un successible par une désignation nominative, que les créanciers héréditaires en profitent. Il suffit de supposer pour cela que l'héritier accepte purement et simplement la succession ; car, alors, les créanciers de celle-ci, devenus créanciers personnels de l'héritier, mettront en avant l'article 1166 pour être admis à toucher le capital assuré. Mais ils ne pourront plus l'atteindre si l'héritier renonce ou accepte sous bénéfice d'inventaire, et même, suivant une opinion que nous ne partageons pas, s'il y a séparation de patrimoines, réclamée par les créanciers de la succession.

---

(1) Il a été jugé que le bénéfice de l'assurance sur la vie contractée au profit d'un tiers par un commerçant en état de cessation de paiements doit être attribué à la masse des créanciers de celui-ci, alors du moins que c'est par lui que les primes ont été acquittées. Cette décision est parfaitement régulière ; car la stipulation au profit d'un tiers, lorsqu'elle constitue une libéralité, demeure assujettie aux règles du droit commun concernant la capacité des parties ; or, dans l'espèce, l'état de cessation de paiements fait obstacle au pouvoir de disposer. Une solution différente devrait être donnée si les primes étaient payées par une tierce personne. Car l'incapacité du failli procède bien plutôt de l'indisponibilité qui frappe ses biens que d'une véritable incapacité. (Alger, 25 juin 1876, D. P. 78: 2. 116.)

SECTION III

RECOMPENSES. RAPPORT. RÉDUCTION.

§ 1. Récompenses

On sait que sous le régime en communauté, trois patrimoines distincts sont en présence, celui du mari, celui de
la femme, celui de la communauté, et sont, en quelque
sorte, confondus pendant tout le temps que dure l'union
des deux époux. La dissolution du mariage, nécessitant
la reprise par les époux, ou leurs représentants, de leurs
fortunes respectives, ainsi que le partage de l'actif commun, amène une liquidation parfois assez compliquée:
tel bien, qui était propre, a été aliéné, et le prix en
provenant est tombé dans la caisse conjugale, qui doit
à l'époux une compensation; telle somme a été tirée
du portefeuille commun, et a contribué à former ou à
grossir le patrimoine particulier de l'un des conjoints,
qui est alors redevable d'une récompense envers la communauté, bailleur de fonds. Ces difficultés se présentent
naturellement en matière d'assurance sur la vie, lorsque
les primes ont été acquittées avec les deniers communs.

Plaçons-nous d'abord dans l'hypothèse d'une assurance
sur la vie contractée pendant le mariage. Le mari stipule,
par exemple, une somme payable, à la mort de sa
femme, à lui-même ou à un bénéficiaire désigné; ou
bien il assure, sur sa propre tête et au profit d'un tiers
dénommé, un capital exigible à l'époque de son propre
décès. Doit-il récompense à la communauté?

D'après les principes qui régissent les rapports pécuniaires des époux communs en bien, le mari peut tout,

en général, sur l'actif de la communauté. Son pouvoir d'administration est tellement large qu'il comprend la faculté de disposer ; même à l'égard de sa femme, il est libre d'aliéner, de détériorer, de dissiper même le patrimoine de la société conjugale ; la femme et la communauté n'ont aucun recours contre lui. Trois restrictions seulement sont apportées par le Code à cette puissance presque absolue ; le mari ne peut pas, en effet : 1° Employer sans récompense les deniers communs au paiement des amendes qui lui sont infligées à raison de ses délits ou quasi-délits ; 2° Donner des immeubles, des universalités de meubles, ou même des meubles particuliers sous réserve d'usufruit ; 3° Enfin s'enrichir en appauvrissant le communauté (art. 1422 et 1437 C. Civ.).

Le mari a donc parfaitement le droit de faire servir les revenus de la communauté à payer les primes de l'assurance contractée par lui ; mais il doit récompense, s'il est appelé à tirer un profit personnel de l'opération. Ce qui arrive lorsque l'attribution qu'il fait du bénéfice de l'assurance est destinée à éteindre une dette personnelle, non tombée en communauté ; ou encore, par application de l'article 1469, lorsqu'il a stipulé au profit de ses enfants d'un premier lit ; car une pareille assurance est peut-être pour lui le moyen de tirer de l'actif commun les éléments d'une libéralité qu'il aurait puisée, sans cela, dans sa fortune propre. C'est, d'ailleurs, la somme des primes payées qu'il faut en général considérer comme sujette à recomblement. L'art. 1408 dit, en effet, que la récompense dûe comprend ce qui a été fourni par la communauté. Cependant, si cette somme était supérieure au capital touché par le bénéficiaire, ce

capital seul devrait être remis dans la masse ; car l'é-
poux n'est jamais tenu au-delà de ce dont il s'est en-
richi.

Sauf ces différents cas, il n'y a jamais lieu à récompense ; il ne saurait surtout en être question lorsque
le contractant a stipulé pour lui ou pour ses héritiers
et ayants droits ; la créance contre la Compagnie tombe
alors dans le patrimoine de l'époux, et, par suite, dans
la communauté ; celle-ci, ayant l'émolument, doit évidemment supporter les charges de l'opération.

Supposons maintenant une assurance contractée pendant le mariage. Nous pouvons considérer le paiement
des primes comme l'acquittement d'une dette mobilière
antérieure au mariage, à la charge de la communauté.
Celle-ci n'a d'ailleurs droit à aucune récompense ; car
de deux choses l'une : ou bien le capital assuré a été
ab initio attribué à un tiers bénéficiaire, et, dans ce cas,
le prélèvement fait sur les deniers communs pour le
paiement des primes n'est pas relatif à un propre ; il
doit donc être supporté sans recours. Ou bien , faute
de désignation suffisante, la créance reste sur la tête de
l'époux qui a contracté l'assurance, et, comme meuble,
tombe dans la communauté.

§ 2. Rapport. — Réduction.

Nous examinerons successivement les deux questions
suivantes : La libéralité indirecte contenue dans l'assurance en cas de décès est-elle sujette à rapport et à
réduction ? Dans l'hypothèse d'une réponse affirmative ,
quelle somme doit être remise dans la masse héréedi-
taire ?

On a soutenu quelquefois une théorie qui a pour effet d'entrainer une réponse négative sur le premier point dans la plupart des cas. Les donations faites sur les revenus ne doivent pas, a-t-on dit, entrer en ligne de compte pour le calcul de la quotité disponible, ni être comprises dans la masse à partager entre cohéritiers. Or, les primes, qui servent à alimenter le contrat d'assurance, sont ordinairement payées avec les revenus ; donc, la libéralité indirecte faite au tiers bénéficiaire n'est ni rapportable ni réductible. Ce système est bien celui du législateur ; car, aux termes de l'art. 854, le rapport n'est pas dû pour les frais de nourriture, d'entretien, d'éducation, d'apprentissage, les frais ordinaires d'équipement, ceux de noces et présents d'usage. Cette dispense provient évidemment de ce que ces différentes dépenses n'ont pas réellement diminué le patrimoine ; le défunt aurait dépensé *lautius vivendo* les sommes qu'il y a affectées ; elles ne se seraient pas trouvées dans sa succession à l'époque de sa mort. On peut invoquer, dans le même sens, l'art. 856, d'après lequel les fruits et les intérêts des choses sujettes à rapport ne sont dûs qu'à compter du jour de l'ouverture de la succession, et l'art. 928 qui contient une disposition analogue en matière de réduction. Enfin les art. 1496 et 1527 sont conçus dans la même pensée ; les avantages, en capital, que l'un des époux retire de son contrat de mariage, sont considérés, au regard des enfants d'un premier lit, comme des libéralités indirectes donnant ouverture à l'action en réduction, conformément à l'article 1098 ; les avantages, en revenus, procédant du même contrat, sont inattaquables.

Par conséquent, le rapport n'est pas dû par l'héritier

à ses cohéritiers à raison de l'assurance contractée en
sa faveur, et les parents réservataires n'ont aucune prétention à émettre de ce même chef, sauf dans deux cas :
1° lorsqu'il est établi que les primes annuelles ont été
prises sur les capitaux du contractant ; 2° lorsque l'assurance est le prix d'une prime unique.

Nous pensons, au contraire, que le rapport est toujours
dû et que l'action en réduction est ouverte dans tous
les cas. Aucun des textes cités n'a la portée qu'on lui
prête. L'idée qu'habituellement les libéralités dont parle
l'art. 852, étant faites avec les revenus, n'appauvris-
sent pas le patrimoine n'a certainement pas échappé aux
rédacteurs du Code ; mais elle ne constitue pas la véritable raison d'être de cette disposition ; car ces libéralités, même faites aux dépens du capital, ne sont pas
mieux soumises au rapport. Mais elles sont, en général, modiques, et se composent le plus souvent d'une
série de petites sommes dont il serait peut-être difficile
de reconstituer le total ; quelques unes même ne sont
que l'acquittement d'une véritable dette. Il était donc
naturel de les dispenser du rapport pour éviter de très-
grandes difficultés de calcul et d'appréciation dans la
liquidation de la masse partageable. Dans notre matière
les mêmes motifs n'existent pas ; aucune incertitude
n'est à redouter, et il sera toujours très-simple, le moment venu de liquider l'actif héréditaire, de savoir exactement ce que le paiement des primes a coûté au
contractant. L'art. 1527 n'est pas plus probant ; il suppose un partage entre deux époux communs en bien,
après une association qui a duré peut-être de longues
années ; des bénéfices ont été réalisées ; dans ces bénéfices, une part provient des économies faites sur les

revenus des biens propres, une autre provient de l'industrie des époux. Comment les distinguer pour que les enfants d'un premier lit puissent faire entrer la première dans le calcul de la quotité disponible ? C'est presque impossible. Aussi la loi adopte-t-elle une décision qui dispense de rechercher cette origine, et qui permet aux époux de partager également ce qui est le résultat de leur travail et de leur économie.

Quant aux art. 856 et 928, ils s'expliquent tout naturellement par cette considération qu'il serait très dur d'exiger que les fruits perçus depuis la donation fussent restitués ; le donataire, ne s'attendant pas à cette sorte de révocation de l'avantage qui lui a été fait, les a consommés de bonne foi. (1) Il n'est pas moins vrai que, si le donateur avait mis lui-même de côté les produits de la chose et les eût donnés, en une seule fois, au donataire, la somme ainsi réunie aurait figuré dans la masse, ou dans la quotité disponible. Les revenus, mis en réserve et accumulés, passent au rang de capital et doivent avoir le même sort. Cela est surtout vrai en matière d'assurance sur la vie ; car, même prises sur les revenus, les primes, considérées comme objet de la libéralité, ne sont pas livrées en tant que fruits et pour être consommées ; elle sont données comme résultat de l'épargne et en vue d'une capitalisation. Aussi, serait-il bien difficile au bénéficiaire de soutenir vis à vis des héritiers qu'ils ne perdent rien par son fait. Car, si le contractant n'avait pas placé ses économies dans la caisse d'une Compagnie d'assurance, il les aurait

_____

(1) On peut ajouter, en ce qui concerne le rapport. que dans l'intention du donateur il y a eu dispense tacite de remettre les fruits de la chose donnée dans la masse partageable.

très-probablement accumulées et conservées autrement. (1)

Nous arrivons maintenant à la seconde question : Sur quelle somme portent le rapport et la réduction. Doit-on considérer le total des primes payées ou le capital lni-même ? On la résout, en général, par une distinction que nous acceptons pour la réduction, et que nous rejetons en matière de rapport.

Il est possible, dit-on, que, dans la police, le contractant stipule à son profit, et que, postérieurement, il cède gratuitement à un de ses successibles le bénéfice de l'assurance. Dans ce cas, la créance contre la Compagnie fait incontestablement partie du patrimoine du disposant ; elle en sort pour devenir l'objet réel de la libéralité, et, par conséquent, c'est elle qui doit être rapportée. Mais, dans l'hypothèse où l'attribution de la créance a eu lieu immédiatement et directement au profit du successible, cette créance n'entre pas dans l'actif du disposant et, par suite, n'en peut être tirée ; ce qui en sort, ce qui est donné, c'est le total des primes ; c'est donc sur lui que doivent porter le rapport et la réduction.

Ce raisonnement nous paraît irréprochable lorsqu'il s'agit de reconstituer la réserve entamée par les libéralités du défunt, mais non lorsque des héritiers réclament de leur cohéritier la remise dans la masse de ce dont il a été gratifié. L'obligation du rapport a bien moins pour raison d'être la restitution de ce qui a été tiré du patrimoine, et la compensation de ce dont il a été appauvri, que le maintien de l'égalité entre les

---

(1) Cp. Paris 26 novembre 1878. Le bénéfice de l'assurance stipulée au profit d'un tiers désigné constitue de la part de l'assuré une libéralité soumise, quand il laisse des héritiers réservataires, aux règles du rapport et de la quotité disponible.

différents sucessibles ; or, il est clair que cette égalité
serait blessée si le bénéficiaire, en remettant dans la masse
une ou deux primes qui, par hypothèse, ont seules été
payées, pouvait conserver à la fois un capital assuré
considérable et ses droits successoraux. C'est donc le
capital assuré lui-même qui, dans tous les cas, est
sujet au rapport.

SECTION IV

DONATION DE L'ASSURANCE ENTRE ÉPOUX.

Des difficultés particulières à l'état de mariage ne peuvent s'élever en matière d'assurance sur la vie que lorsque les époux sont communs en biens. Sous les autres
régimes, les intérêts pécuniaires des parties sont séparés ; deux patrimoines distincts existent l'un à côté de
l'autre sans se confondre; de telle sorte qu'une assurance
faite par un époux au profit de son conjoint doit être
traitée comme si elle était le fait d'un étranger. Une
seule différence mérite d'être retenue; la quotité disponible
entre époux n'est pas fixée au même taux qu'à l'égard
des étrangers ; elle est déterminée par les art. 1094
et s., et non par les art. 913 et 915.

Mais, lorsqu'il s'agit de liquider la communauté et
de faire cesser l'espèce de confusion des deux patrimoines qui est la conséquence de ce régime, alors surtout que les deniers communs ont servi à payer les
primes d'une assurance sur la vie contractée par l'un
des époux ou par tous deux, apparaissent les questions
toujours si délicates des comptes à débattre, des com-
pensations à établir, des récompenses a évaluer.

§ I. — Assurance contractée par le mari au profit de la femme

Dans ce cas, le capital assuré est en dehors de la communauté, comme il serait en dehors de la succession du mari ; la femme le recueille, non pas comme femme commune, mais en vertu d'un droit propre et personnel. Ce résultat est parfaitement conforme à l'intention des parties ainsi qu'à l'utilité et à la nature du contrat. Ainsi, la somme assurée ne constituera pas une valeur de communauté, parce que la donation faite à la femme l'a empêchée d'y tomber. Il suit de là que la femme aura la totalité de ce qui sera payé par l'assureur, soit qu'elle accepte la communauté, soit qu'elle y renonce.

Devra-t-elle récompense ? On a dit : Le capital assuré ne tombe pas en communauté ; il est attribué directement à la femme en vertu de la donation ; les héritiers du mari n'y ont aucun droit. Mais les primes ont fait partie du patrimoine commun ; elles en ont été tirées dans l'intérêt de l'époux donataire. Il doit donc récompense, à moins que les primes elles-mêmes n'aient fait l'objet d'une libéralité distincte, laquelle du reste n'aurait rien d'illicite et devrait être exécutée.

A notre avis, ce raisonnement n'est pas fondé. Le mari a-t-il le droit de faire une donation à sa femme ? Oui, sans doute ; les articles 1094 et suivants en sont la preuve. Dès lors, il est certain qu'à moins d'avoir voulu faire un acte illusoire, le mari n'a pas séparé dans son esprit la donation du capital assuré et celle des primes, l'une est le complément de l'autre ; elles sont contenues l'une dans l'autre, elles se confondent pres-

que ; car le capital assuré n'est autre chose que l'accumulation des primes. D'un autre côté, il est non
moins certain que le mari peut disposer des deniers de
la communauté en faveur de sa femme ; il n'y a qu'une
chose qui lui est interdite, c'est de les appliquer à son
avantage personnel.

Ici, comme en matière de rapport et de réduction,
on a proposé la distinction suivante : Il n'y a pas
lieu, en général, à récompense par ce que les primes
sont présumées prises sur les revenus qui eûssent été
dépensés, et les récompenses ne sont jamais dûes que
quant au capital puisé dans les biens de la communauté ;
c'est pourquoi l'art. 1473 C. Civ. ne fait courir les
intérêts des récompenses au profit de la communauté
qu'à partir de sa dissolution. Toutefois, si on pouvait
établir que le mari a prélevé, chaque année, les primes
sur les capitaux de la communauté, la femme en devrait
récompense, en vertu de l'art. 1477.

Nous avons déjà dit ce que nous pensions de cette
distinction. Il est très naturel que les intérêts des récompenses ne courent qu'à partir de la dissolution de
la communauté. Les récompenses sont dûes, en effet,
en raison de l'augmentation de valeur de l'un des patrimoines aux dépens de l'autre. Or, la communauté,
comme usufruitière des biens propres, profite de cette
augmentation, et y trouve une compensation momenta-
née de son appauvrissement. Elle ne saurait donc avoir
droit aux intérêts des récompenses qu'au moment où
celles-ci sont devenues exigibles pour rétablir l'équilibre
détruit. Mais il ne suit nullement de l'art. 1477, et il
n'est exprimé nulle part que les prélèvements faits dans
l'intérêt personnel d'un époux ne donnent lieu à récom-

pense que lorsqu'ils ont été opérés sur le capital de la communauté.

Il est bien entendu que les mêmes solutions devraient être données pour le cas où la femme, régulièrement autorisée, aurait contracté une assurance au profit de son mari.

§ 2. — Assurance contractée conjointement par deux époux communs au profit du survivant.

Ce contrat est-il valable ? L'époux survivant recueille-t-il le capital comme époux commun ou en vertu d'un droit propre ? Doit-il récompense ? L'avantage qui résulte du contrat pour l'époux survivant constitue-t-il une libéralité révocable ? La femme y a-t-elle droit alors même qu'elle renonce à la communauté ?

Pour arriver à la solution de ces diverses questions on peut se placer à deux points de vue différents.

Nous envisagerons d'abord le contrat comme un pur contrat à titre onéreux et aléatoire, dans lequel l'alea est constitué par la condition de survie ; chaque époux contracte une assurance à son profit ; mais un seul capital est stipulé, payable au survivant. Ce dernier sera donc regardé, une fois la condition accomplie, comme le seul bénéficiaire *ab initio*.

Une pareille stipulation est-elle valable ? On a prétendu qu'elle était nulle, comme violant l'art. 1395 C. Civ. ; elle modifie, dit-on, les conditions matrimoniales en attribuant à un seul époux le capital qui devait être partagé entre le survivant et les héritiers du prédécédé, comme faisant partie de la communauté, en cas d'acceptation de la femme survivante, ou appartenir exclusivement à ces héritiers, en cas de renonciation de la veuve. D'ailleurs, il ne saurait jamais être permis de faire un propre avec les biens de la communauté en dehors des cas exceptionnels spécialement prévus par le Code Civil. Or, c'est à ce résultat qu'arriverait l'époux, s'il était autorisé à payer avec des deniers communs le prix d'une créance qui lui serait personnelle.

Nous ne pouvons accéder à ces raisons. Nous reconnaissons volontiers que les causes d'acquisition qui, durant la communauté, font des propres, sont exceptionnelles et limitativement déterminées ; mais le contrat d'assurance n'a-t-il pas place parmi ces exceptions ? L'art. 1427 prouve qu'un époux peut, en puisant dans la caisse des deniers communs avec le consentement du chef de la communauté, conserver un bien propre dégrever une propre d'une charge, assurer contre l'incendie un bâtiment dont la valeur, dans sa fortune propre, sera, le cas échéant, remplacée par le capital de l'assurance, améliorer un bien propre, faire notamment sur un terrain nu une construction qui sera propre. Il lui est donc permis, avec l'argent de la communauté, de sauvegarder, de servir un intérêt propre, un intérêt placé, de sa nature, hors de la communauté. Ce à quoi les époux ne sont pas autorisés, c'est à conclure pour eux personnellement un contrat, principe d'une acquisition entièrement nouvelle ; ils n'ont point la faculté, par exemple, d'acheter un immeuble à la condition qu'il sera propre à l'un deux, sauf récompense du prix à la communauté ; tout émolument qui ne se rattache pas à un intérêt propre préexistant indépendamment de la volonté du conjoint est nécessairement pour la communauté. Les époux ne peuvent pas se créer

16

arbitrairement des propres ; mais ils ne sont tenus de sacrifier aucun intérêt personnel naturellement distinct de celui de la communauté. Or, que fait un époux qui s'assure un capital payable au décès de son conjoint ? Il sauvegarde en sa personne un intérêt d'avenir, un intérêt d'existence après la dissolution de la communauté ; il se fait promettre une indemnité contre la chance que la communauté, prématurément dissoute, ne lui laisse pas de quoi vivre. Un tel contrat répond à des intérêts réels, graves, sérieux, qui sont naturellement, et non arbitrairement, en dehors de la communauté ; ce qui prouve que ce contrat n'est pas de ceux qui doivent nécessairement profiter à la communauté, c'est que, fait pour la communauté, il n'a plus le même sens ni le même but. Il préserve contre les chances d'un décès prématuré tous les ayants cause de la communauté, notamment les créanciers ; il laisse en souffrance l'intérêt personnel de l'époux survivant. Or, est-il défendu à une femme, qui peut, en répudiant la communauté, se décharger du passif de cette communauté, de se prémunir par une assurance contre le tort que lui cause le décès prématuré de son mari, lequel, quoique privé en mourant de sa fortune par des revers, aurait pu la faire subsister par son travail ? Non, sans doute. Les règles sur la composition de la communauté n'ont jamais pour but d'empêcher un contrat licite, de s'opposer à une combinaison honnête. Ainsi, la créance conditionnelle du capital assuré est propre à l'époux assuré, parce qu'elle a pour but de sauvegarder des intérêts personnels, naturellement en dehors de la communauté.

L'art. 1395, qui consacre l'immutabilité des conventions matrimoniales, s'oppose-t-il à la validité de l'acte qui en-

gendre cette créance alternative ? Nous ne le pensons
pas. Sous le régime en communauté, dit-on, le principe
est qu'un partage égal doit avoir lieu entre les époux,
tout acte à titre onéreux qui a pour but le renverse-
ment de cet ordre de choses est condamné par la loi,
parce qu'il modifie les conventions matrimoniales; c'est
ce qui arrive dans notre hypothèse, puisque le contrat
d'assurance a pour effet d'attribuer à un seul époux
tout le profit des primes payées avec les deniers communs. Mais est-il bien exact de prétendre que l'égalité
entre époux est de l'essence de la communauté, et les
art. 1520 et 1525 ne prouvent-ils pas que l'on peut écarter
à volonté ce qu'on présente comme un principe absolu?
Bien plus ; nous prétendons que l'assurance réciproque,
telle que nous venons de la supposer, ne blesse
pas l'égalité entre les époux, si tant est qu'elle doive
subsister. En effet, chaque époux fait un sacrifice égal
en retour d'un bénéfice égal ; ils comparaissent tous
deux au contrat et prennent des engagements réciproques ; chacun d'eux, faisant l'abandon de la part qui
pourrait lui revenir dans les économies communes, déclare attribuer à son conjoint l'intégralité du capital
assuré, laissant au hasard le soin de décider quel est
celui des deux qui survivra à l'autre et en profitera.
Si donc, on se reporte au moment du contrat, et c'est
à cet instant là qu'il faut nécessairement se placer,
et non pas après la mort du premier décédé, pour apprécier quelle est la valeur de l'acte, n'est-il pas évident que chaque époux fait un sacrifice égal ? Il n'est
donc pas vrai de soutenir que l'acte viole les conventions matrimoniales, en blessant l'égalité qui en est l'essence; l'art. 1395 ne trouve pas ici son application.

Mais, étant admis que le contrat est valable dans son entier, ne faut-il pas décider au moins que l'époux survivant doit récompense à la communauté? L'art. 1437 déclare que toutes les fois que l'un des époux a tiré un profit personnel des biens de la communauté, il en doit récompense; or, dit-on, il est manifeste que le survivant, qui recueille l'intégralité du capital assuré, fait par là un profit, reçoit un avantage qui tombe sous l'application de cette maxime.

Non, répondrons-nous; l'époux survivant ne doit pas de récompense, parce que le profit qu'il a retiré du contrat n'est pas de ceux prévus par l'art 1437. Ne nous bornons pas, en effet, à mettre en avant la dernière partie de cet article; comparons-en les différentes énonciations et n'oublions pas que *incivile est nisi tota lege inspecta judicare*. L'art. 1437 donne des exemples : la communauté acquitte les dettes ou charges personnelles à l'un des époux, telles que le prix ou partie du prix d'un immeuble à lui propre ou le rachat de services fonciers; elle emploie les fonds au recouvrement, à la conservation, à l'amélioration des biens de l'un des époux. Dans ce cas récompense est due; cette disposition est fort sage; la communauté a employé ses fonds à améliorer la situation de l'époux, relativement aux biens qui lui sont propres; l'époux ferait un bénéfice *personnel et exclusif* s'il ne payait pas récompense. Eh bien, nous n'hésitons pas à dire que c'est à la lumière produite par ces exemples qu'il faut examiner l'art. 1437; il n'a trait qu'aux opérations qui contiennent la source d'un bénéfice exclusif pour l'un des époux sans mélange d'un bénéfice réciproque pour l'autre. Or, dans l'hypothèse qui nous occupe, trouvons-nous réunis ces caractères qu'exige la loi ?

Poser la question, à notre sens, c'est la résoudre. Il est certain que, par sa nature, l'acte dont nous recherchons les conséquences a trait à tout autre chose qu'un avantage personnel et exclusif au profit du survivant. Que l'on compare cet acte à ceux qu'énumère l'art. 1437, et l'on apercevra la différence qui les sépare. Aux termes de l'art. 1437, l'acte n'a pas d'autre but, d'autre résultat, que d'attribuer à l'époux un profit particulier, puisqu'on améliore sa situation en augmentant la valeur de ses biens propres, ou en les lui rendant, ou bien encore en les dégrevant des charges qui pèsent sur eux. Dans notre hypothèse, au contraire, la pensée d'un profit personnel et exclusif est complétement étrangère à l'acte; c'est un profit égal que les époux se concèdent mutuellement; chacun d'eux fait un abandon égal en retour d'un bénéfice égal. Dira-t-on que par l'événement du décès c'est en définitive le survivant qui reçoit le profit personnel? Mais on ne fait pas attention que c'est au moment du contrat lui-même qu'il faut se placer pour apprécier l'intention des parties et la portée de l'acte; à l'instant où la convention a lieu, la chance est égale pour les deux époux; ils stipulent pour chacun d'eux une situation identique; on laisse seulement au hasard le soin de décider en faveur de qui l'alea se prononcera. Chaque époux reçoit sa part dans les deniers sortis de la communauté en vue d'un avantage commun, et il est impossible de dire que l'un s'enrichit aux dépens de l'autre; à chacun d'eux est attribué, dans le bénéfice aléatoire qu'il espère, un équivalent du sacrifice qu'il s'impose. Ce n'est donc pas sans cause que l'époux survivant a gagné ce que l'autre a perdu; le contrat est réellement à titre onéreux, et, dès lors, on ne saurait admettre que l'un des contractants s'enrichisse au détriment de son conjoint.

A peine est-il besoin de dire qu'en adoptant la manière de voir que nous venons d'exposer, on arrive à cette conséquence que la femme recueille le capital assuré dans son intégralité, soit qu'elle accepte la communauté, soit qu'elle y renonce : elle n'intervient pas, en effet, comme femme commune, mais bien en vertu d'un droit propre. De plus, il est manifeste que le contrat, une fois conclu, est définitif, et qu'il est à l'abri de toute espèce de révocation, à moins que toutes les parties qui y ont joué un rôle n'y consentent. (art. 1121 C. Civ.)

D'autres objections contre la validité de l'acte et son exécution se présentent lorsqu'on veut le considérer, non plus comme un pur contrat onéreux et aléatoire, mais comme un contrat principal à titre onéreux accompagné de deux libéralités accessoires et réciproques. Elles sont, il est vrai, éventuelles ; une seule s'exécutera. Il n'en est pas moins vrai que, sous condition de survie, un même acte contient des stipulations de libéralités mutuelles et réciproques entre deux conjoints. Or, nous dit l'art. 1097, les époux ne pourront se faire pendant le mariage, ni par acte entre-vifs, ni par testament, aucune donation mutuelle et réciproque par un seul et même acte. La conséquence de cette prescription légale n'est-elle pas la nullité du contrat d'assurance souscrit par les deux époux au profit du survivant ? Nous ne le pensons pas. Plusieurs auteurs partagent notre opinion : « L'art. 1097, disent-ils, se réfère à la forme des donations ; il n'est pas applicable aux donations qui, faites accessoirement à un contrat principal à titre onéreux, sont affranchies des formes habituelles des donations. Et cette distinction est très rationnelle ; quand on fait une donation ordinaire, isolée et sans mélange de toute autre convention, on est libre d'accomplir telle ou telle forme ; quand, au contraire, la donation est accessoire à un contrat dont elle est partie intégrante, quand elle est insérée dans un acte principal dont elle est la condition, il y a dans le fond une unité, une solidarité qui influent sur la forme. Dans l'espèce, il existe deux libéralités, si l'on veut ; mais toutes deux sont l'accessoire. la condition d'un contrat onéreux, le contrat d'assurance, qui, par sa nature, demande la rédaction d'un seul acte. C'est l'art. 1121 et non l'art. 1097 qui régit l'opération. Et si l'on veut bien remarquer que le législateur, après avoir promulgué le Titre *des Donations entre-vifs et des Testaments*, et spécialement le chapitre IX relatif aux dispositions entre époux, a postérieurement édicté le Titre *des Contrats et obligations conventionnelles*, on se convaincra que l'art. 1097 n'a prévu et pu prévoir à ce moment que le cas le plus fréquent des donations entre époux, lesquelles se font d'une manière principale, indépendante, et presque jamais accessoirement ou associées à d'autres contrats; ces dernières libéralités sont absolument étrangères à l'art. 1097 et sont uniquement régies par l'art. 1121, lequel est postérieur à l'art. 1097, et a pu, par conséquent, le modifier ou lui apporter des exceptions.

On ajoute que la justification de ce système se trouve dans l'art. 1973 au Titre des Contrats aléatoires; cet article si important dans notre matière à cause des analogies qu'il présente avec l'hypothèse qui nous occupe, cet article disons-nous, décide que la création d'une rente viagère au profit d'un tiers, quoique constituant une

libéralité, n'est pas soumise aux conditions de forme
des donations ordinaires ; et, quant aux conditions
de fond, auxquelles ces sortes de libéralités restent sujettes,
l'art. 1973, en les spécifiant, renvoie seulement à l'art.
1970. Or, ce dernier se borne à rappeler les principes
de l'action en réduction pour cause d'excès sur la
quotité disponible, ainsi que les règles de capacité.

Ainsi, la portée de ce raisonnement est celle-ci : L'art.
1097 n'est pas un obstacle à la validité de la donation
réciproque qui fait l'objet de cette controverse, parce
qu'il n'a trait qu'à une question de forme ; or, les libéralités indirectes, telles que les prévoient les art.
1124 et 1974, sont dispensées des formes nécessaires
aux donations ordinaires ; elles ne se confondent avec
celles-ci que lorsqu'il s'agit des règles de fond.

Tout en maintenant les conclusions prises au début
de la discussion, et en adoptant le résultat pratique du
système que nous venons d'exposer, c'est-à-dire, en proclamant la parfaite régularité du contrat d'assurance
réciproque entre époux, nous ne croyons pas devoir
accepter dans son entier l'argumentation sur laquelle
on l'appuie. Que la loi ait entendu dispenser les libéralités indirectes dont nous parlons de l'application de
l'art. 1097, cela ne nous paraît pas douteux ; mais que
la raison de cette dispense réside dans ce fait que le
dit art. 1097 règle une pure question de forme, c'est
ce que nous ne saurions admettre. Sous l'apparence
d'une règle de forme, l'art. 1097 contient une véritable
règle de fond. Il est une conséquence inévitable de
l'art. 1096, comme l'art. 968 est le complément obligé
de l'art. 896. Le testament est un acte essentiellement
révocable ; le testateur doit rester absolument libre de

changer ses dispositions dernières ; or, il ne le serait pas si le papier, sur lequel est écrit son testament, renfermait en même temps celui d'une autre personne. « La loi, dit Pothier, a voulu par cette disposition, que « les testateurs aient plus de liberté, et qu'ils ne soient « pas exposés aux suggestions de la personne avec la- « quelle ils feraient conjointement leur testament. » « Il fallait, dit M. Bigot-Préameneu, éviter la difficulté « qu'aurait fait naître la question de savoir si, après le « décès de l'un des testateurs conjoints, le testament « pourrait être révoqué par le survivant. Permettre de « le révoquer, c'eût été violer la foi de la réciprocité ; « le déclarer irrévocable, c'eût été changer la nature du « testament, qui alors eût cessé d'être réellement un « acte de dernière volonté. » L'art. 1096 déclare que les donations entre époux sont toujours révocables ; il fallait nécessairement, et par identité de motifs, décider qu'aucune donation réciproque par un seul et même acte ne pourrait avoir lieu. L'art. 1097 règle donc autre chose qu'une question de forme, et le raisonnement que nous avons exposé tout à l'heure pêche par sa base.

Donc nous écartons l'argument. Nous pensons néanmoins que l'art. 1097 n'est pas applicable à notre libéralité indirecte. Mais pourquoi ? C'est que nous repoussons également l'article 1096 ; à nos yeux, la donation éventuelle qui résulte du contrat d'assurance sur la vie est irrévocable. Dès lors, l'art. 1097, destiné à sauvegarder la parfaite révocabilité de la donation ordinaire entre époux, reste entièrement étranger à l'espèce.

Ce ne sont pas, en effet, les articles 1094 et suivants qu'il faut consulter dans notre matière ; le seul article du Code qui la gouverne est l'article 1121, portant *in fine*: « Celui qui a fait cette stipulation ne peut plus la révoquer si le tiers a déclaré vouloir en profiter. » Chacun des époux a contracté avec l'assureur ; puis, comme condition de cette stipulation, condition inhérente au contrat, il a stipulé la donation éventuelle au profit de son conjoint ; c'est bien l'hypothèse prévue par l'article 1121. Il faut donc que cet article tout entier, et non pas seulement la première partie, soit la règle de la convention. Or, cet article fait participer la libéralité accessoire à l'immutabilité du contrat principal; et cela, avec d'autant plus de raison que, la partie essentielle du contrat, celle que chaque époux a eu surtout en vue, ce n'est pas la stipulation au profit de l'assureur, mais bien la libéralité envers l'époux ; c'est en elle que réside la véritable cause déterminante du contrat; sans elle il n'aurait pas eu lieu.

Et qu'on n'objecte pas la généralité des termes de l'art. 1121 pour soutenir qu'il ne s'applique pas à la matière spéciale des donations entre époux ordinairement régies par des principes particuliers. C'est précisément parce que les termes de cet article sont généraux qu'ils s'appliquent aussi bien aux donations entre époux qu'aux autres espèces de donations ; il y a là une règle à part pour une hypothèse exceptionnelle et éminemment favorable. L'article 1121, nous l'avons déjà fait remarquer, a été édicté postérieurement aux articles 1096 et 1097, et, s'il n'avait pas dérogé aux règles établies par ces derniers articles, le législateur n'aurait pas manqué d'introduire une exception pour les donations entre époux. Donc, en présence des expressions générales dont se sert la loi, il faut nécessairement admettre qu'elle protège aussi bien

les donations entre époux que les donations ordinaires
dans le cas particulier qu'elle a en vue en ce moment.

Un argument d'analogie en [faveur de notre thèse
ressort de l'article 1973, dont nous avons fait état bien
souvent dans le cours de cette discussion. Une constitution de rente viagère au profit d'un tiers intervient
comme condition d'une donation ou d'une vente ; il y
a là une libéralité indirecte, dans le genre de celles
que prévoit l'art. 1121, dispensée des formes des donations tandis quelle reste soumise à certaines règles
de fond auxquelles renvoie l'article 1973. Quelles sont
ces règles ? Celles qui concernent la capacité des personnes, et celles qui déterminent la réserve, ainsi que
les moyens de les faire respecter. Mais pas un mot
sur la question de révocabilité ; preuve que l'art. 1121,
dont l'art. 1973 n'est qu'une application, conserve toute
sa force. A notre sens, il doit en être de même dans
toute les hypothèses analogues ; la nôtre est dans ce
cas.

L'autorité de l'ancien droit français vient encore à
notre aide : « Le don mutuel que les conjoints peuvent
« se faire pendant le mariage, dit Pothier, est irré-
« vocable aussitôt qu'il est fait ; il ne peut plus être
« révoqué que par le consentement des deux parties.
« Il n'est plus au pouvoir de l'une ni de l'autre des par-
« ties de le révoquer sans le consentement de l'autre. Cette
« irrévocabilité est tellement de l'essence du don mu-
« tuel que si, par une clause du contrat, les parties ou
« l'une d'elles s'étaient réservé la faculté de le révoquer,
« une telle clause rendrait le don mutuel absolument
« nul, même dans le cas où elles n'auraient pas usé de
« cette faculté... L'irrévocabilité consiste en ce que l'une

« et l'autre des parties, aussitôt qu'elles ont fait le don
« mutuel ne peuvent plus le révoquer sans le con-
« sentement de l'autre, et qu'elles ne peuvent en di-
« minuer l'effet par des dispositions testamentaires. « (1)
Nul doute que le législateur, en édictant les art. 1124
et 1973, ne se soit inspiré de ces idées. Et la preuve
qu'il en est ainsi, c'est qu'il a été dit, lors du rapport
au Tribunat sur les contrats aléatoires, qu'il faut juger
de ce contrat (hypothèse de l'art. 1973) par les règles
de de la vente et non par celles des donations.

C'est dans ce sens que la jurisprudence s'est prononcée.
Non seulement elle proclame la validité du contrat, mais
elle décide en même temps que la veuve n'est tenue à
aucune espèce de remboursement envers les héritiers
de son mari ou la faillite de ce dernier (Douai, 31 janvier
1876 ; Cass. Req. 28 mars 1877 ; D. P. 76. 2. 124 ;
77. 1. 241), soit qu'elle accepte la communauté, soit
quelle y renonce.

La Cour de cassation n'a pas eu encore, que nous
sachions, à s'expliquer d'une manière précise sur la
révocabilité ou l'irrévocabilité du contrat. Mais nous ne
saurions douter, qu'elle ne résolut la difficulté par l'application des principes incontestables contenus dans l'art.
1124. Cette solution est d'ailleurs implicitement consacrée par les décisions précédentes, et par toutes les
autres qui ont été rendues sur la matière.

CHAPITRE III

DROITS DE MUTATION.

La transmission d'une police d'assurance sur la vie

(1) Pothier. Traité des donations. t. IV.

peut donner lieu à la perception de divers droits par le Trésor Public.

Supposons d'abord une cession consentie par l'assuré. Il est clair que nous nous trouvons en présence de l'espèce prévue par l'art. 14 n° 2 de la loi du 22 frimaire an VII, ainsi conçu : « La valeur... pour la liquidation et le paiement du droit proportionnel , est déterminée ainsi qu'il suit : 2° Pour les créances à terme, leurs transports... par le capital exprimé dans l'acte et qui en fait l'objet », et par l'art. 69 § III qui frappe d'un droit proportionnel de 1 0/0 les transports, cessions et délégations des créances à terme. Si la cession avait lieu à titre gratuit, il faudrait appliquer le § VI n° 1 et exiger le droit proportionnel de 2 francs 50 par cent francs.

L'endossement produit tous les effets d'une cession ordinaire, et rend exigibles les mêmes droits (1).

Plaçons-nous maintenant dans l'hypothèse où le contractant a, pendant toute sa vie, entretenu la police telle qu'il l'avait souscrite. Sa mort donnera-t-elle à l'administration de l'enregistrement le droit d'exiger le paiement de l'impôt de mutation par décès ?

Il est naturel de résoudre la question par une distinction. Le contrat a pu être, en effet, conclu dans les termes de l'art. 1121, et désigner nominativement un tiers comme destinataire du bénéfice de l'assurance ; le capital stipulé n'entrant pas alors dans le patrimoine du contractant, il est logique de décider qu'il n'y a pas mutation par décès (2). A la vérité, la convention contient une libéra-

(1) Telle est, du moins, l'opinion de la Régie. Mais quelques auteurs pensent qu'aucune disposition fiscale ne grève l'endossement du droit proportionnel qui atteint tout mouvement de valeurs. On ne pourrait dès lors, le frapper que comme valant procuration, c'est-à-dire d'un droit fixe de 1 fr.

(2) Voir Chapitre 11. Section 1.

lité au profit du tiers ; mais cette libéralité, étant effectuée du vivant de l'assuré, rend exigible un droit de mutation entre-vifs, calculé non sur le capital, mais sur l'ensemble des primes payées. (1)

Il est possible, au contraire, que la stipulation faite par l'assuré ait été conçue dans des termes tels que les bénéficiaires du contrat ne soient appelés à en profiter que *jure hereditario* ; dans ce cas, le droit de mutation par décès est exigible.

La Régie s'est toujours refusée à admettre cette théorie. Pour elle, le droit de mutation par décès est dû dans tous les cas, parce qu'il est exigible toutes les fois que le bénéfice d'une stipulation trouve sa cause efficiente dans le décès du stipulant, comme cela a lieu , par exemple, en matière d'institution contractuelle (2). Le droit au bénéfice de l'assurance est d'ailleurs naturellement révocable, et cette révocabilité empêche un déssaisissement actuel, de telle sorte que la mutation de propriété n'a lieu qu'au décès du donateur.

Il suffit de se reporter au chapitre intitulé : *Assurance au profit d'un tiers*, pour se convaincre que le raisonnement de l'Administration pêche par sa base. Le bénéfice retiré du contrat d'assurance par le tiers désigné n'a pas sa cause efficiente dans le décès de l'assuré, puisque, en vertu des art. 1121 et 1179, le dessaisissement du stipulant est réputé remonter au jour même de la convention. Il en est tout autrement de l'insti-

(2) On s'est parfois appuyé sur l'art. 10 de la loi de frimaire pour soutenir que l'assurance au profit d'un tiers ne donne jamais lieu à la perception d'un droit de mutation entre-vifs distinct du droit sur le contrat onéreux. Mais il nous paraît évident que l'art. 11 est seul applicable. Cp. Cass. 23 décembre 1862. D.P. 63. 1. 64.

(3) Cass, 21 mars 1860 Sir. 60. 1. 472. — Id. 6 juillet 1862. Sir. 63. 1. 421. — Idem. 23 décembre 1862. — Sir. 63. 1. 46.

tution contractuelle, qui n'implique aucun mouvement actuel de valeur entre le patrimoine de l'instituant et celui de l'institué, qui ne dessaisit pas plus le disposant que ne pourrait le faire un testament, et qui n'a, en somme, d'autre effet que d'interdire les libéralités portant sur les biens qu'elle comprend (Art. 1083). La distinction que nous avons proposée repose donc sur l'application des véritables principes. (1)

Au reste, la discussion précédente est aujourd'hui à peu près inutile en présence de l'art. 6 de la loi du 21 juin 1875, ainsi conçu : « Sont considérés, pour la perception du droit de mutation par décès, comme faisant partie de la succession d'un assuré, sous la réserve des droits de communauté s'il en existe une, les sommes, rentes ou émoluments quelconques dûs par l'assureur à raison du décès de l'assuré. Les bénéficiaires à titre gratuit de ces sommes... sont soumis aux droits de mutation, suivant la nature de leurs titres et leurs relations avec le défunt, conformément au droit commun. » Ainsi, alors même que le tiers aurait été nominativement désigné par la police et qu'on devrait, au point de vue de la rigueur des principes, appliquer un droit de mutation entre-vifs, c'est un droit de mutation par décès qui sera exigible. Toutefois, la femme survivante ne paie pas l'impôt sur la part qu'elle prélève comme commune en bien. A ces dispositions, la loi ajoute certaines prescriptions destinées à faciliter aux agents de la Régie les investigations nécessaires pour contrôler les déclarations de succession.

La loi de 1875 ne régit que les polices passées après sa promulgation (Art. 2 C. Civ.)

(1) Sic : Cass. 7 février 1872. D. P. 72.1.209.

POSITIONS

Droit Romain.

I. Le nauticum fœnus est un mutum.

II. L'action prœscriptis verbis était toujours de bonne fòi.

III. Dans les actions de droit strict, les intérêts ne courent pas même à partir de la litis contestatio.

IV. La novation ne pouvait pas avoir lieu par changement d'objet.

Droit Civil.

I. Le contrat par lequel deux époux communs alièment un capital ou un conquêt contre constitution d'une rente viagére sur leurs deux têtes, réversible au profit du survivant, est valable.

II. L'époux survivant ne doit pas récompense à la communauté.

III. L'avantage qui résulte de ce contrat n'est pas révocable.

IV. La séparation des patrimoines demandée par les créanciers héréditaires ne leur est pas opposable.

V. La femme étrangère a une hypothèque légale sur les biens de son mari situés en France, si la loi de son pays reconnait l'hypothèque légale des femmes mariées.

Procédure Civile.

I. La vente consentie par le saisi n'a pas besoin

d'être transcrite avant la transcription de la saisie pour être opposable aux créanciers même hypothécaires. Il suffit qu'elle ait date certaine antérieure à la transcription de la saisie.

II. Les intérêts courus depuis la citation en conciliation jusqu'à l'ajournement donné dans le mois du procès-verbal de non conciliation doivent être joints au principal pour déterminer le taux du dernier ressort.

III. La disposition finale de l'art. 4 de la loi du 11 avril 1838 doit être étendue par identité de motifs aux causes portées devant la justice de paix.

Droit Commercial.

I. La provision, en matière de lettre de change, appartient au tireur et non au porteur.

II. La vente forcée, à la requête du syndic, purge les hypothèques qui grevaient les immeubles du failli.

Droit Criminel.

I. L'interdiction légale est encourue à raison des condamnations par contumace.

II. La prescription de l'action publique ne fait pas obstacle à l'action civile devant les tribunaux civils.

Droit Administratif.

I. Le Conseil de préfecture peut condamner aux frais les administrations publiques.

II. Le contribuable qui agit au nom d'une commune

doit obtenir l'autorisation même pour plaider au pos-
sessoire.

Vu par le Président de la Thèse,

T. HUC.

Vu par le doyen.

Toulouse, le 28 novembre 1878.

DUFOUR.

Vu et permis d'imprimer,

Le Recteur,

C. CHAPPUIS.

L'acte public sera soutenu le
dans l'une des salles de la Faculté.

TABLE DES MATIÈRES

www.ingramcontent.com/pod-product-compliance
Lightning Source LLC
Chambersburg PA
CBHW070301200326
41518CB00010B/1850